La vente aura lieu le JEUDI 4 MAI, et jours suivants, par le
ministère de Mes BOULOUZE et WALLET, commissaires-priseurs,

AU DOMICILE DE M. ARMAND BERTIN, RUE L'UNIVERSITÉ, N° 11,

*A une heure et demi pour les neuf premiers jours
et à sept heures du soir pour les six autres.*

Paris. — Imprimerie LE NORMANT, rue de Seine, 10.

CATALOGUE

DES

LIVRES, ESTAMPES ET DESSINS

COMPOSANT LA BIBLIOTHÈQUE ET LE CABINET

DE FEU M. ARMAND BERTIN

RÉDACTEUR EN CHEF DU JOURNAL DES DÉBATS

PARIS

CHEZ J. TECHENER, LIBRAIRE

20, PLACE DE LA COLONNADE DU LOUVRE

1854

La bibliothèque de M. Armand Bertin est trop connue des bibliophiles pour qu'il soit nécessaire d'en relever l'importance. Commencée il y a vingt-cinq ans, cette bibliothèque offre encore une collection des plus précieuses, malgré les vides regrettables que les circonstances politiques ont forcé M. Armand Bertin d'y faire en 1848. Sans doute on peut trouver des bibliothèques plus nombreuses, plus riches, plus complètes; on n'en trouvera pas qui ait été composée avec plus de discernement et de goût. M. Bertin n'achetait que les livres qu'il lisait ou qu'il avait du moins l'intention de lire, comme il le disait quelquefois en souriant. Sa bibliothèque, c'était lui-même. Ses préférences littéraires éclatent dans le choix excellent, mais peut-être un peu exclusif, des ouvrages, son goût parfait dans la pureté des exemplaires qu'il revoyait lui-même, feuille à feuille, Dieu sait avec quel soin et quelle patience! et dans la beauté des reliures, dues presque toutes aux artistes les plus distingués de Paris, à MM. Bauzonnet, Niédrée, Duru, etc. Aussi ceux qui ont connu et aimé M. Armand Bertin pourront-ils, en parcourant les articles de ce Catalogue, le revoir en quelque sorte lui-même, et se le représenter tel qu'il était dans ces aimables matinées où il se laissait aller avec tant de plaisir à ses causeries littéraires.

Il serait bien superflu d'insister sur le mérite et sur la valeur des différents articles d'une bibliotèhque qui est tout entière une bibliothèque de choix; ce Catalogue la fera suffisamment connaître. Nous ne voulons signaler ici que ceux de ces volumes qui portent d'une manière plus particulière l'empreinte pour ainsi dire personnelle de M. Armand Bertin. M. Armand Bertin aimait les éditions originales, soit qu'on restreigne le sens de ce mot à la première édition des ouvrages célèbres, soit

a

qu'on l'étende aux éditions successives revues et publiées par l'auteur lui-même. Personne n'a plus contribué que M. Bertin à mettre à la mode ces rares et précieuses éditions qui se donnaient à vil prix il y a peu d'années encore. Ce n'est pas là une fantaisie de bibliophile; ce n'est qu'en réunissant ces éditions qu'on peut s'assurer d'avoir le texte pur de nos grands écrivains et leur œuvre tout entière. Rien n'est plus curieux, rien n'est plus digne d'étude et plus instructif que les changements successifs qu'ils ont fait subir, soit pour le fond, soit pour la forme, au premier jet de leur pensée; et qui d'ailleurs serait assez barbare pour ne pas comprendre ce qu'on éprouve de plaisir à tenir dans la main l'*Athalie* de Racine, le *Misanthrope* de Molière, les *Essais* de Montaigne, le *Discours sur l'Histoire universelle* de Bossuet, tels que les ont possédés les contemporains? La bibliothèque de M. Armand Bertin est donc, sous ce premier rapport, d'une richesse extrême. On y trouvera les éditions originales des principaux ouvrages de presque tous les grands écrivains du XVIIe siècle, de Bossuet, de Pascal, de Fénelon, de Racine, de Molière, de La Rochefoucault, de La Bruyère, et d'un grand nombre d'écrivains du XVIe et du XVIIIe siècle, de Rabelais, de Marot, de Montaigne, de Voltaire, de J.-J. Rousseau, de Montesquieu, de Lesage, etc. (Voir le *Télémaque*, 1re édition, n° 1148; le *Gil Blas* de 1747, n° 1185, etc.)

M. Bertin aimait encore particulièrement le théâtre, non-seulement dans les auteurs du premier ordre, mais dans ceux qui ne sont plus aujourd'hui pour les gens de lettres qu'un objet de curiosité et dont l'histoire littéraire seule a conservé le souvenir. Aucune autre bibliothèque n'offrirait peut-être aujourd'hui une collection plus complète et plus précieuse de nos écrivains dramatiques; il nous suffira de citer Jodelle, Louis Des Mazures, Rob. Garnier, P. Leloyer, La Rivey, P. Mathieu, Montchrestien, Alex. Hardy, Cl. Billard, Auvray, Rotrou, Corneille, Racine, et toutes les principales éditions de Molière, entre autres un exemplaire inestimable de l'édition de 1682, provenant du lieutenant

général de police, M. de La Reynie, et acheté par M. Bertin à la
vente de M. de Soleinne. Au théâtre se rattache l'article curieux
des mystères, ces premiers essais de notre poésie dramatique.
Nous signalerons, parmi les articles, les plus précieux qu'offre
dans ce genre notre Catalogue : Les mystères de *la Conception*,
de *la Passion* et de *la Résurrection*, du *Vieil-Testament, le
Bien et Mal Advisé, la Destruction de Troye, l'Homme pêcheur*,
le *Saint-Christophe* et la *Farce de Pathelin*, édition de Pierre
Le Caron (1).

En général, M. Bertin recherchait avec une vive prédilection
les monuments de notre vieille littérature, romans, contes, poésies lyriques, satiriques, etc. Ici les richesses abondent : il fau
drait tout citer. Nous nous bornerons à signaler, parmi les romans, *Gyron le Courtois* et *Mélusine;* les premières éditions du
Pantagruel (2); l'*Astrée*, un exemplaire admirable de la *Clélie*,
l'édition des *Cent Nouvelles Nouvelles* de Vérard, 1486 ; parmi
les poésies du XVᵉ et du XVIᵉ siècle, le *Roman de la Rose*, de
la traduction de Molinet, imprimé par Vérard (nᵒ 376); le *Grand-
Testament de Villon*, imprimé par Pierre Le Caron (nᵒ 384); le
Doctrinal de Court et la *Danse aux Aveugles*, deux ouvrages
de Pierre Michault (nᵒˢ 386 et 387); *l'Amant rendu cordelier à
l'observance d'amour*, imprimé par Pierre Le Caron (nᵒ 393);
les Gestes des Solliciteurs (nᵒ 405); la *Légende de Pierre Faifeu*,
imprimée à Angers en 1532 (nᵒ 406), et les ouvrages de Coquillart, Crétin, Pierre Gringore, Hugues Salel, Marot, Marguerite
de Valois, Mellin de Saint-Gelais, Du Bellay, Louise Labé; le

(1) Il y a dans cet exemplaire, le *seul connu*, et qui provient de M. de
Soleinne, quatre feuillets imprimés avec un caractère gothique différent du
caractère employé dans l'impression du livre. N'ayant pas encore trouvé,
aujourd'hui, un autre exemplaire que l'on avait cherché en vain dans les bibliothèques publiques et particulières, lors de la vente de M. de Soleinne,
nous n'avons pu vérifier si d'autres exemplaires contenaient la même parti-
cularité. J. T.

(2) Nᵒ 1158. Pantagruel, le quart-livre, édition originale de 1552. Elle
est indiquée par une faute typographique de 1558.   J. T.

Ronsard en 2 vol. in-fol. grand papier, relié en maroquin ; R. Belleau, Amadis Jamyn, Desportes, Vauquelin de La Fresnaye, etc.

Enfin, M. Bertin possédait la plupart des grandes éditions où se trouvent réunies les œuvres complètes de nos écrivains polygraphes ; nous ne parlerons que de son Voltaire, établi avec un luxe d'estampes et de reliure extraordinaire. Le goût de M. Armand Bertin pour Voltaire était connu ; il ne refusait pas lui-même le titre de voltairien. Ce qu'il aimait dans Voltaire, ce n'était pourtant pas le poëte de salon et l'auteur dramatique ; c'était l'esprit indépendant et libéral, l'ami de tous les progrès de l'humanité, l'apôtre brillant de la civilisation. L'exemplaire des OEuvres de Voltaire, qu'on trouvera dans ce Catalogue, a coûté dix années de soins à M. Armand Bertin ; un millier de gravures, de portraits, de vignettes ont été classés par lui dans cette édition des OEuvres de Voltaire, dite édition de Kehl, et qui reste encore la première et la plus belle de toutes les éditions de cet écrivain.

Quoique les manuscrits soient peu nombreux dans ce Catalogue, nous ne terminerons pas sans appeler l'attention des amateurs sur le *Missel* du temps de saint Louis, et sur un très-ancien manuscrit de nos *Grandes Chroniques de France*. Nous citerons encore, parmi les livres rares et précieux pris dans toutes les classes : Les Vies et Légendes de saint Fiacre, de saint Roch, de sainte Geneviève, de saint Martin de Tours et de sainte Marguerite (nᵒˢ 53 à 57) ; un *Sénèque* de la collection dite *variorum*, exemplaire *non rogné* et relié par Bauzonnet (nᵒ 73) ; la *Somme rurale* de Bouthillier, imprimée à Abbeville en 1486 (nᵒ 149) ; l'*Homère* des *Elzeviers*, exemplaire en grand papier, revêtu d'une belle reliure par Bauzonnet (nᵒ 335) ; les *Contes* de La Fontaine de la première édition, et l'édition de ces Contes dite des fermiers généraux, exemplaire admirable d'épreuves, magnifiquement relié par Bauzonnet, et formé par M. Bertin lui-même, de plus de quinze autres exemplaires ; *les Quinze Joies de mariage* (n° 391); un *Mezeray* en grand papier, avec tous les cartons (n° 1538); l'*Histoire du chevalier Bayard* de Simphorien Champier (n° 1558), et la même histoire par le *Loyal Serviteur* (n° 1559); la Muse historique de Loret (n° 1580); les *Chroniques de Normendie* (n° 1708); un *Brantôme* non rogné; les *Hommes illustres* de Perrault en grand papier, et, parmi les livres en vieille reliure, le *Cicéron* elzevir relié par Dusseuil (n° 1422); une traduction de *l'Iliade* par Hugues Salel, revêtue d'une reliure fort remarquable du XVI° siècle (n° 339); les Fables de Phèdre de la vente de Debure (n° 1100).

Pour nous résumer en un mot, le Catalogue de la bibliothèque de M. Armand Bertin n'offre, pour ainsi dire, pas un volume qui ne soit rare et précieux, soit en lui-même, soit par la beauté de l'exemplaire et de la reliure. M. Bertin n'admettait rien de médiocre dans sa bibliothèque; s'il lui fallait attendre dix ans pour trouver l'exemplaire parfait, ou pour en composer un qui le contentât, il attendait dix ans. C'était son plaisir, son bonheur, le délassement de ses soucis et de ses travaux, de feuilleter de vieux livres, de classer des gravures, de refaire lui-même ou de créer en quelque sorte chacun des volumes auxquels il donnait place dans sa collection. On était toujours sûr d'éveiller un sourire gracieux sur ses lèvres en lui parlant de sa chère bibliothèque. Hélas! il devait en jouir trop peu de temps! Encore quelques jours, la bibliothèque de M. Armand Bertin n'existera plus! Ces livres, qu'il aimait tant, auront passé dans d'autres mains! Douloureuse pensée! Mais cette bibliothèque, l'une des principales parties de la fortune de M. Bertin, en honorant son goût et sa mémoire, accroîtra, il faut l'espérer, le modeste héritage laissé par un homme qui a été pendant vingt ans à la tête de l'un des journaux les plus influents de l'Europe.

S. DE SACY.

— Nous reproduisons ici, avec l'autorisation de M. Cuvillier Fleury,
la Notice qu'il a consacrée, dans l'Introduction de ses *Études historiques
et littéraires* (1), au souvenir de M. Armand Bertin. Le *Journal des Débats* a déjà publié cette touchante esquisse dans son numéro du 14 mars
dernier. Si nous la plaçons aujourd'hui en tête de notre Catalogue, c'est
que nous croyons qu'il n'était pas possible de tracer un portrait plus
fidèle de l'homme éminent que M. Cuvillier Fleury a voulu peindre. Nous
renonçons donc à rien ajouter à cette Notice. L'auteur l'avait fait pré-
céder de quelques considérations sur la critique ; il continuait ainsi :

. . . .

. . . . , ...

« M. Armand Bertin était le véritable maître de la critique
dans le journal que son père et son oncle avaient fondé. Naturellement sévère, spirituellement sceptique, d'un goût fin
et difficile, railleur délicat, connaisseur éprouvé en toute
chose qui relevait de l'intelligence humaine, et juge à coup
sûr de toutes les œuvres de l'esprit, il gouvernait sans bruit
et sans contrainte, mais sans faiblesse et sans lâche complai-
sance, cet empire de la critique qui était bien, sous sa main
légère et ferme, *la meilleure des républiques.* « Il est moins
« rare de trouver de l'esprit, dit La Bruyère, que des gens
« qui se servent du leur ou qui fassent valoir celui des autres
« et le mettent à quelque usage..... » C'était le singulier mérite de M. Armand Bertin ; et même dans les œuvres où vous
excelliez, son opinion avait encore un cachet de supériorité
sans prétention et d'autorité sans affiche qui presque toujours
vous décidait. Aussi peut-on dire qu'il a exercé vingt ans,
dans son journal, ce gouvernement de la critique, tant politique que littéraire, et qu'il a eu à manier, pendant cette

(1) Paris, 1854, 2 vol. grand in-12, chez Michel Lévy.

longue période de temps, des esprits de toute complexion et de toute allure, sans que jamais les plus ombrageux se soient cabrés sous sa main.

« J'ai dit que son esprit était sévère. Son humeur était indulgente ; et il est incroyable en effet à quel point cette nature si entière et si vive avait su concilier tous les contraires. Sérieux au besoin comme un homme d'Etat et secret comme un diplomate, il était simple comme un enfant. Le matin, il avait lu Tacite ou Shakespeare, ou conversé avec M. Guizot ; — le soir, il s'amusait à un rébus. Il excellait dans l'entretien des hommes graves ; il se plaisait à la causerie des hommes du monde, pourvu qu'ils fussent gens de cœur et d'esprit ; non qu'il recherchât les salons, je crois plutôt qu'il les fuyait ; mais il en aimait le reflet brillant et la chronique amusante, il en écoutait volontiers l'écho ; caractère très expansif avec un bon sens très avisé, sage avec enjouement, dévoué sans fanfares, fidèle sans idolâtrie, mêlant, dans cette juste mesure dont les natures supérieures ont le secret, des qualités qui semblaient s'exclure et que sa puissante organisation réunissait : la légèreté prime-sautière de l'esprit et la patience réfléchie, une certaine naïveté dans la finesse, le caprice et le parti pris, la franchise du cœur et la réserve des manières, l'autorité et la bonhomie. L'autorité, ce mot résumait parfaitement l'action qu'il exerçait tout autour de lui et à distance, sous tant de formes diverses, sérieuses ou agréables. Chose singulière, il avait des amis et des compagnons partout ; on eût dit qu'il n'avait presque pas d'égaux.

« M. Armand Bertin avait commencé très jeune et à la première école du monde, celle des fondateurs du *Journal des Débats*, l'apprentissage de ce métier difficile qui met un homme tout seul, sans délégation définie, sans mandat préalable, en présence du public, non pas, comme les auteurs même les plus féconds, pour se communiquer à lui par intervalles, mais pour lui parler tous les jours ; — métier qui engage son nom, sa responsabilité, ses intérêts, son honneur, sa

famille elle-même dans les vicissitudes d'un parti ; qui tantôt
l'oppose au gouvernement de son pays, tantôt le compromet
dans sa fortune, bonne ou mauvaise, tantôt le subordonne
et le contraint, ne pouvant l'intimider ni l'asservir ; — métier
qui le met aux prises avec les passions politiques, avec les
haines littéraires, les rancunes, les exigences, les sottises
quotidiennes et éternelles du genre humain ;

> . . . . . *Votum, timor, ira, voluptas,*
> *Gaudia, discursus, nostri farrago libelli,*

métier laborieux et délicat, et que M. Armand Bertin com-
mençait à un âge qui en doublait pour lui le péril, et dans
des circonstances (c'était vers le milieu de la Restauration)
qui en avaient singulièrement augmenté l'éclat. Et toutefois,
n'exagérons rien : M. Bertin, l'homme du monde qui aimait
le moins la réclame et qui l'avait le moins pratiquée pour lui,
sans pouvoir toujours la refuser aux autres, M. Bertin ne doit
pas être loué comme vous et moi sans doute nous aimons tant
à l'être ; soyons donc sincère en parlant de lui. S'il apportait
beaucoup du sien dans cette difficile tâche dont il acceptait la
responsabilité incessante et le labeur quotidien, il trouvait
dans la succession politique de son père et de son oncle des
traditions établies, des habitudes toutes faites, une véritable
provision de bon sens et de sagacité pratique, tout un héritage de considération et de crédit. C'était là une admirable
entrée de jeu ; mais il y fallait bien, pour en tirer parti,
quelque mérite moins héréditaire et plus personnel. M. Armand Bertin avait fait d'excellentes études ; il les compléta
par un séjour en Angleterre, où son heureuse étoile lui fit
rencontrer, vers 1822, comme ambassadeur de France, M de
Chateaubriand, un des hommes les plus faits pour lui inspirer
le goût de cette profession de journaliste que le grand écrivain avait honorée par son génie, et qu'il respecta toujours,
même quand on put croire qu'il ne respectait plus rien.....
« De retour dans son pays, M. Bertin y rapportait, outre

une connaissance supérieure de la langue et de la littérature
anglaises, cette sorte de maturité précoce et ce goût de consti-
tutionalité sérieuse que communique aux nobles esprits le
spectacle de la liberté britannique; non qu'il fût atteint à un
degré quelconque de ce ridicule qu'on a appelé chez nous
l'anglomanie, défaut des gens qui n'ont pas assez d'esprit ou
assez de goût pour rester Français. M. Armand Bertin était
Français par essence, n'ayant pris des mœurs d'outre-Manche
que ce qui manque parfois aux nôtres, cette solidité *(steadiness)*
des sentiments et des idées, et ce poids sérieux dans les grandes affaires, qu'on pourrait croire des qualités exclusivement
anglaises ; — du reste, Français par l'esprit sans frivolité et
par le cœur sans « chauvinisme » ; Français par ce fin goût
d'érudition qu'une vie si occupée et si éprouvée n'avait ni
interrompu ni rebuté ; et aussi était-il passé maître dans cette
savante recherche des manuscrits, des gravures, des pièces
originales et des livres rares. Il aimait les beaux livres avec
passion, et même il les lisait; et c'est ainsi que de tous ces
débris de notre vieil esprit gaulois, troubadours, trouvères,
romans de chevalerie, fabliaux, renaissance poétique, il savait
tout, mêlant à tout ce savoir d'antiquaire, lentement amassé
comme ces trésors même dont se composait sa splendide bibliothèque, une culture non moins assidue de l'esprit moderne; — magnifique en tout, et rappelant par son ameublement, par ses goûts somptueux, plus que par sa fortune qui
était restée médiocre, ces bourgeois du vieux temps, Ango,
Jacques Cœur, Samuel Bernard, Beaumarchais, qui armaient
des vaisseaux et qui auraient pu loger des rois de France ; et
pour tout dire en deux mots, la plus généreuse nature, l'ambition la plus modeste, aimant son état sans le surfaire, le
faisant respecter sans le renchérir, y bornant sa vie non sa
pensée, « portant avec un légitime orgueil, comme on l'a si
bien dit (1), un nom simple et célèbre », mais sachant bien

____

(1) M. John Lemoinne, dans le *Journal des Débats.*

que si noblesse oblige, c'est surtout celle qui n'a pas de blason. Et ainsi pensait-il. On l'entendait dire quelquefois, souriant d'aise à ce souvenir : *Mon grand-père le maître de poste d'Essonne,* marquant ainsi, depuis son point de départ, la route parcourue pendant un demi-siècle par sa famille. Et combien de libres propos, de jovialité fine, de gais commentaires au coin du feu !....... Et quel dédain de la périphrase ! quelle moquerie des faux dévots, des fausses prudes, des faux savants, des faux philantropes ! quel mépris de la religiosité tracassière, de l'hypocrisie cupide, de la vanité importune, de la mendicité bavarde et intrigante ! Et, au contraire, quel goût du vrai en toute chose ! quel empressement sympathique, presque tendre, pour les esprits simples et pour les cœurs honnêtes ! quel inépuisable fonds de bons conseils aux jeunes, aux vieux, hommes de lettres et gens du monde, viveurs et savants, artistes et diplomates ! quelle ouverture de l'âme et du cœur dans ces longs entretiens avec quelques amis préférés, qui seuls ont pu pénétrer jusqu'aux dernières profondeurs de cette riche nature qui n'aimait pas, si expansive qu'elle fût, à se découvrir tout entière à tout le monde ! Et quelle facile obligeance pour tous ! Il avait peu de goût pour les correspondances inutiles ; tout le monde le savait ; — mais s'il s'agissait de rendre service, il n'hésitait plus, et il avait plutôt écrit quatre pages pour obliger un de ses ouvriers que deux lignes pour répondre à un ami.

« Complétons cette rapide esquisse par le trait le plus délicat peut-être, le plus difficile à saisir et à marquer dans cette physionomie si originale. M. Armand Bertin n'avait pas la sensibilité extérieure, celle des protestations et des manières, celle que l'éducation simule, que le savoir-vivre affecte, que l'habitude du monde rend si facile et si banale. J'ajoute que, contre les manifestations d'une sensibilité plus vraie, celle qu'il avait au fond du cœur, il se défendait plutôt qu'il n'y cédait volontiers, soit vigueur d'esprit, soit orgueil peut-être, et comme s'il eût voulu se montrer supérieur encore en se maîtrisant. Mais il avait beau faire : dans toutes les grandes afflictions qui ont éprouvé sa vie, et il y a un an à peine, dans la plus inattendue et la plus cruelle de toutes, nous avions tous vu ses larmes..... Et pourquoi ne le dirions-nous pas? Oui, il nous dominait tous par un certain ascendant du caractère et de l'esprit; contre les peines du cœur il n'était pas plus fort que nous..... Il avait beau faire contenance, il n'était qu'un faux brave : son cœur le livrait. Que ce soit l'honneur de sa mémoire! Il était bon. La bonté! dit quelque part M. Michelet, humble mot, grande chose! Oui, le mot est bien humble, et le monde peut-être prisait davantage tant de qualités plus brillantes et de dons supérieurs qui distinguaient M. Armand Bertin; — mais c'est ce mot-là, avouons-le, que nous aimerions le mieux à graver sur son tombeau!

« J'essaie de retracer quelques traits de cette honnête et noble physionomie à jamais éteinte; ce n'est pas la vie de M. Armand Bertin que je veux écrire; personne ne l'écrira plus que moi. Sa vie, comme on l'a dit encore, c'était son journal. Le journal, c'est l'homme; non qu'il le révèle tout entier, mais ce qu'il en montre fait deviner le reste. Qui ne connaissait M. Armand Bertin? Politiquement, l'histoire du *Journal des Débats* c'était celle du gouvernement représentatif lui-même. M. Bertin aimait avec une prédilection marquée cette noble forme du gouvernement des hommes; il y croyait, même après cette éclipse momentanée de 1848; il y croyait encore en 1854, et il est mort, dirons-nous, avec l'espérance ou avec l'illusion de cet avenir? Il était sincèrement libéral. Beaucoup croient l'être; ne l'est pas qui veut. Il y a un point où on ne l'est pas encore, un autre où on ne l'est plus. Dans le gouvernement représentatif, il voulait une liberté dégagée de toute entrave préventive, la seule réelle, et il voulait aussi une autorité forte, la seule possible; et c'est par ce côté de son opinion monarchique qu'il était si vulnérable aux démagogues de tous les bords, comme il l'était par son inflexible tolérance aux fanatiques de toutes les communions. Il

avait, s'il est permis de le dire, la passion du bon sens, de la
modération et de l'équité en toute chose. Un acte d'intolé-
rance ne l'indignait pas seulement comme une injustice ou
comme un abus de pouvoir, mais comme une sottise ; —
excellente et loyale nature qui, dans cette mêlée des passions
humaines dont il était par instants l'organe, avait su préser-
ver l'innocence et la sincérité de son jugement ; qui, parmi
tous ces changements formidables dont il avait été témoin ou
victime, était restée fidèle à ses convictions, à ses amitiés, à
ses regrets, à ses espérances ; qui, dans l'exercice d'une profession si délicate, et parmi ces écueils où tant d'autres auraient échoué, apportait l'abnégation, le désintéressement, la
véritable indépendance, le respect des vaincus, la pitié pour
les proscrits... Oui, je le répète à dessein, parce que tout le
monde le disait comme nous le jour de ses obsèques, dans
cette foule immense, qui aurait pu être un cortége politique,
et qui semblait un deuil de famille ; oui, mêlé trente ans aux
plus grandes affaires de son pays, éprouvé par trois révolutions, gâté, on pouvait le croire, par tant de fortunes contraires, M. Bertin était resté un type admirable de tolérance
et de bonhomie. Il était resté bon. *Bonis flebilis !* Les bons
l'ont pleuré.

« La critique avait profité, dans le journal que dirigeait
M. Armand Bertin, de cette impulsion vraiment supérieure
qu'il lui avait donnée. Elle ne resta pas seulement littéraire. Elle sut s'étendre. s'élever, se passionner au besoin,
suivant les temps. Quand vinrent les jours d'épreuve pour le
pays, elle fut sociale contre le socialisme ; elle fut libérale
contre ces désespérés de la première heure, ceux qui se pres-
saient d'accuser la liberté des excès de la licence ; elle fut
classique contre ces désordres de la langue et du goût qui
sont le cortége ordinaire de l'anarchie ; elle fut philosophique
et gallicane contre ces tentatives de prédominance religieuse
que provoque et qu'entretient le spectacle des catastrophes
politiques. « L'autorité était faible dans ces jours-là, et tolé-

» rail tout : le feuilleton seul faisait la police, et il fallait du
» courage pour la faire dans de pareils moments ; car il n'y a
» de courage à défendre l'ordre que lorsqu'on a devant soi la
» liberté, et que ceux qu'on attaque ont le droit de répon-
» dre... »; — ce que le *Journal des Débats* disait si justement il
y a quelques mois, parlant de l'un de nous, nous l'avons tous
fait alors. Nous aurions rougi, dans un si grand péril de la
chose publique, d'aligner des phrases, de trier des mots, de
combiner des syllabes pour la seule récréation de nos lec-
teurs ; et aujourd'hui qu'à ces premières alarmes de la société
ont succédé des temps plus calmes, nous ne rougirions pas
moins d'étouffer au fond de nos cœurs ce que notre respect
pour les lois du pays ne nous contraint par d'y cacher. L'hé-
roïsme n'est pas grand, je le reconnais, de faire ce que la loi
ne défend pas. Mais ce n'est pas pour la critique littéraire
que le gouffre de Curtius a été inventé. Un critique n'est pas
obligé d'être un pourfendeur d'abus ; il suffit qu'il soit un
honnête homme, indépendant par le cœur, libre par l'esprit,
passionné pour la justice et dévoué à la vérité; c'est beaucoup peut-être ; **M. Armand Bertin** était tout cela ; il était
naturellement le défenseur du bon droit, le maître de la saine
critique et, en toute chose, l'honneur de sa profession ! ». .

. . . .

4433   Imp. MAULDE et RENOU, rue de Riuoli, 114.

CATALOGUE

DES LIVRES

DE LA BIBLIOTHÈQUE

DE

M. ARMAND BERTIN.

THÉOLOGIE.

1. ÉCRITURE SAINTE ET LIVRES A FIGURES BIBLIQUES.

1. Bibliorum sacrorum vulgatæ versionis editio, clero gallicano dicata. *Parisiis, Ambr. Didot*, 1785, 8 vol. in-8, pap. vél. mar. vert, fil. tr. d. (*Derome*)

2. Le premier (et le second) volume de la Bible en françoys. *On les vend à Lyon en la rue de la Platière, en la maison de Pierre Bailly, marchant et libraire*, mil ccccc xxi (1521); 2 tom. en 1 vol. in-fol. goth. à 2 col., mar. brun, tr. dor. (*Niédrée.*)

Bible rare, ornée de curieuses figures en bois.

3. La Sainte Bible (trad. par Legros). *Paris, Desoer*, 1819, 7 vol. in-18, mar. vert, tr. dor. janséniste. (*Niédrée.*)

4. La Sainte Bible, traduction de Lemaistre de Sacy. *Paris, Furne*, 1841, 4 vol. gr. in-8, fig. pap. vél. br.

5. L'histoire de l'ancien Tobie et de son fils le jeune Tobie, pleine de beaux enseignements....... *Arras, J.-B. et Guill. de la Rivière*, 1627, in-4, Caract. de civilité, mar. orange, fil. tr. dor. (*Kœhler.*)

6. La Bible en Espagne, par G. Borrow, trad. de l'anglais. *Paris*, 1845, 2 vol. in-8, br.

7. Le Nouveau-Testament en latin et en français, trad. par Sacy. *Paris, impr. de Didot*, 1791, 5 vol. gr. in-8, fig. de Moreau, br.

Exemplaire en GRAND PAPIER VÉLIN, avec la dédicace à l'Assemblée Nationale.

8. BIBLE DE MORTIER (Histoire du Vieux et du Nouveau-Testament. *Amsterdam P. Mortier*), 1700, 2 vol. gr. in-fol. cuir de Russie, fil. comp. tr. dor. (*Anc. et première rel. hollandaise.*)

Cet exemplaire, dont le texte est en hollandais, contient les premières épreuves des gravures.

9. Histoire du Vieux et du Nouveau-Testament, représentée en tailles-douces dessinées et faites par Romein de Hooghe, avec une explication par Basnage. *Amsterdam*, 1704, in-fol. portr. fig. v. br. comp. fil.

10. Commentaire littéral sur tous les livres de l'Ancien et du Nouveau-Testament, par D. Aug. Calmet. *Paris*, 1724, 9 vol. in-fol. mar. vert, fil. tr. dor. (*Rel. de Petit.*)

Cette édition est la plus complète et la plus estimée. Très-belle suite de figures ajoutées à ce superbe exemplaire.

11. Fisher's; historic illustrationes of the Bible, principally after the old masters. *London*, in-4 en 41 livr.

Belle publication avec texte français, anglais et allemand.

12. Figures du Nouveau-Testament. *Francfort*, 1562, in-4 oblong, mar. vert russe, fil. à comp. tr. dor. (*Trautz-Bauzonnet.*)

Très-précieux recueil de figures en bois gravées par VIRGILE SOLIS.

13. Imaginum in Apocalypsi Johannis descriptio, elegiaco carmine condita, autore Georgio Æmilio.

Francofurti, C. Egenolphus excud. 1540, pet. in-4, mar. vert, fil. tr. dor.

Volume fort RARE. Les gravures, au nombre de 26, qui s'y trouvent, sont de HANS SEBALD BEHAM.

14. Ghebedt onses Heeren ende Salighmaeckers Jesu Christi. *Amsterdam*, 1631, in-4, mar. vert, tr. dor. (*Trautz-Bauzonnet.*)

Petit volume très-rare contenant diverses scènes de la Passion, gravées sur bois, accompagnées d'entourages et d'arabesques d'un goût parfait. Ces figures et ces encadrements des pages portent les monogrammes M. H. inv., C. V. S., c'est-à-dire, selon Brulliot, gravés, d'après Martin Hemskerken, par Christophe van Sichem.

2. LITURGIE.

15. MISSALE. — Manuscrit du XIIIe siècle, sur vélin, petit in-4 de 244 feuillets, écrit à 2 colonnes, relié en velours vert, à fermoirs en vermeil, fleurdelisés.

Quelques-uns pensent que ce manuscrit était le Missel de saint Louis. Nous n'osons affirmer le fait; cependant l'examen du volume donne à cette opinion une certaine probabilité. La finesse et la blancheur du vélin, la beauté de l'écriture, l'élégance de la musique notée, les miniatures, le grand nombre de majuscules coloriées et dorées, le style byzantin des encadrements, tout rend ce manuscrit digne d'avoir appartenu à un roi. Ajoutons que, dans la miniature du feuillet 145, saint Michel, terrassant le dragon, est armé d'un écu au champ d'azur, à une croix d'or cantonnée de 4 fleurs de lis d'argent.

Ce manuscrit renferme 53 miniatures, 1376 majuscules coloriées et rehaussées d'or, 748 initiales plus petites, dorées et rehaussées de couleurs, 465 animaux fantastiques, dont 204 sont à figure humaine, et plusieurs autres à tête d'oiseaux. Ces encadrements bizarres, qui serpentent autour de chaque page, peuvent être comparés à des branches de houx contournées, épineuses, échancrées et bifurquées. L'or et les couleurs étincellent sur les feuillets. C'est un magnifique manuscrit; il devient encore plus précieux par la musique notée qui accompagne les prières et les hymnes sacrées, et qui occupe peut-être la moitié du volume.

16. OFFICIUM BEATÆ MARIÆ VIRGINIS, secundum consuetudinem curiæ; in-16, mar. orange, tr. dor. (*Rel. anglaise.*)

Manuscrit sur VÉLIN, exécuté en Italie au XVe siècle. Il est orné d'entourages, d'arabesques, de lettres initiales ornées, qui se distinguent par la légèreté du trait, l'agencement et la vivacité des couleurs. La conservation ne laisse rien à désirer.

17. Heures à l'usage de Rome. — *Ces presentes heures a lusage de Rome ont esté imprimées et achevées A Paris le cinquiesme iour dapuril Lan mil cinq cens et trois, par Jehan Pychore : et Remy de Laistre* (1503), in-4 goth. mar. brun, tr. dor. (*Duru.*)

Exemplaire IMPRIMÉ SUR PEAU DE VÉLIN et de la plus belle conservation pour les marges.

Le figures et les encadrements de chaque page, variés à l'infini, sont gravés sur bois.

18. Heures à l'usaige de Romme, avec les figures de l'Apocalypse et plusieurs aultres hystoires. — *Ont esté nouuellement imprimées à Paris pour Gilles Hardouyn*....... (almanach de 1510 à 1530); gr. in-8 goth. fig. en bois, mar. noir, petits fers, tr. dor. (*Bauzonnet-Trautz.*)

Imprimé sur peau de VÉLIN, très-bien conservé.

19. PRIÈRES DE LA MESSE (écrites par Rousselet), in-8, mar. vert, fil. dent. tr. dor. (*Rel. anc.*)

Manuscrit sur papier, en lettres romaines. Ce volume, d'une fraîcheur exquise et d'une conservation parfaite, est orné de deux miniatures de la grandeur des pages et de dix-neuf autres petites vignettes exécutées en camaïeu. Chaque page est encadrée d'un filet d'or, et les lettres capitales sont également en or et en couleur. On sait que Rousselet occupe une place honorable à côté de Jarry, dont il s'est montré le plus habile et le plus heureux émule.

3. SAINTS PÈRES ET AUTRES THÉOLOGIENS.

20. Œuvres de Tertullien. *Paris*, 1844, in-12, d.-rel. v.

21. Tertullien et saint Augustin, œuvres choisies, avec la traduction en français, par Nizard. *Paris*, 1846, gr. in-8 br.

22. Confessions de saint Augustin, trad. par de Saint-Victor. *Paris*, 1841, in-12, d.-rel. v. f.

23. Beati Augustini liber de Vita christiana (*absque nota*), in-4 goth. mar. rouge, fil. tr. dor. (*Bauzonnet.*)

« Édition à la fin de laquelle se trouvent les écussons de Fust et de Schoyffer, tirés en rouge ; elle n'a que 17 feuillets, dont les pages entières portent 28 lignes. Elle est imprimée avec les mêmes caractères que le Rational de Durand, de 1459. » (BRUNET. MANUEL, T. 1er, page 216.)

24. Commentaria magistri Petri de Osoma in simbolum : Quicumque vult saluus esse. — *Impressa Parisius Martinum Chrantz, Uldaricum Gering, et Michaelem Friburger* (sans date), in-4 goth. mar. rouge, fil. tr. dor. (*Bauzonnet-Trautz.*)

Un des premiers livres imprimés à Paris.

25. La Confession frere Oliuier Maillard (sans lieu ni date), in-4 goth. mar. vert, fil. tr. dor. (*Kœhler.*)

Édition imprimée à Paris à la fin du XVe siècle, de 30 feuillets non chiffrés. Exemplaire dont les piqûres ont été habilement raccommodées.

26. Maximes et Réflexions sur la Comédie, par Bossuet, évêque de Meaux. *Paris*, 1694, in-12, mar. bl. tr. dor. jans. (*Bauzonnet-Trautz.*)

Bel exemplaire de l'édition originale.

27. Traité de la Comédie et des Spectacles, selon la tradition de l'Église, tirée des conciles et des saints Pères. *Paris*, 1667, in-8, v. br.

28. Pensées de Pascal sur la religion et sur quelques autres sujets. *Paris, Guil. Desprez*, 1670, in-12, mar. bl. tr. dor. jans. (*Niédrée.*)

ÉDITION ORIGINALE.

29. Lettres escrites à un Provincial par un de ses amis (par Blaise Pascal), 1657, in-4, mar. rouge, tr. dor. janséniste (*Bauzonnet-Trautz.*)

ÉDITION ORIGINALE. Très-bel exemplaire.

30. Les Provinciales, ou Lettres écrites par Louis de Montalte à un Provincial, par Blaise Pascal, publ. par Ch. Louandre. *Paris*, 1853, in-12, d.-rel. v.

31. **Huet., évêque d'Avranches, ou le Scepticisme théologique, par Christ. Bartholmèss.** *Paris*, 1850, in-8, br. (*Envoi d'auteur.*)

32. **Petit-Carême de Massillon.** *Paris, impr. de Didot*, 1812, in-12, pap. vél. cart. n. rog.

33. **Petit-Carême et Sermons choisis de Massillon.** *Paris, Gavard*, 1 vol. in-4, vign. et portr. ajouté, d.-rel. dos et coins de mar. bleu, tr. dor. (*Bauzonnet-Trautz.*)

34. **L'Imitation de Jésus-Christ, trad. en vers françois, par P. Corneille.** *Imprimé à Rouen*, 1656, in-4, mar. bleu, fil. tr. d. (*Bauzonnet-Trautz.*)

Édition originale; fig. de Chauveau; superbe exemplaire.

35. **Le Jardin des Roses de la Vallée des Larmes, traduit du latin par J. Chenu.** *Paris, Panckoucke*, 1850, petit in-12, pap. de Holl. br.

36. **Le Putanisme, ou .. ..**
...., assemblées en conclave pour l'élection d'un nouveau pape, auec un dialogue de Pasquin et de Marforio sur le mesme sujet; satyre comique de Balthasar Sultanini Bressan, trad. de l'italien. *Cologne (Holl. Elzevir)*, 1670, petit in-12, mar. brun, fil. tr. dor. (*Niédrée.*)

Volume rare. — Curieuse reliure.

37. **ŒEuvres philosophiques de Vanini, trad. pour la première fois par Rousselot.** *Paris*, 1842, in-12, d.-rel. v. bl.

38. **ŒEuvres de Spinoza, traduites par Em. Saisset.** *Paris*, 1842, 2 vol. in-12, d.-rel. v. f.

39. **Le Koran, traduction nouvelle par Kasimirski.** *Paris*, 1852, in-12, d.-rel. v.

40. **Kouan Ching-ti-pao-hium-siang-tchou**, 4 vol. in-8, avec figures et commentaires.

Les instructions précieuses du Dieu *Kouan-ti*.

41. Wen-tchang-ti-kian-hoei-siang, par Hiam. 2 vol.,
avec grand nombre de figures.

Les précieuses instructions du Dieu *Wen-tchang-ti-Kian*.

42. Lie Sien-tchouen, Histoire des Dieux et des
Génies. 2 vol. in-8, fig.

4. TRAITÉS POUR L'HISTOIRE DES RELIGIONS.

43. Du Pape, par Joseph de Maistre. *Paris*, 1843,
in-12, d.-rel. v.

44. Histoire de Léon X, par Audin. *Paris*, 1844,
2 vol. in-8, br.

45. Histoire de Léon X et de son siècle, par Audin.
Paris, 1850, 2 vol. in-12, d.-r. v. f.

46. The life and pontificate of Leo the tenth, by William Roscoe, revised by his son. *London*, 1846,
2 vol. in-12, cart. en toile.

47. Specimen Historiæ Arcanæ, sive Anecdota de
vita Alexandri VI, papæ, seu Excerpta ex diario
Joh. Burchardi, edente G. G. L. (Leibnitz). *Hano-
veræ*, 1696, in-4, v. f. f. tr. dor.

Satyre contre Alexandre VI, très-rare.

48. Histoire du pape Pie VII, par Artaud. *Paris*,
1837, 2 vol. in-8, avec 2 portr., v. ant. fil.
(*Kœhler.*)

49. Mystères de l'Inquisition et autres sociétés secrètes d'Espagne, par De Féréol; gr. in-8, fig., en
livraisons.

50. Vie de Rancé, par le vicomte de Chateaubriand.
Paris, in-8, d.-rel. v. ant. (*Trautz-Bauzonnet.*)

51. Anecdotes jésuitiques, ou le Philotanus moderne.
La Haye, 1740, 3 vol. pet. in-12, mar. r. fil. tr. d.
(*Kœhler.*)

52. La Légende dorée, par J. de Voragine, trad. du lat. et précédée d'une Notice historique et bibliographique, par G. B. (Gustave Brunet). *Paris*, 1843, 2 vol. in-12, d.-rel. v. r.

53. La Vie sainct Fiacre en Brie. *Paris, Jeh. Trepperel* (sans date), in-4 goth. fig. en bois, mar. rouge de Tanger, tr. dor. (*Bauzonnet-Trautz.*)

Légende en vers, TRÈS-RARE. — BEL EXEMPLAIRE.

54. La Vie et legende de monseigneur saint Roch, uray préservateur de pestilence. *Imprimé à Paris par Féb. Hérouf* (sans date), in-4 goth. m. rouge de Tanger, fil. tr. dor. (*Bauzonnet-Trautz.*)

Opuscule de la plus grande rareté, fig. en bois. — BEL EXEMPLAIRE.

55. La Vie et Miracles de monseigneur saint Martin (archeuesque de Tours), translatée de latin en françoys. *Imprimé a Paris par la veufue Iehan Treperel et Jeh. Jehannot* (sans date), in-4 goth. mar. r. fil. tr. dor. (*Niédrée.*)

Édition FORT RARE; il est dit, dans le Prologue, que cette vie est tirée d'un ouvrage de saint Sulpice (Sulpicius Severus). — BEL EXEMPLAIRE.

56. La Vie de madame saincte Geneuiefue. (*Imprimé à Paris par Denis Meslier*, in-4 goth. mar. bleu, tr. dor. (*Trautz-Bauzonnet.*)

Légende en prose imprimée dans les premières années du XVIe siècle, et TRÈS-RARE. — FORT BEL EXEMPLAIRE.

57. Vie de ma dame saincte Marguerite. *Imprimé à Paris pour Simon Troude*, (sans date); in-4 goth. mar. vert, fil. tr. dor. (*Kœhler.*)

Édition imprimée dans les premières années du XVIe siècle.

58. L'Église schismatique russe, d'après les relations récentes du prétendu Saint-Synode, par le P. Theiner, trad. de l'italien par Luquet, évêque d'Hésébon. *Paris*, 1846, in-8, br.

59. Histoire de la vie, des ouvrages et des doctrines

de Luther, par Audin. *Paris*, 1850, 3 vol. in-12,
d.-rel. v. f.

60. De l'Influence de Luther sur l'éducation du peuple, par Schaeffer. *Paris*, 1853, in-8, br.

61. Histoire des variations des Églises protestantes, par Bossuet. *Paris, Cramoisy*, 1688, 2 vol. in-4, v. br. (*Édition originale.*)

62. Histoire des variations des Églises protestantes, par Bossuet. *Paris*, 1844, 2 vol. in-12, d.-rel. v.

63. Histoire de la vie, des ouvrages et des doctrines de Calvin, par Audin. *Paris*, 1850, 2 vol. in-12, d.-rel. v. f.

64. Le Levain du calvinisme, ou Commencement de l'hérésie de Genève, faict par rév. sœur Jeanne de Jussie. *Chambéry*, 1611, pet. in-4 vél.

Réimpression *élégante*, faite à Genève, en 1853, par les soins de M. Gustave Revilliod.

JURISPRUDENCE.

---

65. De l'Esprit des Loix (par Montesquieu). *Genève, Barillot*, s. d.; 2 vol. in-4, mar. r. fil. tr. dor. (*Anc. rel.*)

Très-bel exemplaire de L'ÉDITION ORIGINALE, aux armes DU DUC D'ORLÉANS, RÉGENT. Voir BRUNET, *Manuel*.

66. Les Lois de Platon, traduction de Grou. *Paris*, 1842, in-12, d. rel. v. f.

67. Les Codes français collationnés sur les éditions officielles par Louis Tripier. *Paris*, 1850, très-grand in-8 à 2 col. mar. bleu, tr. dor. jans.

Exemplaire en grand papier, avec encadrements de couleurs variées à chaque page.

68. Leçons et modèles d'éloquence judiciaire, par Berryer. *Paris*, 1838, gr. in-8, d.-rel. v. f. (*Kœhler.*)

69. La practique et enchiridion des Causes criminelles, illustrées par plusieurs élégantes figures, rédigé et escript par Josse Damhoudère. *Anvers*, 1564, in-4, mar. r. fil. tr. dor. (*Niédrée.*)

Ce livre est orné de curieuses figures sur bois. — Bel exemplaire.

70. Récit de la mort tragique de madame la marquise de Ganges, empoisonnée et massacrée par l'abbé et le chevalier de Ganges ses beaux-frères, avec l'arrest du Parlement de Tolose donné contre les coupables. *Paris*, 1668, in-4, mar. bl. tr. d. jans. (*Niédrée*).

SCIENCES ET ARTS.

I. *SCIENCES PHILOSOPHIQUES.*

1. PHILOSOPHIE, MÉTHAPHYSIQUE ET MORALE.

71. Officia Ciceronis. *Augspurg*, 1535, in-fol. goth. fig. sur bois, v. f. fil. tr. d. (*Niédrée.*)

Contenant 103 figures gravées sur bois.

72. De la Vieillesse et de l'Amitié, traités de Cicéron, traduits par Plougoulm. *Paris*, 1841, in-12, d.-rel. mar. vert.

Exemplaire en papier vélin avec envoi d'auteur.

73. SENECÆ opera quæ exstant, integris Justi Lipsii, J. Fred. Gronovii et selectis variorum commentariis illustrata. *Amsterdam, D. Elzevirius*, 1672, 3 vol. in-8, mar. vert. (*Bauzonnet-Trautz*).

EXEMPLAIRE NON ROGNÉ, précieux par sa condition exceptionnelle.

74. OEuvres complètes d'Et. de La Boétie, réunies pour la première fois et publiées avec des Notes par L. Feugère. *Paris*, 1846, in-12, br.

75. OEuvres de Bacon, traduction revue et corrigée par F. Riaux. *Paris*, 1843, 2 vol. in-12, dem.-rel. v. f.

76. OEuvres de Descartes, nouv. édition, par Jules Simon. *Paris*, 1842, in-12, dem.-rel. v. f.

77. OEuvres de Malebranche, nouvelle édition, par Jules Simon. *Paris*, 1842, in-12, dem.-rel. v. f.

78. OEuvres de Leibnitz, nouv. édition, par A. Jacques. *Paris*, 1842, 2 vol. in-12, dem.-rel. v. f.

79. OEuvres philosophiques de Samuel Clarke, publiées par Amédée Jacques. *Paris*, 1843, in-12, dem.-rel. v. ant.

80. OEuvres choisies de Vico, contenant ses Mémoires écrits par lui-même, la Science nouvelle, les Opuscules, Lettres, etc.; précédées d'une Introduction sur sa vie et ses ouvrages, par Michelet. *Paris*, 1835, 2 vol. in-8, front. gravé, veau ant. fil. (*Kœhler.*)

81. OEuvres philosophiques de Fénelon. *Paris*, 1843, in-12, dem.-rel. v.

82. OEuvres philosophiques de Bossuet, publiées par Jules Simon. *Paris*, 1844, in-12, dem.-rel. v.

83. OEuvres philosophiques de Ant. Arnaud, nouvelle édition, par Jules Simon. *Paris*, 1843, in-12, dem.-rel. v. ant.

84. OEuvres philosophiques du Père Buffier, avec Notes et Introduction, par Fr. Bouillier. *Paris*, 1843, in-12, dem.-rel. v. f.

85. OEuvres philosophiques du Père André, publiées par Vict. Cousin. *Paris*, 1843, in-12, dem.-rel. v.

86. Lettres philosophiques, par M. de V... (Voltaire). *Amst.*, 1734, in-12, v. m. fil. tr. dor.

Après la page 354 se trouve l'arrêt qui condamne ce livre a être lacéré et brûlé par le bourreau.

87. Dialogues métaphysiques, biographiques et moraux de Platon, traduits par Schwalbé. *Paris*, 1843, 3 vol. in-12, dem.-rel. v. f.

88. Psychologie d'Aristote. Traité de l'âme, traduit en français pour la première fois, avec des Notes perpétuelles, par Barthélemy Saint-Hilaire. *Paris*, 1846, gr. in-8, pap. vél. br.

89. Jordano Bruno, par Christ. Bartholmèss. *Paris*, 1847, 2 vol. in-8, br.

90. The conduct of the understanding by John Locke. Essays, moral, economical and political, by Francis Bacon. *London*, 1818, petit in-12, tit. gr. fig. v. viol. fil. tr. dor. (*Purgold.*)

91. Sketch of a system of the philosophy of the human mind, by Thom. Brown. *Edinburg*, 1820, in-8, v. vert, fil. tr. dor. (*Simier.*)

92. Éléments de la philosophie de l'esprit humain, par Dugald-Stewart, trad. par Fr. Peisse. *Paris*, 1845, 3 vol. in-12, dem.-rel. v. ant.

93. Inductions morales et physiologiques, par Kératry. *Paris*, 1841, in-12, dem.-rel. v. bl.

94. Moralistes anciens, traduits du grec. *Paris, Lefèvre*, 1840, in-12, dem.-rel. v. (*Kœhler.*)

95. Pensées de Marc-Aurèle, traduites par Alexis Pierron. *Paris*, 1843, in-12, dem.-rel. v.

96. MONTAIGNE. Les Essais de Michel, seigneur de Montaigne.... livres premier et second. *Bourdeaux, par Simon Millanges, imprimeur du Roy*, MDLXXX (1580), 2 part. reliées en 2 vol. pet. in-8, mar. rouge, fil. tr. dor. (*Trautz-Bauzonnet.*)

ÉDITION ORIGINALE des deux premiers livres des Essais. Le plus bel exemplaire connu sous le rapport de la conservation, des marges et de la reliure.

97. Les mêmes Essais, cinquième édition, augmentée d'un troisième livre et de six cents additions aux deux premiers. *Paris, Abel l'Angelier* (1588), in-4, frontispice gravé, mar. rouge, fil. comp. tr. dor. (*Duru.*)

C'est dans cette édition, la dernière publiée du vivant de l'auteur, que parut, pour la première fois, le troisième livre des Essais. BEL EXEMPLAIRE.

98. Les Essais de Montaigne, *Paris*, *l'Angelier*, 1595, in-fol. mar. r. tr. dor. jans. (*Trautz-Bauzonnet.*)

SUPERBE EXEMPLAIRE, très-grand de marges, de la PREMIÈRE ÉDITION, publié par Mlle de Gournay.

99. Les Essais de Michel Montaigne. *Paris*, 1635, in-fol. titre gravé, portr., rel. en peau de truie, fil.

100. Les Essais de Montaigne. *Amst., Ant. Michiels*, 1659, 3 vol. in-12, tit. gr. mar. bl. comp. fil. tr. d. (*Bauzonnet.*)

TRÈS-BEL EXEMPLAIRE de l'édition elzevirienne.

101. Les Essais de Montaigne. *Paris, Ch. Journel*, 1659, 3 vol. pet. in-12, tit. gr. portr. mar. vert russe, tr. dor. janséniste (*Duru.*)

« Édition enrichie et augmentée aux marges du nom des autheurs qui y sont citez, auec les versions des passages grecs, latins et italiens. »

Le frontispice, où se trouve le portrait de Montaigne, est gravé par N. de Larmessin. Joli exemplaire.

102. Essais de Montaigne, avec les notes de tous les commentateurs ; édition publiée par V. Leclerc. *Paris, Lefèvre*, 1826, 5 vol. gr. in-8, portr. br.

Exemplaire en grand papier vélin.

103. Documents inédits ou peu connus sur Montaigne, recueillis et publiés par le Dr Payen. *Paris*, 1847, gr. in-8, fac-sim. veau fauve, dent. fil. tr. dor. (*Trautz-Bauzonnet.*)

Exemplaire en PAPIER DE HOLLANDE, avec double portrait et armoiries coloriées. Travail extrait du Bulletin du Bibliophile, *octobre* 1846. Tiré à cent exemplaires.

104. L'Ombre de la demoiselle de Gournay, œuvre composé de meslanges. *Paris*, 1626, pet. in-8, mar. vert, tr. dor. jans. (*Kœhler.*)

Livre rare ; avec le portrait.

105. De la Sagesse, par P. Charron. *A Leide, J. Elzevier*, s. d. pet. in-12, tit. gr. mar. cit. jans. doublé de mar. tr. dor. (*Rel. angl.*)

Exemplaire pur et très-grand de marges, de l'édition Elzevir la plus recherchée. H. 5 pouces et une demi-ligne.

106. Les Passions de l'âme, par René Des Cartes. *Amsterdam, Louys Elzevier*, 1650, petit in-12, mar. vert russe, tr. dor. (*Bauzonnet-Trautz.*)

107. Pensées, Fragments et Lettres de Blaise Pascal, publiés pour la première fois, conformément aux mss. originaux, par Faugère. *Paris*, 1844, 2 vol. in-8, dem.-rel. v. ant. (*Bauzonnet-Trautz.*)

108. Pensées de Blaise Pascal, précédées d'une Notice sur sa vie, par Mme Périer, sa sœur. *Paris*, 1843, in-12, pap. vél. dem.-rel. v.

109. Pensées de Pascal, publiées dans leur texte authentique; précédées de la Vie de Pascal, par Mme Périer, et accompagnées d'un Commentaire, par Ern. Havet. *Paris*, 1852, in-8, br. (*Envoi d'auteur.*)

110. Des Pensées de Pascal, par V. Cousin. *Paris*, 1843, in-8, v. f. fil. tr. dor. (*Bauzonnet-Trautz.*)

Exemplaire avec envoi d'auteur signé.

111. Des Pensées de Pascal, par Victor Cousin. *Paris*, 1844, in-8, d.-rel. v. ant. (*Trautz-Bauzonnet.*)

112. Lettres, Opuscules et Mémoires de Mme Périer et de Jacqueline, sœurs de Pascal, publiés sur les mss. originaux, par Faugère. *Paris*, 1845, in-8, dem.-rel. v. ant. (*Bauzonnet-Trautz.*)

113. Jacqueline Pascal, par V. Cousin. *Paris*, 1845, in-12, pap. vél. br. (*Avec envoi d'auteur.*)

114. Les Caractères de Théophraste, traduits du grec, avec les caractères ou les mœurs de ce siècle, par La Bruyère. *Paris, Étienne Michallet*, 1688, in-12, d.-rel. v. f., i^{re} édition.

— iie édition. *Paris, Ét. Michallet*, 1688, in-12, d.-rel. v. f.

— iiie édition. *Paris, Ét. Michallet*, 1688, in-12, d.-rel. v. f.

— ive édition. *Paris, Ét. Michallet*, 1689, in-12, d.-rel. v. f.

— v^e édition. *Paris. Ét. Michallet*, 1690, in-12, d.-rel. v. f.

— vi^e édition. *Paris, Ét. Michallet*, 1691, in-12, d.-rel. v. f.

— viie édition. *Paris, Ét. Michallet*, 1692, in-12, d.-rel. v. f.

— viiie édition. *Paris, Ét. Michallet*, 1694, in-12, d.-rel. v. f.

— ixe édition. *Paris, Ét. Michallet*, 1696, in-12, d.-rel. v. f.

— x^e édition. *Paris, Ét. Michallet*, 1699, in-12, v. br.

Collection intéressante des dix premières éditions originales, publiées du vivant de La Bruyère.

115. La Bruyère. Les Caractères ou les Mœurs de ce siècle. *Paris, Lefèvre*, 1843, in-8, veau ant. fil. tr. dor. (*Bauzonnet-Trautz.*)

116. Les Caractères ou les Mœurs de ce siècle, par La Bruyère. *Paris*, 1844, in-12, d.-rel v.

117. Réflexions ou Sentences et Maximes morales, par La Rochefoucauld. *Paris, Claude Barbin*, 1665, pet. in-12, mar. viol. doublé de mar. rouge, triples fil. (*Bauzonnet.*)

Édition originale. Exemplaire Nodier.

118. Réflexions, Sentences et Maximes morales de La Rochefoucauld, édition conforme à celle de 1678, avec des notes, par G. Duplessis. *Paris*, 1853, pet. in-12, br.

Exemplaire en papier de Hollande.

119. Confucius et Mencius. Les quatre livres de philosophie morale et politique de la Chine, trad. par Pauthier. *Paris*, 1841, in-12, d.-rel. v.

2. ÉCONOMIE, ÉDUCATION, POLITIQUE ET ÉCONOMIE POLITIQUE.

120. Ménagerie de Xénophon......, traduit de grec en françois par feu Estienne de La Boëtie....., et mise en lumière, avec quelques vers françois et latins du dict La Boëtie, par Michel, sieur de Montaigne. *Paris, Cl. Morel*, 1600, in-8, mar. olive, fil. tr. dor. (*Bauzonnet.*)

Livre rare : bel exemplaire.

121. Le Ménagier de Paris, traité de morale et d'économie domestique, composé, vers 1393, par un Parisien, pour l'éducation de sa femme, publié, pour la première fois, par la société des Bibliophiles (sous la direction spéciale de M. Jérôme Pichon). *Paris*, 1847, 2 vol. gr. in-8, maroq. brun, fil. tr. dor. (*Trautz-Bauzonnet.*)

Une des publications les plus importantes de la *Société des Bibliophiles françois.* Cet exemplaire contient le carton.

122. Sydrach. La Fontaine de toute science. *Imprimé à Paris pour Anthoine Vérard*, 1486, pet. in-fol. goth. mar. rouge, fil. à comp. tr. dor. (*Bauzonnet-Trautz.*)

Première édition de ce livre curieux. — Magnifique exemplaire.

123. Le chevalier de la Tour et le Guidon des Guerres, par Geoffroy de la Tour Landry. *Imprimé* *à Paris par la vefue Jehan Trepperel et Jehan Jehannot...* (sans date), in-4, mar. bleu, fil. à comp. doublé de mar. rouge, fil. compart. à petits fers, tr. dor. (*Bauzonnet.*)

« Le Chevalier de la Tour, ouvrage écrit en 1371, renferme des renseignements religieux, des préceptes de conduite, des histoires pieuses ou morales, des légendes et diverses instructions que l'auteur adresse à ses filles ; c'est un livre fort curieux. » BRUNET, *Manuel*, T. I, p. 649. — Admirable exemplaire rempli de témoins et de la plus intacte conservation.

124. De l'Éducation des filles, par l'abbé de Fénelon. *Paris*, 1687, in-12, mar. bleu, janséniste, tr. dor. (*Bauzonnet-Trautz.*)

ÉDITION ORIGINALE, très-bel exemplaire.

125. Éducation des mères de famille, par Aimé Martin. *Paris*, 1841, in-12, d.-rel. v. (*Kœhler.*)

126. Politique d'Aristote, traduite en français par Barthélemy Saint-Hilaire. *Paris*, *Impr. royale*, 1837, 2 vol. gr. in-8, d.-rel. v.

127. Aristote : La Politique, trad. de Champagne, revue et corrigée par Hoefer ; l'Économique, trad. nouv., par Hoefer ; Lettre à Alexandre sur le monde, trad. de Batteux. *Paris*, 1843, in-12, d.-rel. v. f.

128. Politique tirée des propres paroles de l'Écriture sainte, par Bossuet. *Paris*, 1709, in-4, v. br. (*Édition originale.*)

129. OEuvres politiques de Machiavel, recueillies et précédées d'un Essai sur l'esprit révolutionnaire, par P. Christian. *Paris*, 1842, in-12, d.-rel. v. violet.

130. Discours politiques et militaires du seigneur de La Noue, *Basle, de l'imprimerie de Fr. Forest*, 1587, in-4, v. fauve, fil. tr. dor. (*Niédrée.*)

131. Aristippe, ou de la Cour, par de Balzac. *Amsterdam, Daniel Elzevier*, 1664, pet. in-12, mar. rouge, fil. (*Trautz-Bauzonnet.*)

Exemplaire NON ROGNÉ.

132. Discours politiques par Vict. Cousin. *Paris*, 1854, in-12, d.-rel. v.

133. Servitude et Grandeur militaires, par Alfred de Vigny. *Paris*, 1841, in-12, d.-rel. v. f.

134. L'État de la République de Platon, traduct. de Grou. *Paris*, 1840, in-12, d.-rel. v. (*Kœhler.*)

135. Lorloge des princes, traduict Despaignol en françois (trad. d'Ant. de Guevare, par Nic. de Herberay). *On les vend à Paris, par Galiot du Pré,* 1540, 3 part. en 1 vol. in-fol. goth. fig. sur bois, mar. vert, tr. d. (*Niédrée.*)

136. Histoire de l'économie politique en Europe, depuis les anciens jusqu'à nos jours, par Blanqui. *Paris*, 1845, 2 vol. in-12, d.-rel. dos et coins de mar. br. (*Trautz-Bauzonnet.*)

Exemplaire en papier vélin.

137. Essai sur le principe de population, par Malthus, avec des Notes, par Jos. Garnier. *Paris, Guillaumin,* 1845, gr. in-8, d.-rel. v. f. (*Niédrée.*)

Exemplaire en papier vélin.

138. Recherches sur la nature et les causes de la richesse des nations, par Adam Smith, traduct. du comte Germain Garnier. *Paris, Guillaumin,* 1843, 2 vol. gr. in-8, mar. br. fil. tr. dor. (*Trautz-Bauzonnet.*)

SUPERBE EXEMPLAIRE EN GRAND PAPIER VÉLIN. Portrait sur Chine avant la lettre.

139. Le Nouveau Monde industriel et sociétaire, ou Invention du procédé d'industrie attrayante et naturelle, distribuée en séries passionnées, par Ch. Fourier. *Paris*, 1829, in-8, d.-rel. v.

140. Des Améliorations matérielles dans leurs rapports avec la liberté, par Pecqueur. *Paris*, 1843, in-12, d.-rel. v.

141. De la Propriété, par Thiers. *Paris*, 1848, in-8, broch.

142. Études sur les colonies agricoles de mendiants, jeunes détenus, orphelins et enfants trouvés, par De Lurieu et Romand. *Paris*, 1851, in-8, pap. vél. d.-rel. mar. (*Envoi d'auteur.*)

II. *SCIENCES PHYSIQUES, NATURELLES, MÉDICALES ET MATHÉMATIQUES.*

143. Lettres à Sophie sur la physique, la chimie et l'histoire naturelle, par L. Aimé-Martin. *Paris*, 1842, in-12, d.-rel. v. bl.

144. Lettres à une princesse d'Allemagne sur divers sujets de physique et de philosophie, avec des notes, par Em. Saisset. *Paris*, 1843, in-12, d.-rel. v. f.

145. Œuvres complètes de Buffon. *Paris, Bastien*, 1811, 34 vol. in-8, pap. vél. port. fig. v. m. fil. tr. d. (*Simier.*)

146. Œuvres complètes de Buffon, nouv. édition, revue par Richard. *Paris*, 1837, 6 vol. — Compléments de Buffon, par P. Lesson, 2e édition, revue par l'auteur. *Paris*, 1838, 3 vol.; ensemble 9 vol. gr. in-8, d.-rel. mar. bleu.

Bel exemplaire dont les planches sont coloriées.

147. Le Règne animal distribué d'après son organisation, par G. Cuvier (les Oiseaux). *Paris, F. Masson*, 2 vol. gr. in-8, dont 1 d'atlas color., dem.-rel. mar. or, avec coins. (*Trautz-Bauzonnet.*)

Très bel exemplaire, papier vélin fort, colorié avec le plus grand soin.

148. The Aurelian, or natural history of english moths, and Butterflies by Moses Harris, and additional observations by Westwood. *London*, 1840,

in-fol., fig. color. dos et coins de mar. r. tr. dor.
(*Élég. reliure.*)

Très-beau livre orné de 44 planches exécutées et coloriées avec beaucoup de soin.

149. SOMME RURAL...... — (à la fin) *Cy fine la somme rural composée par Jehan Boutillier, conseiller du roy à Paris, et imprime en la ville Dabbeville par Pierres Gérard l'an mil cccc lxxx et vi* (1486), **2 tom. en 1 vol. in-fol. goth. à 2 col. mar. rouge, fil. tr. dor.** (*Niédrée.*)

Édition de la plus grande rareté. — MAGNIFIQUE EXEMPLAIRE.

————

151. Les OEuvres d'Hippocrate, traduites du grec, avec des notes, par le D. Daremberg. *Paris*, 1843, in-12, d.-rel. v. f.

152. Nouveau Traité des Rétentions d'urine, par Dubouchet. *Paris*, 1834, in-8, planch. v. gaufr. fil.

153. Lettres à Camille sur la physiologie, par Isidore Bourdon. — Illustres Médecins et Naturalistes des temps modernes, par le même. *Paris*, 1843, 1844, 2 vol. in-12, d.-rel. v.

154. Recherches physiologiques sur la vie et la mort, par Bichat, précédées d'une notice sur l'auteur, par Cerise. *Paris, Masson*, in-12, fig. d.-rel. v.

155. Rapports du physique et du moral de l'Homme, par Cabanis, nouv. édition, par le docteur Cerise. *Paris*, 1843, in-12, d.-rel. v. bl.

156. Jules Obséquent des prodiges, plus trois livres de Polydore Vergile sur la mesme matière, traduits de lat. en françois par George de La Bouthière Autunois. *Lyon, J. de Tournes*, 1555, in-8, fig. en bois, mar. rouge, fil. tr. dor. et ciselée. (*Thouvenin.*)

Bel exemplaire. Reliure à l'imitation des anciennes.

157. Mirabilis liber qui prophetias revelationesque, necnon res mirandas preteritas, presentes ac futuras, aperte demonstrat. *Paris, Enguilbert et Jehan de Marnef*, 1523, 2 part. en 1 vol. in-4 goth. mar. rouge, tr. dor. (*Duru.*)

Livre curieux, à cause des rapports singuliers que présentent plusieurs prédictions qui y sont contenues avec plus d'un événement de la révolution de 1789. La 2ᵉ partie est en français.

158. Nostradamus, par Eugène Bareste. *Paris*, 1840, in-8, port. d.-rel. v.

Contenant : Vie de Nostradamus ; Histoire des oracles et prophètes ; Centuries de Nostradamus ; Explication des quatrains prophétiques.

159. Des Hallucinations, ou Histoire raisonnée des apparitions, des visions, des songes, de l'extase, du magnétisme et du somnambulisme, par Brierre de Boismont. *Paris*, 1845, in-8, br.

160. Erreurs populaires et propos vulgaires touchant la médecine et le régime de santé, expliquez et refutez par Laur. Joubert. *Bourdeaux, Millanges*, 1579, 2 vol. pet. in-8, v. f. fil. tr. dor. (*Bauzonnet-Trautz.*)

Édition rare de ce livre curieux ; portrait de l'auteur.

161. Hygiène de la Digestion, suivie d'un nouveau Dictionnaire des Alimens, par Paul Gaubert. *Paris*, 1845, in-8, br.

162. Le grand Cvysinier de tovte cvysine très-vtile et profitable, contenant la manière d'habiller toutes sortes de viandes tant chair que poisson : et de seruir es banquetz et festes ; le tout composé par plusieurs cuysiniers fort expers. *Paris, Jean Bonfons* (sans date), pet. in-8, lettr. rondes, mar. bleu, tr. dor. (*Duru.*)

Petit volume très-rare et curieux.

163. Le Cuisinier royal et bourgeois, qui apprend à donner toute sorte de repas, et la meilleure manière des ragoûts les plus à la mode et les plus exquis. *Paris, de Sercy*, 1693, in-12, mar. r. tr. d. (*Niédrée.*)

164. Le Conservateur, contenant le livre des ménages, par Appert ; anciens procédés de conservation des fruits, des légumes et des viandes, etc. ; monographie des vins, par Joubert, Bouchart et Leclerc. *Paris*, 1842, in-8, br.

165. Physiologie du Goût, ou Méditations de Gastronomie transcendante, par Brillat-Savarin. *Paris*, 1839, in-12, d.-rel. v.

166. Physiologie du Goût, par Brillat-Savarin, suivie de la Gastronomie, poëme, par Berchoux. *Paris*, 1847, in-12, d.-rel. v. f.

167. Les Classiques de la Table, à l'usage des praticiens et des gens du monde. *Paris*, 1843, gr. in-8, portr. fig. d.-rel. mar. citr. (*Bauzonnet-Trautz.*)

168. Traité sur les Vins du Médoc et sur les autres vins du département de la Gironde, par Franck. *Bordeaux*, 1853, in-8, br. (orné de 22 vues de châteaux des principaux crûs et d'une carte color.). — Manière de soigner les Vins et de les servir, par Joubert. *Paris*, 1842, in-8, br.

---

169. Eutropii Flauii Vegecii renatium illustris comitis Constantinopolitana Valentino Augusto consuli epitoma institutorum rei militaris de commentariis Treiani et Adriani et Fortini Augusti incipit liber. Petit in-fol. de 70 feuillets, rel. en bois, veau ant. fers à froids, fermoirs.

Manuscrit sur vélin, écriture italienne de la première moitié du XVe siècle. L'ouvrage de Végèce finit au feuillet 68 r°. Deux cercles astronomiques, avec légendes, occupent les feuillets 69 v° et 70 r°.

Deux grandes miniatures sont placées en tête du 3e livre et du 4e. La première représente l'intérieur d'un camp ; la seconde, les apprêts de la défense d'une forteresse. On trouve les autres miniatures dans les majuscules qui commencent les chapitres. A chacune de ces majuscules coloriées et rehaussées d'or est attaché un large appendice en feuilles d'acanthe, semé de pois d'or. Ces ornements singuliers se prolongent sur les marges, rappellent le style moresque et donnent au manuscrit un caractère tout particulier. La conservation des diverses parties de ce livre ne laisse rien à désirer. Cependant nous devons faire observer que deux feuillets ont été refaits, mais avec assez de talent pour que l'on ne puisse s'en apercevoir.

170. Planches gravées d'après plusieurs positions dans lesquelles doivent se trouver les soldats, conformément à l'ordonnance du roi de l'exercice de l'infanterie. 1766, dess. par Gravelot, in-fol. fig. mar. r. fil. tr. dor. (*Riche reliure aux armes du Dauphin.*)

On lit sur la garde : « *Donné a moy Louys Rousseau par Monseign. le Dauphin en sortant de luy commander l'exercice....* »

171. The Costumes of the Clans, by John Sobieski Stolberg and Ch. Edward Stuard. *London*, 1845, gr. in-fol. d.-rel. mar. tr. dor. (*Rel. angl.*)

MAGNIFIQUE PUBLICATION dont les planches sont tirées sur papier de Chine et coloriées avec le plus grand soin.

172. Dictionnaire de Marine, par le vice-amiral Willaumez. *Paris*, 1831, gr. in-8, d.-rel. v. f. n. rogn. avec 8 planches. (*Kœhler.*)

173. A new universal Dictionary of the Marine, compiled by Falconer's now modernized and much enlarged by W. Burney. *London*, 1815, in-4, cart. en toile, n. rog.

———

174. Études pratiques et littéraires sur la Typographie, par G.-A. Crapelet. *Paris, imprimerie de Crapelet*, 1837, gr. in-8, pap. de Holl. d.-rel. v. f.

III. *BEAUX-ARTS.*

1. INTRODUCTION. — DESSINS, ETC.

175. Dictionnaire des arts du dessin, la peinture, la sculpture et l'architecture, par Boutard. *Paris*, 1826, in-8, d.-rel. v.

Exemplaire en grand papier vélin.

176. Lectures on painting and design by B. R. Haydon. *London*, 1844, gr. in-8, fig. cart. en toile angl. n. rogn. (*Envoi d'auteur.*)

177. Exposition des artistes vivants, par Delécluze. *Paris*, 1851, in-8, br.

178. The Art-journal illustrated catalogue of the industry of all nations. *London*, 1851, gr. in-4, fig. cart. en toile gaufr. et dorée.

179. Vie des peintres, sculpteurs et architectes, par G. Vasari, traduites par Léop. Leclanché et commentées par Jeanron. *Paris*, 1841, 10 vol. gr. in-8, 121 portr. v. f. fil. (*Bauzonnet.*)

180. Histoire des peintres de toutes les écoles depuis la renaissance jusqu'à nos jours, par Ch. Blanc. *Paris, Renouard*, gr. in-4, fig. 103 livraisons.

181. Histoire de la vie et des ouvrages de Raphaël, par Quatremère de Quincy. *Paris*, 1833, gr. in-8, portr. d.-rel. mar. vert. (*Kœhler.*)

182. Abrégé de la vie des plus fameux peintres, par Dez. d'Argenville. *Paris*, 1745-53, 3 vol. in-4, mar. rouge, tr. dor. (*Lortic.*)

TRÈS-BEL EXEMPLAIRE pour les épreuves et la condition.

183. Galerie des peintres, ou Collection de portraits des peintres les plus célèbres de toutes les écoles,

par Chabert. *Paris*, 3 vol. in-fol. d.-rel. mar. rouge, dos à nerfs, coins. (*Bauzonnet.*)

SUPERBE EXEMPLAIRE.

184. Léopold Robert, sa vie, ses œuvres et sa correspondance, par Feuillet de Conches. *Paris*, 1848, 1 vol. in-8, br.

Exemplaire de présent, tiré gr. in-4 sur pap. fort de Hollande ; on y a joint : les Apocryphes de la Peinture de portrait, par le même auteur. *Paris*, 1849, gr. in-8.

185. RAPHAEL. Teste scelte di personnagi illustri in lettere e in armi, cavate gia dall' antico o dall' originale, e dipinte nel Vaticano da Rafaello d'Urbino, da Paolo Fidanza, pittore. *Roma*, 1777, 5 tom. en 1 vol. gr. in-fol. mar. rouge, fil. larges, dent. tr. dor. (*Riche et belle reliure.*)

Recueil de 180 pl. en superbes épreuves.

186. Esquisses de la vie d'artiste, par Paul Smith. *Paris*, 1844, 2 vol. in-8, br.

187. FLAXMAN's classical conmpositions, in-fol. mar. rouge, fil. dent. tr. dor. (*Riche et belle rel. anglaise.*)

Homère, — Hésiode, — Eschyle ; ensemble 149 planches.

188. Miniatures italiennes, 3 feuilles tirées d'un Missel.

189. Paléographie universelle, par Silvestre. *Londres*, 2 vol. gr. in-fol. d.-rel. mar. rouge, tr. dor., et 2 vol. in-8 de texte, rel. uniforme.

Ouvrage capital exécuté avec le plus grand luxe. La description est de M. Frédéric Madden.

190 PEINTURES PERSANNES, recueil de 20 miniatures, en 1 vol. pet. in-fol. mar. rouge, fil. tr. dor. (*Aux armes du prince de Condé.*)

Ces peintures, de l'exécution la plus remarquable sous le rapport de la finesse, de la vivacité des couleurs et de la richesse des ornements, ont fait partie autrefois d'un très-ancien manuscrit.

191. Kiaï-tseu-youen-hoa-tchouen, 5 cahiers in-4 sur papier blanc, imprimés dans la 18e année de l'empereur Khang-hi, 1679.

Manuel du Paysagiste :
1er cahier, Préfaces et notions préliminaires ;
2e cahier, Arbres ;
3e cahier, Rochers ;
4e cahier, Personnages, maisons, ponts, palais ;
5e cahier, Modèles d'écrans, imprimés en couleur.

192. Keng-tchi-thou. Figures relatives à la culture du riz et à l'éducation des vers à soie.

2. GRAVURE. — RECUEILS DE PORTRAITS.

193. Manuel de l'Amateur d'estampes, par Ch. Le Blanc. *Paris*, 1851, A. Bosse, 3 livr., gr. in-8.

Exemplaire en papier vélin des 3 seules livraisons parues.

194. Le Peintre-graveur français, ou Catalogue raisonné des estampes gravées par les peintres et les dessinateurs de l'école française, par Robert Dumesnil. *Paris*, 1835, 8 tom. en 4 vol., planches, d.-rel. v. f. (*Niédrée.*)

195. Album amicorum : Habitus mulierum omnium nationum Europæ. *Lovanii, J.-B. Zangrium*, 1605, in-4 obl. veau antique.

Précieux Recueil contenant 85 feuillets. On trouve au commencement trois portraits, qui sont suivis d'un avis au lecteur, pièce de vers latins signée de Gilbert Cousin, et de quatrains en français. Costumes fort curieux, ornements divers, cartouches, dessins d'écussons, etc. ; le tout très-finement gravé sur cuivre.

196. Opera nuova et insegna alle donne a cuscire, a raccamare et a disegnar a ciascuno, et la ditta opera sara di molta utilita ad ogni artista..... (di Giov.-Ant. Tagliente), 1528, in-4, mar. vert, fil. tr. dor. comp. (*Belle et riche reliure de Trautz-Bauzonnet.*)

Précieux Recueil de dessins de tapisseries, dentelles, broderies, linge-

rie, etc., si rare que nous ne le trouvons pas cité. MAGNIFIQUE EXEMPLAIRE
pour la conservation et la reliure.

197. Balli di Sfessania di Jacomo Callot, s. l. n. d.
pet. in-12 obl. mar. bl. doubl. de mar. citr. dent. tr.
d. (*Niédrée.*)

Contenant 24 planches; ANCIENNES ÉPREUVES.

198. The Dance of Death exibited in elegant engravings on wood with a dissertation, on the several
representations of that subject but more particu-
larly, on those ascribed to macaber and Hans Holbein by Francis Douce. *London, Pikering*, 1823, gr.
in-8, fig. d.-rel. m. non rogn.

199. Nouveau Livre de différens cartouches, cou-
ronnes, casques, supports, etc., dessignez et gra-
vez par Mavelot, ouvrage utile aux peintres, gra-
veurs, orfèvres, brodeurs et autres, pet. in-4 obl.,
mar. rouge, fil. tr. dor. (*Trautz-Bauzonnet.*)

Ce volume est le petit Recueil de Mavelot, plus rare que le grand. — CHAR-
MANT EXEMPLAIRE.

200. Cabinet de M. Paignon-Dijonval. État détaillé
et raisonné des dessins et estampes dont il est composé, rédigé par M. Bénard. *Paris, Mme Huzard*,
1810, in-4, d.-rel. v. non rogné.

201. TENIERS. Theatrum pictorium. *Bruxellis*, 1660,
in-fol., mar. dent. tr. dor. (*Riche reliure.*)

Recueil de 248 planches, rare et recherché; SUPERBE exemplaire des
épreuves *avant les numéros.*

202. BAUR. Iconographia, a Melch. Kysell æri incisa.
Aug. Vindel, 1670, in-fol. obl. mar. rouge, tr.
dor. (*Lortic.*)

Recueil dont toutes les planches sont d'une exécution remarquable par la
finesse du burin et par les délicieuses compositions des tableaux. On y remarque des concerts, des bals, des fêtes, des jardins, des fontaines, des dé-
corations, etc. — SUPERBES ÉPREUVES.

203. JEAN CHALON, dessinateur et graveur, né à

Amsterdam en 1738, et mort à Londres en 1795.

Artiste dont les productions sont estimées et rares. 67 estampes gravées à
la manière de Rembrandt.

204. HOGARTH's works engraved by Himself, gr. in-
fol. d.-rel. mar. rouge, tr. dor. (*Élégante reliure.*)
153 planches.

205. Hogarth moralised, a complete edition, of all
the most capital and admired works of William
Hogarth, accompanied with concise and compre-
hensive explanations of their moral tendency, by
the late rev. Dr Trusler, an introduction, and many
additional notes. *London*, 1831, in-8, vign. mar.
bleu, fil. tr. dor. (*Kœhler.*)

Les figures sur papier de Chine.

206. GILLRAY's works (caricatures), 2 vol. gr. in-fol.
et 1 vol. in-8, d.-rel. mar. rouge, tr. dor. (*Reliure
anglaise.*)

Gillray était considéré en Angleterre comme le plus spirituel caricaturiste,
et ce recueil n'est pas moins intéressant sous le rapport historique que sous
le rapport artistique; la plupart de ces planches ont été publiées pendant la
Révolution française. Aux deux volumes qui composent cet ouvrage (y compris les pl. supprimées par la police) est joint un volume in-8 de 496 pages,
donnant la clef et l'explication des sujets. Cette description de Th. Wright et
Evans renferme l'histoire de la Révolution française et de l'Empire.

207. Portraits of illustrious personnages of Great-
Britain, with biographical and historical memoirs
of theirs lives and actions, by Edmund Lodge. *London*, 1835, 12 vol. gr. in-8, pap. vél. portr. mar.
viol. fil. tr. dor. (*Kœhler.*)

Superbe exemplaire pour les épreuves.

208. HOLBEIN. Portraits of illustrious personages of
the court of Henry VIII, engraved in imitation
of the original drawings of Hans Holbein, with
biographical and historical memoirs, by Edm.
Lodge, published by Chamberlaine. *London*, 1812,
2 vol. très-grand in-4, mar. rouge, riche dent.

mosaïque, tr. dor. (*Riche reliure anglaise à compartiments.*)

SUPERBE EXEMPLAIRE d'un très-beau livre. Les portraits sont en doubles épreuves ; la première suite est tirée en noir sur papier de Chine ; la seconde est coloriée d'après les originaux.

209. JAMESON. The BEAUTIES OF THE COURT OF KING CHARLES THE SECOND. *London*, 1833, très-gr. in-4, mar. vert, large dent. comp. doublé de moire, mors de mar. dent. tr. d. (*Riche reliure.*)

TRÈS-BEL EXEMPLAIRE EN GRAND PAPIER ; les épreuves sont sur PAPIER DE CHINE et de premier tirage.

210. Icones Legatorum plena potestate instructorum, ad pacem universam constituendam, in monasterium Westphalorum, per Anselmum Van Hulle. *Antverpiæ*, 1691, in-fol. mar. rouge, fil. à comp. tr. dor. (*Belle reliure.*)

Recueil de magnifiques portraits gravés par P. de Jode, Corn. Galle, etc. On y remarque un beau portrait de Louis XIV ; de Henri d'Orléans, duc de Longueville ; d'Anne de Bourbon, duchesse de Longueville ; Claude de Mesmes ; Henri de La Tour d'Auvergne ; Christine de Suède, etc.

3. GALERIES ET CABINETS DE TABLEAUX.

211. Galerie du Musée de France, publiée par Filhol, le texte rédigé par Jos. Lavallée. *Paris*, 1828, 11 vol. gr. in-8, dos et coins de cuir de Russie. (*Kœhler.*)

FORT bel exemplaire en très-bonnes épreuves.

212. Notice des émaux, bijoux et objets divers exposés dans les galeries du Louvre, par De Laborde. *Paris*, 1852, 2 vol. pet. in-8, br.

213. Notice des émaux exposés dans les galeries du musée du Louvre, par De Laborde. *Paris*, 1852, gr. in-8, br.

Exemplaire en grand papier de Hollande de la première partie, avec envoi d'auteur.

214. GALERIES HISTORIQUES DE VERSAILLES, par Gavard, avec une histoire de France servant de texte explicatif aux peintures et sculptures du musée de Versailles. *Paris, Gavard,* 1840 et années suiv. 13 vol. gr. in-fol. pap. vél. fig. sur Chine, mar. bleu, fil. tr. dor. (*Niédrée.*)

SUPERBE EXEMPLAIRE EN GRAND PAPIER.

215. Musée de Versailles, avec un texte historique, par Burette. *Paris, Furne,* 1844, 3 vol. gr. in-4, dos et coins de v. br. (*Niédrée.*)

Exemplaire dont les épreuves sont sur Chine avant la lettre.

216. Versailles : palais, musée, jardins. *Paris, Gavard,* gr. in-8, portr. fig. cart. en toile dorée, mos. tr. dor.

217. La Galerie du Luxembourg, peinte par Rubens, dessinée par Nattier et gravée par ses soins. *Paris,* 1710, in-fol. portr. 25 pièces en feuilles.

ANCIENNES ET PREMIÈRES épreuves,

218. RECUEIL D'ESTAMPES d'après les tableaux des peintres les plus célèbres, qui sont dans le cabinet de Boyer d'Aguilles, grav. par J. Coelmans (décrit par J.-P. Mariette). *Paris, Mariette,* 1744, 2 part. en 1 vol. in-fol. v. marbr. (*Anc. rel. armoiries.*)

MAGNIFIQUES ÉPREUVES AVANT LES NUMÉROS.
Outre les 118 planches, cet exemplaire contient les doubles titres gravés sur les dessins de Sébastien Barras, et distribués par M. Boyer d'Aguilles à ses amis. Ces deux planches ne se trouvent que dans les anciens exemplaires d'amateur.

219. Le Cabinet du sieur Girardon, sculpteur du roi, ou représentation des morceaux de sculpture que ce célèbre artiste avait rassemblés dans son cabinet, gr. in-fol., v. marbr. fil. dent. tr. dor. (*Aux armes de la princesse Palatine.*)

21 planches gravées par Nic. Chevalier, en belles épreuves.

220. Galerie de S. A. R. Mgr le duc d'Orléans, représentant l'histoire de Didon, d'après Ant. Coypel,
   12 pl. — Tapisseries de S. A. R. le duc d'Orléans,
   représentant l'histoire de la Méléagre, gravées d'a-
   près Ch. Lebrun, par Bern. Picart, 1714, 7 pl. en
   1 vol. in-fol. v. m. (*Anc. reliure.*)

Précieux recueil ; anciennes et premières épreuves. Il a appartenu à Du
Tilliot, qui a écrit sur la garde une introduction historique.

221. BOYDELL'S (SHAKSPEARE GALLERY). A collection
   of prints, from pictures painted for the purpose
   of illustrating the dramatic works of Shakspeare,
   by artists of Great-Britain. *London*, 1803, 2 tom.
   en 1 vol. très-gr. in-fol. d.-rel. mar. vert, tr. dor.

SPLENDIDE ET MAGNIFIQUE publication, l'une des plus remarquables et des
plus grandioses que l'on ait exécutées en ce genre. — PREMIÈRE ÉDITION.

4. ARCHITECTURE.

222. L'Architecture du Ve au XVIe siècle, et les arts
   qui en dépendent, par Jules Gailhabaud. *Paris*,
   1850, 7 livr. gr. in-4, fig.

223. JACQ. ANDROUET DU CERCEAU. (Arcs de triomphe
   des anciens monuments existant encore à Rome.)
   Orléans, 1549, pet. in-fol.

Recueil TRÈS-RARE de 25 planches, y compris le texte en latin.

— ANDROUET DU CERCEAU. — Arabesques. *Orléans*,
   1550, 2 part. en 1 vol. pet. in-fol. d.-rel. mar.
   rouge.

PRÉCIEUX RECUEIL. La première partie contient 30 pl. comprenant 60 pièces ;
la seconde, 37 pl. Réunion des pièces originales de la plus grande rareté.

— ANDROUET DU CERCEAU. — Le premier et le second volume des excellents bâtiments de France,
   1607, 2 tom. en 1 vol. in-fol. mar. rouge, comp.
   tr. dor. (*Rich. rel.*)

— ANDR. DU CERCEAU. — De Architectura opus alte-
rum. *Parisiis, Wéchel,* 1561, pet. in-fol.

Volume de la plus grande rareté, représentant : cheminées, lucarnes, portes,
fontaines, pavillons, et autres divers ornements pour l'architecture intérieure
des maisons. Compris dans 66 pl. , dont deux feuilles de texte.

**224. Architectura curiosa nova, autore G.-And. Bo-
cklerd.** *Nuremberg, Paulus Furst,* in-fol. mar.
rouge, fil. tr. dor.

La première partie contient 4 planches. — La seconde , 44 planches de jets
d'eau. — La troisième, 120 planches de fontaines et bassins. —La quatrième,
56 planches : grottes, rochers, fontaines, cascades et pièces d'eau des principaux palais de l'Europe.

**225. BLONDEL. Architecture française, ou Recueil des
plans, élévations, coupes et profils des églises,
maisons royales, palais, hôtels les plus considérables de Paris.** *Paris,* 1752, 4 vol. gr. in-fol. d.-
rel. non rogn.

SUPERBE EXEMPL. pour les épreuves des 600 pl. dont cet ouvrage est orné.

**226. Knight's. Ecclesiastical architecture of Italy,
from the time of Constantine to the Fifteenth Century, with an introduction and text, by Henry
Gally Knight.** *London,* 1843-1844, 2 vol. gr. in-fol.
d.-rel. maroq.

MAGNIFIQUE OUVRAGE. Une partie de ces vues est coloriée avec une rare
perfection. L'objet de cet intéressant ouvrage est de donner des modèles de
l'architecture des églises primitives, et de faire connaître les différents genres
d'architecture italienne jusqu'au XVe siècle.

— Saracenic and Norman remains in Sicily (Histoire des antiquités sarrasines et normandes en
Sicile), by Henry Gally Knight's. *London,* 1840,
in-fol., d.-rel.

Ce volume peut servir de complément à l'ouvrage précédent. Les planches, supérieurement exécutées à l'aqua-tinta, et en partie coloriées, représentent des monuments du temps de la conquête des Normands en Italie.

**227. WINKLES'S. Cathedral churches of Great-Britain,
of England and Wales, by Rob. Garland.** *London,*

3 vol. in-4, mar. rouge, fil. tr. dor. (*Rel. de Lewis.*)

Splendide publication, ornée de 156 magnifiques gravures sur acier.

228. Pyne. The History of the royal residences of Windsor Castle, St-James palace, Buckingham house and Carlton house. *London*, 1819, 3 vol. très-gr. in-4, mar. rouge, fil. larges dent. tr. dor. (*Élég. et riche rel.*)

Magnifique ouvrage, qui contient 100 pl. de la plus belle exécution. Cet exemplaire est un de ceux en petit nombre coloriés avec soin.

229. Wanderings and Pencillings amongst ruins of the olden time, by G. Cuitt. *London*, 1848, gr. in-fol. fig. d.-rel. mar. vert.

Très-beau recueil; 73 planches gravées à l'eau-forte et vignettes tirées sur pap. de Chine.

5. COSTUMES, ORNEMENTS, MEUBLES, DÉCORATIONS INTÉRIEURES.

230. Histoire du Costume et de l'Ameublement en Europe, et des arts qui en dépendent, par Ferd. Seré. *Paris*, 1852, 61 livraisons in-4, fig. color.

231. Costumes sous Louis XIV, par Jean de Saint-Jean, J. Mariette, Bonnard, Trouvain, Lepaultre, Arnoult, etc. 767 planches.

Curieuse collection, remarquable par le choix des épreuves. Il y en a un certain nombre de parfaitement coloriées. On peut la diviser ainsi : Louis XIV et sa famille (107 pl.).— Hommes et femmes de la cour (175 pl.).—Princes et princesses étrangères (98 pl.). — Dames et femmes de qualité, *modes* (132 pl.). —Hommes de qualité, *modes* (60 pl.).—Acteurs et costumes de théâtre (67 pl.). —Professions et métiers (65 pl.). — Impératrices romaines et allégories (65 pl.).

Les deux recueils, provenant de la vente du roi Louis-Philippe (nos 802 803, achetés 750 fr.), ont été fondus dans cette collection.

232. Les Appartements, 4 grandes pièces gravées par A. Trouvain. 1694 et 1696.

1er Appartement. 10 personnages dont : MM. les ducs d'Anjou, de Berry, le prince de Galles et le comte de Brionne.

2e Appartement. 7 personnages placés autour d'une table : Monseigneur, la princesse de Conty, le duc et la duchesse de Bourbon, M. de Vendôme, etc.

3ᵉ Appartement. 8 personnages dont : le Roy, Monsieur, le duc de Chartres, le comte de Toulouse, le duc de Vendôme, M. d'Armagnac, M. de Chamillart.

4ᵉ Appartement. 9 personnages dont : le duc de Bourgogne, M. le duc et Mᵐᵉ la duchesse de Chartres, la duchesse du Maine et la princesse de Conty.

Suite de la plus grande rareté, en épreuves bien conservées.

233. Trois grandes pièces, par Jean de Saint-Jean.

Femme de qualité, déshabillée pour le bain, 1686. — Femme de qualité, en déshabillé, reposant sur un lit d'ange, 1686. — Femme de qualité, en déshabillé, recevant un message, 1688.

234. Suite d'Estampes pour servir à l'histoire des mœurs et des costumes des François dans le XVIIIᵉ siècle. 1775-1776, 2 tom. en un vol. grand in-fol. cuir de Russie.

Tel est le titre d'un recueil très-rare qui contient : *Première partie*, 12 pl. gravées d'après Freudenberg, par divers artistes. *Deuxième partie*, 12 pl. gravées d'après J.-Mich. Moreau, par divers artistes. Chaque planche, représentant des scènes d'intérieur, de mœurs et d'usages sous Louis XV, est accompagnée d'une note explicative.

235. Monuments du costume de la fin du XVIIIᵉ siècle. Cinq estampes d'après les dessins de Jean-Michel Moreau le jeune, par divers graveurs, in-4.

Le lever, par L. Halbou. — *La petite toilette*, par P.-A. Martini. — *La partie de wisth*, par J. Dambrun. — *La sortie de l'Opéra*, par Malbeste. — *Le soupé fin*, par Helman.

236. Costumes et Annales des grands théâtres de Paris, accompagnés de Notices intéressantes et curieuses (par d'Auberteuil, Levacher de Charnois et autres). *Paris*, 1786-88, 3 vol. in-4, 144 cost. coloriés, musique gravée, v. m. dent.

237. Etudes prises dans le bas peuple, ou les cris de Paris. *Paris*, 1738-1746, in-4 en ff.

55 planches dessinées par Bouchardon et gravées à l'eau-forte par Fessard.

238. Strutt's Dresses and Habits of the people of England. — Regal and ecclesiastical antiquities of

England. 3 vol. royal in-4, dos et coins de mar.
doré en tête.

Exemplaire ADMIRABLEMENT peint en or, en argent et en couleur, d'après
les monuments des bibliothèques de Londres, d'Oxford, de Cambridge. Portraits authentiques des rois d'Angleterre, depuis Édouard-le-Confesseur jusqu'à Henri VIII, et de quelques autres grands seigneurs, tels qu'ils ont été
conservés dans les bibliothèques et les cathédrales de l'Angleterre. Toutes
les planches ont été dessinées d'après les anciens manuscrits.

239. Specimens of ancient furniture drawn from
existing authorities by Henry Shaw, withe descrip-
tions by Sam. Meyrick. *London*, 1836, in-fol. fig.
color. dem.-rel. mar. plats en toile, non rogn.

240. Le Moyen-Age pittoresque, monumens et fragmens d'architecture, meubles, armures et objets
de curiosité du Xe au XVIIe siècle; dessiné d'après
nature par Chapuy. *Paris*, 1838, 2 part. en 1 vol.
in-fol. 72 planches, dem.-rel.

241. MEYRICK's ancient armour, 3 vol. pet. in-fol.
dem.-rel. mar. rouge, tr. dor. (*Élég. reliure.*)

Nouvelle édition, augmentée par l'auteur, aidé de tous les savants de l'Europe.
Recherches sur les anciennes armes et armures des chevaliers, lors de
leur existence en Europe, et particulièrement depuis la conquête des Normands jusqu'au règne de Charles II, avec un glossaire pour les anciens mots.
Toutes les planches sont enluminées en or, en argent et en couleur, à la
façon des anciens manuscrits, sur un papier glacé imitant la peau vélin, et
forment un ouvrage des plus remarquables.

242. THE GENTLEMAN and cabinet-maker's director
(le Guide de l'Homme du Monde et de l'Ébéniste,
ou grande Collection de dessins des meubles les
plus élégants et les plus utiles dans le style gothique, chinois ou moderne, etc.), by Th. Chippen-
dale. *London*, 1754, gr. in-fol. rel. en mar. rouge,
tr. dor. (*Lortic.*)

Volume dédié au duc de Northumberland, et TRÈS-RARE en France.
Recueil de 161 planches dans le genre des Ornements français de Bérain.

243. Mobiliers de Madame Elisabeth et de Monsieur
frère du Roy; gr. in-fol. rel. maroq.

Recueil fort curieux de dessins exécutés par Dugourre, Meunier, Gro-

gnard, en 1790. Cinquante pièces représentant des panneaux, meubles, gué-
ridons, fauteuils, etc.

**244. Ornaments invented by Gaetano Brunetti, ita-
lian painter. *London*, 1736, in-4, mar. rouge,
fil. tr. dor.**

Volume de la plus GRANDE RARETÉ, même en Angleterre. Il se compose
de dessins de meubles, cartouches, panneaux, et toutes sortes d'ornements
d'un goût parfait. 62 planches, gravées par H. Fletcher et J. Roque.

**245. Recueil des Ornements, par Fr. Boucher. 390
pl. — Trophées, culs-de-lampes, vignettes et chiffres, dessinés par Ramson, gravés par Berthault
et Juillet, 90 pl. — Orfévrerie : pots-à-œil, écuelles,
salières, saucières, flambeaux, girandoles, etc.,
dessinés et gravés par Vinsac. *Baran*, 48 pl.; le
tout en 2 vol. in-fol. dem.-rel.**

Ces planches représentent une multitude d'objets, tels que : lits, fauteuils,
canapés, tables, baignoires, écrans, commodes, secrétaires, chiffonniers,
coffres, cheminées, panneaux, portes, lambris, bibliothèques, croisées, portes
cochères, balustrades, balcons, niches, grilles, flambeaux, candélabres,
bougeoirs, flacons, ornements pour la boiserie d'appartements, etc.

**246. RICHARDSON. Studies of ornamental. *London*,
1851, gr. in-fol. d.-rel. mar. tr. d.**

Très-bon livre pour l'étude de l'ornement; toutes les planches sont supérieurement peintes en or et en couleur. Le frontispice est une imitation des
dessins persans; le texte est renfermé dans un encadrement en or.

**247. Livre de principes de fleurs, dédié aux dames,
dessiné par Louis Tessier, gravé par Chevilet,
50 planches. — Vases et corbeilles de fleurs, dessinés par le même et gravés par Avril, 46 planch.
— Nouveau livre de roses, d'après M. Jacques,
peintre du Roy et de la Manufacture royale des
Gobelins, gravé par P.-F. Tardieu, 12 planch. —
Groupes de fleurs et d'ornements pour la décora-
tion, dessinés par Ranson, gravés par Bertault,
30 planches. — Chiffres inventés par de Saint-Aubin, peintre du Roy, gravés par Marillier, 13 pl.
Le tout en 1 vol. gr. in-fol. rel. (*Rares.*)**

6. CARROUSELS, ENTRÉES SOLENNELLES, ETC.

248. Les triomphes de l'empereur Maximilien Ier,
d'après les dessins de Hans Burgmair. Gr. in-fol.
obl. d.-rel. 106 planches.

Les planches qui composent cet ouvrage, précieux monument de la gravure
en bois, ont été gravées de 1516 à 1519.

249. Entrées, fêtes, etc., à Paris. 1 vol. in-4, mar.
rouge, fil. tr. dor. (*Niédrée.*)

PRÉCIEUX recueil qui contient toutes les planches gravées.

C'est l'ordre qui a esté tenu à la nouvelle et joyeuse entrée que le roy Henry
deuzième de ce nom a faicte en sa bonne ville et cité de Paris, capitale de
son royaume, le XVI juin M. D. XLIX. *On les vend à Paris par Jean Dallier,
s. d.* — C'est l'ordre et forme qui a esté tenu au sacre et couronnement de
madame Catharine de Médicis, royne de France, faict en l'église Sainct-Denys en France le X juin M. D. XLIX. *Paris, J. Dallier, s. d.* — Bref et sommaire recueil de ce qui a este faict et de l'ordre tenu à la joyeuse et triom-
phante entrée du roy Charles IX en sa bonne ville de Paris, le VIe jour de
mars. *Paris, Denis du Pré,* 1572. — C'est l'ordre et forme qui a este tenu
au sacre et couronnement de madame Élizabeth d'Autriche, royne de France,
faict en l'église de Sainct-Denys, le 25 mars 1571. *Paris, Denis du Pré,* 1571.
— L'ordre tenu à l'entrée de madame Élizabet d'Austriche, royne de France.
— Au Roy, congratulation de la paix faite par sa Majesté entre ses subjectz
le XIe jour d'aoust 1570 (par E. Pasquier).

250. Les campagnes de Louis XIV, par Van der Meu-
len. 38 pièces, très-belles épreuves, in-fol. v. m.

251. Courses de testes et de bague faites par le Roy
et par les princes et seigneurs de sa cour en l'année 1662. *Paris, impr. royale,* 1670, gr. in-fol.
portr. fig. mar. r. large dent. tr. dor. (*Aux armes.*)

Très-belles planches gravées par Israël Silvestre.

252. Relation de la feste de Versailles, du 18 juillet
MDCLXVIII. *Paris, impr. royale,* 1679, in-fol. fig.
v. br.

253. Le Sacre de S. M. l'empereur Napoléon dans
l'église métropolitaine de Paris, le 2 décembre
1804, avec la description des tableaux et l'expli-

cation des costumes. *Paris, de l'imprimerie impériale*, gr. in-fol. d.-rel. mar. bleu.

Exemplaire de la bibliothèque du Roi Louis-Philippe avec chiffres. 39 fig. d'après Isabey, Percier et Fontaine.

254. (Le Sacre et Couronnement du roi Georges IV), by sir George Nayler and others, gr. in-fol. mar. rouge, fil. tr. dor. dent. (*Riche reliure anglaise.*)

Très-belle publication, ornée de 45 planches coloriées en or et couleur, et dont le prix de souscription était de 52 livres sterl.

255. QUADRILLE DE MARIE STUART. *Paris*, 1829, gr. in-fol.

SUPERBE EXEMPLAIRE colorié avec le plus grand soin. Ce quadrille a été exécuté dans un bal donné par madame la duchesse de Berry ; il est ici représenté en 28 lithographies dessinées par Eug. Lami. L'ouvrage n'a pas été mis dans le commerce.

7. LIVRES ILLUSTRÉS.

256. La Bretagne, par Jules Janin. *Paris, Bourdin*, gr. in-8, fig. blasons color. mar. brun, tr. dor. riche reliure.

257. Scènes de la vie privée et publique des animaux, études de mœurs contemporaines, vignettes par Grandville. *Paris*, 1842, 2 vol. gr. in-fol. fig. mar. bleu, fil. tr. d. reliure avec les plats dorés.

258. Un autre Monde, par Grandville. *Paris*, 1844, gr. in-8, fig. et vign. mar. brun, comp. tr. dor. riche reliure.

259. OEuvres choisies de Gavarni : les Enfants terribles ; Traductions en langue vulgaire ; les Lorrettes ; les Actrices. *Paris*, 1846, gr. in-8, cart. en toile, tr. dor. riche cart.

260. Le Diable à Paris. Paris et les Parisiens. Mœurs et coutumes, caractères et portraits, etc. *Paris*, 1846, 2 vol. gr. in-8, fig. et vign. cart. en toile, tr. dor. riche reliure.

261. Tableau de Paris, par Edmond Texier. *Paris,
Paulin*, 1852, 2 vol. gr. in-4, br. (*orné de* 1500
gravures.)

262. Frankfurt am Main. Album von J. Dielmann,
1845, in-4 obl. cart. (*Contenant* 30 *belles planches
gravées.*)

263. Divers beaux livres à figures, publiés en Angleterre, reliés.

Savoir : OEUVRE DE HENRY LIVERSEEGE. Très-beau recueil de 57 pl. gr.
sur acier, d.-rel.

HARDING. Paysages et compositions pittoresques ; recueil de 26 pl. coloriées à l'aquarelle, d.-rel.

HERNIG. Les montagnes et les lacs de Suisse ; recueil de 20 pl.

Flowers of Loveliness ; figures coloriées.

PROUT Étude de la peinture et du dessin, 22 planches contenant 88 sujets.

COOKE's, célèbre peintre de marine. Navires, canots, etc., gravés à l'eau-
forte.

WHITE. Vues de l'Inde, 1838, in-4, mar. citr. (*Riche rel. de Duru.*)

COOPER. Moutons, vaches, etc., 26 pl. gr. in-fol. d.-rel. mar.

BOLTON. Harmonia ruralis, 2 tom. en 1 vol. gr. in-4, d.-rel. (*Ex. en grand
papier, fig. coloriées.*)

NOTA. Tous ces ouvrages, reliés avec luxe, seront vendus séparément.

264. Orient (recueil factice de quarante pièces sur l'),
gr. in-fol. d.-rel. v.

Dont : plusieurs vues de Jérusalem et de la Terre-Sainte. — Plusieurs
vues de Constantinople et du Bosphore.—Plusieurs vues d'Alger, de Candie,
du Caire, etc. Ce volume provient de la vente du baron Taylor.

265. GRINDLAY. Scenery, costumes and architecture,
chiefly on the western side of India, by captain
Robert Melville Grindlay. *London*, 1830, in-fol.
d.-rel. dos et coins de mar. vert, tr. dor. (*Reliure
anglaise.*)

Publication dont toutes les planches, coloriées à l'aquarelle, sont d'une
exécution très-remarquable.

266. China, in a series of views displaying the scenery, architecture and social habits, of that an-

cient empire. Drawn from original and authentic sketches by Th. Allom. and descriptive notices by the Rev. Wright. *London , Fisher*, 4 vol. in-4, fig. m. r. dent. tr. dor. illustrations anglaises.

8. MUSIQUE.

267. Dictionnaire liturgique, historique et théorique de plain-chant et de musique d'église au moyen-âge et dans les temps modernes, par d'Ortigue. *Paris,*1854, gr. in-8 à 2 col. br. (*Envoi d'auteur.*)

268. Les Soirées de l'orchestre, par Hector Berlioz. *Paris*, 1852, in-12, d.-rel. v.

269. Ouverture du Roi Léar. in-4 oblong, rel. (*Manuscrit.*)

9. EXERCICES GYMNASTIQUES ET JEUX.

270. Maneige royal où l'on peut remarquer le defaut et la perfection du chevalier en tous les exercices de cet art, digne des princes, fait et pratiqué en l'instruction du Roy par Ant. Pluvinel, son escuyer principal; le tout gravé et représenté en grandes figures par Crispian de Pas. *Imprimé à Paris*, 1624, gr. in-fol. oblong, vél.

PREMIÈRE ET RARE édition de ce livre curieux. Exempl. en très-belles épreuves et complet de ses planches.

271. Le Livre du Roy Modus et de la Royne Racio, édition conforme aux mss. de la Biblioth. royale, avec une préface par Elzéar Blaze. *Paris*, 1839, gr. in-8 gothique, pap. de Holl., fig. sur bois, mar. vert russe, fil. comp. tr. dor. (*Duru.*)

272. LA VENERIE DE JAQVES DV FOVILLOVX, gentilhomme, seignevr dvdit liev au païs de Gastine en

Poictou. *Paris, Galliot du Pré*, 1573, in-4, mar. rouge, fil. tr. dor. (*Trautz-Bauzonnet.*)

Édition très-belle et fort RARE. Elle est augmentée de *l'Art de chasser aux bestes priuées et sauuages*. Portrait de Charles IX, musique notée (*comme il faut sonner la trompe*) et autres figures gravées sur bois. — SUPERBE EXEM-PLAIRE intact et rempli de *témoins*.

273. The complete angles or the contemplative man's recreation being a discourse of rivers fish-ponds fish and fishing. Written by Izaak Walton, and instructions how to angle for a trout or grayling in a clear stream, by Ch. Cotton with original Memoirs and notes by sir Harris Nicolas. *London, Pickering*, 1836, 2 vol. gr. in-8, pap. vél. fort, portr. fig. d.-rel. dos et coins de mar. r. tr. dor. (*Bauzonnet-Trautz.*)

MAGNIFIQUE EXEMPLAIRE. Un des plus beaux livres publiés par Pickering. Très-belles figures et illustrations anglaises. Épreuves choisies.

274. La maison des Jeux, où se trouvent les divertissemens d'une compagnie, par des narrations agréables et par des jeux d'esprit, et autres entretiens d'une honneste conversation. *Paris, de Sommaville*, 1657, 2 vol. pet. in-8, mar. or. fil. tr. dor. (*Bauzonnet-Trautz.*)

Très-bel exemplaire de ce livre curieux et rare, en bon état de conservation.

275. Traité du Whiste, par Deschapelles. *Paris*, 1840, in-12, d.-rel. v. bl. (*Duru.*)

Exemplaire avec envoi d'auteur.

BELLES-LETTRES.

I. *LINGUISTIQUE.*

276. Notions élémentaires de linguistique, ou Histoire abrégée de la parole et de l'écriture, par Ch. Nodier. *Paris*, 1834, in-8, d.-rel. v. (*Kœhler.*)

277. Lexicon tetraglotton, an English-French-Italian-Spanish Dictionary, by Jam. Howell. *London*, 1660, in-fol. front. gr. d.-rel. mar. cit. avec coins.

278. Totius latinitatis lexicon, consilio et cura Jac. Facciolati, opera et studio Forcellini. *Londini*, 1828, 2 vol. gr. in-4 à 3 col. portr. mar. brun, fil. tr. d. (*Kœhler.*)

279. Glossarium eroticum linguæ latinæ, sive theogoniæ legum et morum nuptialium apud Romanos. *Parisiis*, 1826, gr. in-8, pap. vél. mar. bl. fil. non rogn.

280. Dictionnaire latin-français, par Noël. *Paris*, 1808, in-4, v. rac. fil.

281. Wailly. Nouveau Dictionnaire latin-français et français-latin. *Paris*, 1839. — Gradus ad Parnassum, 1836, 3 vol. in-8, cart. en toile.

282. Dictionnaire roman, wallon, celtique et tudesque, par un Bénédictin de Saint-Maur. *Bouillon*, 1777, in-4, d.-rel. non rogn.

283. Glossaire de la langue romane, par Roquefort. *Paris*, 1808, 2 vol. — Supplément. *Paris*, 1820; ensemble 3 vol. in-8, veau fauve, fil. tr. dor. (*Niédrée.*)
Très-bel exemplaire.

284. Lexique roman, ou Dictionnaire de la langue
des Troubadours, par Raynouard. *Paris*, 1840,
6 vol. gr. in-8, veau fauve, fil. tr. dor. (*Niédrée.*)

Bel exemplaire en PAPIER VÉLIN.

285. Credo de Joinville, pet. in-4, fig. sur bois, d.-rel.

Réimpression figurée faite par la société des Bibliophiles françois. Cet
exemplaire est IMPRIMÉ SUR VÉLIN.

286. La Precellence du langage françois, par Henri
Estienne, avec des notes par Leon Feugère. *Paris*,
1850, in-12, br. (*Envoi d'auteur.*)

287. Recueil de l'origine de la langue et poësie françoise, plus les noms et sommaires des œuvres de cent
vingt-sept poëtes françois vivant avant l'an 1300,
par Claude Fauchet. *Paris, Mamert Patisson*, 1581,
in-4, mar. rouge, fil. tr. dor. (*Bauzonnet-Trautz.*)

BEL EXEMPLAIRE réglé; on y a ajouté un beau portr. de l'auteur, gravé
par Th. de Leu.

288. Traicté de la conformité du Langage françois
auec le grec (par H. Estienne). *Paris, Robert Estienne*, 1569, in-8, mar. rouge, tr. dor. (*Kœhler.*)

Traité curieux et rare.

289. Dictionnaire étymologique de la langue françoise, par G. Ménage, avec les observations de
Pierre de Caseneuve, etc.; édition augmentée par
les soins de Jault. *Paris*, 1750, 2 vol. in-fol. d.-
rel. mar.

Exemplaire relié sur brochure.

290. Nouveau Dictionnaire étymologique de la langue française, par Court de Gébelin. *Paris*, 1835,
in-4, d.-rel. v. n. rogn.

291. Grammaire des Grammaires, par Girault-Duvi-
vier. *Paris*, 1842, 2 vol. in-8, v. f. fil. tr. d. (*Kœhler.*)

292. Histoire des révolutions du langage en France,
par Francis Wey. *Paris*, 1848, in-8, br.

293. Remarques sur la langue française au XIXe siècle, sur le style et la composition littéraire, par
Franc. Wey. *Paris*, 1845, 2 vol. in-8, br.

294. Deux dialogues du nouueau langage françois
italianizé, et autrement desguizé, principalement
entre les courtisans de ce temps : De plusieurs nou-
ueautez qui ont accompagné ceste nouueauté de
langage : De quelques courtisanismes modernes,
et de quelques singularitez courtisanesques (par
H. Estienne). *Genève*, 1578, in-8, veau fauve,
fil. dent. tr. dor. (*Bauzonnet.*)

LIVRE TRÈS-RARE. Bel exemplaire.

295. Les origines de quelques coutumes et de plusieurs façons de parler triviales, auec un vieux manuscrit en vers, touchant l'origine des chevaliers
bannerets (par Moisant de Brieux). *Caen, J. Ca-
velier*, 1672, pet. in-12, mar. rouge, fil. tr. dor.
(*Bauzonnet.*)

296. Des mots à la mode, et des façons nouvelles de
parler (par de Callières). *Paris, Cl. Barbin*, 1693,
in-12, v. f. fil. tr. d. (*Niédrée.*)

Ce vol. contient aussi : *Du bon et du mauvais usage dans les manières
de s'exprimer. Des façons de parler bourgeoises.*

297. Le Grand Dictionnaire françois, latin et grec,
recuilly.... de M. Nicod, par Jaq. Voultier. *Lyon*,
1613, in-4, v. fauve, fil. tr. dor. (*Niédrée.*)

298. Essais d'un Dictionnaire universel, par Furetière. *Amst.*, 1685. — Factum pour Furetière contre quelques-uns de l'Académie françoise. *Amst.*,
1685. — Second factum pour Furetière. *Amst.*,
1686, 3 part. en 1 vol. pet. in-12, mar. v. tr. d.
(*Niédrée.*)

299. Dictionnaire universel, par Ant. Furetière. *La
Haye*, 1690, 3 vol. in-fol. portr. v. b.

300. Recueil des Pièces du sieur Furetière et de

MM. de l'Académie françoise. *Paris,* 1686. — Factum pour Furetière contre quelques-uns de l'Académie françoise. *Amst.,* 1686. — Second factum, 1686. — Troisième factum servant d'apologie aux deux précédents, 1688.—Recueil de plusieurs vers, épigrammes et autres pièces faites entre M. Furetière et MM. de l'Académie. *Amst.,* 1687; ensemble 3 vol. in-12, v. br.

301. Nouveau Recueil des factums du procez d'entre l'abbé Furetière et quelques‑uns des membres de l'Académie françoise. *Amst.,* 1694, 2 vol. in-12, v. br.

302. Le Dictionnaire de l'Académie françoise, dédié au Roy (épistre et préface par Charpentier). *Paris,* Coignard, 1694, 2 vol. in-fol. réglés, veau marbr. tr. dor. (*Bonne rel. anc.*)

Bel exemplaire, en GRAND PAPIER, de la première édition, rare et recherchée. Fig. et vignettes d'Eddelinck.

303. Dictionnaire de l'Académie française. *Paris,* 1835, 2 vol. — Supplément, 1842, 1 vol. Les 3 vol. in-4, en d.-rel. v. ant.

304. Dictionnaire des Halles, ou Extrait du Dictionnaire de l'Académie françoise (par Artaud). *Bruxelles* (*Paris*), 1696, in-12, mar. rouge, fil. tr. dor.

Exempl. de Pixérécourt.

305. Dictionnaire grammatical, critique et philosophique de la langue française, par Vanier. *Paris,* 1836, in-8, d.-rel. v. (*Kœhler.*)

306. Dictionnaire synoptique de tous les verbes de la langue française entièrement conjugués, par Verlac. *Paris,* 1845, in-4, br.

307. Glossaire nautique. Répertoire polyglotte de termes de marine anciens et modernes, par A. Jal. *Paris,* 1848, gr. in-4, br.

308. Philologie française, ou Dictionnaire étymologique, critique, anecdotique et littéraire, par Noël et Charpentier. *Paris*, 1831, 2 vol. in-8, v. f. fil.

309. Lexique comparé de la langue de Molière et des écrivains du XVIIe siècle, par F. Génin. *Paris*, 1846, in-8, pap. vél. v. fauve, fil. tr. dor. (*Trautz-Bauzonnet.*)

310. Vocabulaire pour les OEuvres de La Fontaine, ou Explication des mots, locutions, formes grammaticales employées par La Fontaine, et qui ne sont plus usitées, par Théod. Lorin. *Paris*, 1852, in-8, br.

311. Dictionnaire portatif des proverbes françois et des façons de parler comiques, burlesques et familières. *Utrecht*, 1751, in-12, mar. rouge, tr. d. jans. (*Niédrée.*)

312. Dictionnaire comique, satyrique, critique, burlesque, libre et proverbial, par Leroux. *Paris*, 1786, 2 vol. in-8, d.-rel. v. non rogn.

313. Dictionnaire étymologique, historique et anecdotique des proverbes, par Quitard. *Paris*, 1842, in-8, v. bl. fil.

314. Nouveau Dictionnaire françois-allemand et allemand-françois. *Strasbourg*, 1810, 2 vol. in-4, d.-rel.

315. A Dictionary of the English language, by Sam. Johnson. *London*, 1827, 3 vol. in-4, portr. d.-rel. v.

316. A Dictionary of the English language, by Sam. Johnson. *Paris*, 1829, gr. in-8, portr. d.-rel. v. ant.

317. A Dictionary of the English language, by Noah Webster. *London*, 1831, 2 vol. gr. in-4, d.-rel. mar.

318. A Glossary, or collection of words, phrases, names, and allusions to customs, proverbs, etc., by Rob. Nares. *London*, 1822, in-4, d.-rel. v.

319. A Dictionarie of the French and English ton-

gues, compiled by Randle Cotgrave. *London*,
1611, in-fol. titr. gr. dem.-rel. cuir de Russie.

320. Dictionnaire général anglais-français, par Spiers.
Paris, 1846, gr. in-8, d.-rel. cuir de Russie.

321. Dictionnaire anglais-français et français-anglais,
par Spiers. *Paris*, 1850, 2 vol. gr. in-8 à 3 col. br.

322. Supplement to the Etymological Dictionary of
the scottish language, by Jamieson. *Edinburg*, 1825,
2 vol. in-4, d.-rel. v.

323. Hoeï-thou-enl-ya. L'ancien dictionnaire *Enlya*,
3 cahiers in-4, orné de figures.

II. RHÉTORIQUE.

324. Cicéron : les trois dialogues de l'Orateur, trad.
par Gaillard. *Paris*, 1852, in-12, d.-rel. v. f.

325. Nouvelle allégorique, ou Histoire des derniers
troubles arrivez au royaume d'eloquence (par Furetière). *Paris*, 1659, pet. in-12, veau fauve, fil. tr.
dor. (*Niédrée.*)

Avec la grande figure qui manque quelquefois.

326. Orateurs et Sophistes grecs. Choix de harangues, d'éloges funèbres, plaidoyers, dissertations, etc. *Paris*, 1842, in-12, d.-rel. v.

327. Chefs-d'œuvre de Démosthènes et d'Eschine, traduits par Stiévenart. *Paris*, 1843, in-12, d.-rel. v.

328. Oraisons funèbres de Bossuet, avec des Notes
de tous les commentateurs. *Paris*, *Lefèvre*, 1825,
gr. in-8, pap. vél. portr. dos et coins de mar. bl. tr.
sup. dor. (*Kœhler.*)

Très-bel exemplaire, auquel on été ajoutés trois portraits de Bossuet, dont
un gravé par Grateloup, et quarante-sept vignettes et portraits choisis avec
soin, dont la plupart sont avant la lettre et sur papier de Chine.

329. Oraison funèbre de Marie-Thérèse d'Autriche, reine de France, prononcée à Saint-Denis par Bossuet. *Paris, Cramoisy*, 1683, in-4, d.-rel. mar. (*Edition originale.*)

330. Oraison funèbre de Michel Le Tellier, chancelier de France, par Bossuet. *Paris, Cramoisy*, 1686, in-4, d.-rel. m. (*Edition originale.*)

331. Oraisons funèbres de Fléchier, suivies des Oraisons funèbres de Turenne, par Mascaron, du prince de Condé, par Bourdaloue. *Paris, Lefèvre*, 1826, gr. in-8, portr. fig., d.-rel. mar. vert, tr. sup. dor. n. rogn. (*Niédrée.*)

Très-bel exemplaire en grand papier vélin; on y a ajouté soixante-trois portraits et vignettes, la plupart sur Chine et avant la lettre, parmi lesquels onze portraits divers de Fléchier.

III. *POÉSIE.*

1. POÈTES GRECS ET LATINS.

332. Recueil de nouvelles poësies galantes, critiques, latines et françoises. (*Londres*, vers 1740), in-12, mar. rouge, fil. tr. dor. (*Duru.*)

Recueil curieux.

333. Lyriques grecs. Orphée, Anacréon, Sapho, Tyrtée, Solon, etc., etc. *Paris*, 1842, in-12, d.-rel. v. f.

334. Petits poëmes grecs, traduits par Falconnet, Bignan, Collombet, etc. *Paris, Lefèvre*, 1841, in-12, d.-rel. v. (*Kœhler.*)

335. HOMERI Ilias et Odyssea, et in easdem scholia, sive interpretatio Didymi, cum latina versione indiceque græco, accur. Corn. Schrevelio. *Lugd. Batav. ex officin. Elzevir*, 1656, 2 tom. in-4, mar. rouge, fil. tr. dor. dorure à petits fers. (*Trautz-Bauzonnet.*)

MAGNIFIQUE EXEMPLAIRE EN GRAND PAPIER, fort rare.

336. OEuvres complètes d'Homère, trad. du grec par Mme Dacier, Trianon et Falconnet. *Paris*, 1841, 2 vol. in-12, d.-rel. v. f.

337. Homère. L'Iliade et l'Odyssée, traduits en français par le prince Le Brun. *Paris*, 1841, in-12. d.-rel. v.

338. Homère. L'Iliade et l'Odyssée, trad. par Giguet. *Paris*, 1852, in-12, d.-rel. v. f.

339. LES DIX PREMIERS livres DE L'ILIADE D'HOMÈRE trad. en vers franç. par Hugues Salel, de la chambre du roi et abbé de S.-Chéron. *Paris, V. Sertenas*, 1545, in-fol. fig. sur bois, vél. à riches comp. tr. dor.

Ce volume est revêtu d'une reliure du temps fort remarquable par la dorure des plats à riches compartiments, composée d'arabesques, d'ornements de tous genres. Nous signalons, en outre, le monogramme attribué à Catherine de Médicis.

340. Odyssée d'Homère, trad. par Eug. Bareste. *Paris*, 1842, 1 vol. gr. in-8, br. (*Édition illustrée.*)

341. Hymnes de Callimaque, trad. en vers français, avec le texte gr. en regard et des notes, etc., par Alfred de Wailly. *Paris*, 1842, in-8, m. vert tr. dor. (*Envoi d'auteur.*)

342. Virgilii Maronis opera. *Argentinæ, Joh. Grienenger*, 1502, in-fol. fig. sur bois, rel. en vél.

343. P. Virgilius Maro varietate lectionis et perpetua adnotatione illustratus a C.-G. Heyne, editio quarta, curavit G. Phil. Eberard Wagner. *Lipsiæ*, 1830-41, 5 tom. en 9 vol. in-8, br.

« Cette quatrième édition du Virgile de Heyne ne doit pas être considérée comme une simple réimpression. Les travaux philologiques et exégétiques du nouvel éditeur nous paraissent la rendre bien supérieure à toutes celles qui l'ont précédée. » BRUNET, *Manuel*. Elle est ornée de jolies vignettes d'après l'antique, dont une partie seulement avait été déjà employée dans l'édition de 1800. Exemplaire en papier vélin.

344. Horatii Flacci opera cum quibusdam annotationibus. *Argentinæ, Joh. Reinhardi cognomento Gür-*

ninger, 1498 , in-fol. fig. sur bois, mar. bl. tr. d. (*Niédrée.*)

Un peu court; la lettre est atteinte dans quelques feuillets.

345. Horatii opera, cum commentat. et annotat. Joan. Bond. *Amst., apud. Daniel Elzevir*, 1676, pet. in-12, mar. vert, fil. comp. (*Purgold.*)

Exemplaire très-grand de marges, cinq pouces.

346. Q. Horatii opera omnia recensuit Filon. *Parisiis*, 1828, in-64, mar. rouge doubl. de mar. rouge, riche reliure avec petits fers. (*Niédrée.*)

Édition imprimée avec des caractères microscopiques de H. Didot. La reliure est un des plus beaux ouvrages de Niédrée.

347. Les Œuvres de Q. Horace Flacce, mises en vers français, avec le texte latin, partie trad., partie vues et corrigées de nouveau par Luc. de la Porte. *Paris, Micard*, 1584, 2 tom. en un vol. in-12, mar. rouge, fil. tr. dor. (*Bauzonnet-Trautz.*)

Volume rare.

348. The Works of Quintus Horatius Flaccus illustrated chiefly from the remains of ancient art, with a life, by the Rev. Hart Milman. *London*, 1849, gr. in-8, pap. vél., tit. en coul. encadr. fig. mar. doub. fers à fr. tr. dor. (*Trautz-Bauzonnet.*)

Exemplaire en papier vélin fort; belle et curieuse reliure.

349. Histoire de la vie et des poésies d'Horace, par le baron Walcknaer. *Paris, Michaud*, 1840, 2 vol. in-8, v. an. fil.

350. Les XV livres de la Métamorphose d'Ovide, contenans l'olympe des histoires poétiques, traduictz en françoys, le tout figuré de nouvelles figures et hystoires. *Imprimé à Paris par Denys Janot*, 1539, lettr. rondes, in-16, fig. sur bois, mar. vert, fil. tr. d. (*Niédrée.*)

351. Les Métamorphoses d'Ovide, trad. en franç. par

Renouard. *Paris, Guillemot*, 1606, 2 vol. in-8, v. f. tr. dor.

Cette édition est recherchée pour ses très-belles figures gravées par Léonard Gaultier.

352. Les Métamorphoses d'Ovide, traduittes en prose françoise (par N. Renouard) *pour l'autheur. Paris, chez la veuve l'Angelier*, 1617, 2 vol. in-8, tit. gr. fig. portr. mar. r. fil. tr. d. (*Niédrée.*)

Figures délicatement gravées, par JASPAR ISAAC. Le second volume contient : *le Jugement de Pâris; — XV discours sur les Métamorphoses d'Ovide, epistres traduites;.* — le premier chant de Roland Furieux, traduit ou imité de l'Arioste; — *le deuil de la France à la mort du grand Henry IIII.* — Exemplaire d'une parfaite conservation pour les marges et très-beau d'épreuves.

353. Les Métamorphoses d'Ovide, traduction nouvelle, avec le texte latin, par G.-T. Villenave. *Paris*, 1806, 4 vol. gr. in-4, fig. d'après Lebarbier, Monsiau et Moreau, mar. bleu, fil. tr. dor. (*Simier.*)

Exemplaire en GRAND PAPIER VÉLIN, de la bibliothèque du roi Louis-Philippe et aux armes.

354. Sensuyt les xxi epistres d'Ouide, translatées de latin en françois par reuerend père en Dieu maistre Octauien de Saint-Gelaix. *Imprimé à Paris, par la veufue feu Jehan Trepperel et Jehan Jeannot* (sans date), in-4 goth. fig. en bois, mar. bleu, fil. tr. dor. (*Niédrée.*)

Édition rare. — Bel exemplaire.

355. D. J. Juvenalis Satyræ cum notis variorum, accedit Auli Persii Satyrarum liber, cum comment. H. Casauboni. *Luyd. Batav.*, 1695, 2 tom. en un vol. in-4, vél., avec nombreuses planches curieuses.

356. Aulus Persius, avec le françois a costé, trad. par Guill. Durand de la Bergerie. *Parisiis*, 1575, in-8, mar. rouge, tr. dor. (*Niédrée.*)

357. La Pharsale de Lucain, en vers français (par de

Brebeuf). *Imprimé à Rouen, et se vend à Paris, Ant. de Sommaville*, 1655, in-4, mar. rouge, fil. tr. dor. (*Bauzonnet-Trautz.*)

Recueil en éditions originales des livres publiés séparément.

358. Poetæ minores. Sabinus, Calpurnius, Nemesianus, Valerius Cato, pervigilium Veneris, Arborius et alii, trad., avec le texte en regard, par Cabaret Dupaty. *Paris*, 1842, gr. in-8, pap. vél. d.-rel. v. f. (*Niédrée.*)

359. Les OEuvres latines et françoises de Nicolas Rapin, Poictevin, grand prevost de la connestablie de France. *Paris, Pierre Chevalier*, 1610, in-4, v. bleu, fil. tr. dor. (*Kœhler.*)

360. Ægidii Menagii poemata. *Parisiis, A. Courbé*, 1656, in-8, mar. vert à comp. tr. dor. (*Anc. rel.*)

361. Regimen sanitatis Salernitanum a poem on the preservation of health in rhyming latin verse, and an introduction and notes by sir Alex. Croke. *Oxford, Talboys*, 1830, pet. in-8, pap. vél. fig. v. f. fil. tr. d. (*Niédrée.*)

Tiré à petit nombre et orné de curieuses figures.

2. POÈTES FRANÇAIS.

A. Art poétique; — Collections; — Poètes jusqu'à la mort de Cl. Marot (1544).

362. L'Art poétique de Jacques Pelletier du Mans. *Lyon, J. de Tournes*, 1555, in-8, mar. r. tr. d. jans. (*Bauzonnet-Trautz.*)

Très-bel exemplaire.

363. Lart et sciences de Rethorique pour rimes et ballades (par Henry de Croy). *Imprimé à Paris*

*par Jehan Trepperel, demourant a la rue Neufue
Nostre Dame en lenseigne de lescu de France* (sans
date), in-4 goth. mar. bleu, fil. tr. dor. (*Bauzonnet-Trautz.*)

Édition FORT RARE. — Bel exemplaire.

364. Prosodie de l'École moderne, par W. Ténint,
précédée d'une lettre de V. Hugo. *Paris*, 1844,
in-12, d.-rel. v.

365. Les Poëtes françois, depuis le XIIe siècle jusqu'à Malherbe, avec une notice sur chaque poète.
Paris, impr. de Crapelet, 1824, 6 vol. gr. in-8,
d.-rel. v. bl. non rogn.

Exemplaire en grand papier de Hollande.

366. Collection des Poëtes françois. *Paris, Coustc-
lier*, 1723-1724, 10 vol. pet. in-8, v. f. fil. tr. dor.
(*Niédrée.*)

Poésies de Crétin. — Légende de Faifeu. — Jean Marot. — Coquillart. -
Villon. — Poésies de Martial d'Auvergne. — Racan, 2 vol. — La farce de
Pathelin, 1723.

367. Poèmes des Bardes bretons du VIe siècle, traduits pour la première fois, avec le texte en regard,
par de la Villemarqué. *Paris*, 1850, in-8, pap.
vergé, br. (*Envoi d'auteur.*)

368. Fabliaux ou Contes, fables et romans du XIIe
et du XIIIe siècle, traduits ou extraits par Legrand
d'Aussy. *Paris*, 1829, 5 vol. gr. in-8, pap. vél. fig.
d.-rel. v. non rogn.

369. Nouveau Recueil de Fabliaux et Contes inédits
des poëtes français des XIIe, XIIIe, XIVe et XVe
siècles, publié par Méon. *Paris*, 1823, 2 vol. gr.
in-8, d.-rel. v. f. n. rogn.

Exemplaire en GRAND PAPIER DE HOLLANDE, rare.

370. Collection des Romans des douze Pairs. (Voyez
Collections à la fin des BELLES-LETTRES.)

371. Discipline de Clergie. — Le Chastoiement d'un père à son fils, traduction en vers françois de l'ouvrage du P. Alphonse. *Paris*, 1824, 2 vol. pet. in-8, pap. de Holl. d.-rel. mar. avec coins. (*Niédrée.*)

Réimpression faite par la Société des Bibliophiles françois.

372. Œuvres complètes de Rutebeuf, trouvère du XIIIe siècle, recueillies et mises au jour pour la première fois par Ach. Jubinal. *Paris*, 1839, 2 vol. in-8, mar. r. fil. tr. d. (*Kœhler.*)

Un des VINGT exemplaires sur PAPIER DE HOLLANDE.

373. Reineke Fuchs von Wolfgang von Goethe mit Zeichnungen von Wilhelm von Kaulbach gestochen von R. Rahn und A. Schleich. *Munchen*, 1846, gr. in-4, fig. br.

Très-belle publication ornée de 36 figures.

374. Le Romant de la Rose (par Guill. de Lorris et Jehan de Meung). *Paris*, *Galliot du Pré*, 1529, pet. in-8, lettr. rondes, mar. vert, dent. tr. dor. (*Anc. rel.*)

Fort bel exemplaire du chevalier de Fleurieu.

375. Le Roman de la Rose, par Guill. de Lorris et Jehan de Meung; nouvelle édition, publiée par Méon. *Paris, impr. de Didot*, 1814, 4 vol. in-8, portr. fig. d.-rel.

376. Cest le romant de la Rose moralite cler et net translate de rime en prose par vostre humble Molinet : *Cy finist le romant de la Rose imprimé à Paris pour Ant. Verard*, s. d. Pet. in-fol. goth. à 2 col. fig. sur bois, mar. vert, fil. tr. d. (*Niédrée.*)

Très-bel exempl. pour les marges. Témoins. — Riche dorure à la rose sur les plats et le dos.

377. Les Poésies du duc Charles d'Orléans, publiées sur le manuscrit original, par Champollion-Figeac.

Paris, 1842, in-8, mar. citr. fil. tr. d. (*Bauzonnet-Trautz.*)

378. Poésies de Charles d'Orléans, publiées d'après les mss. des Bibliothèques du roi et de l'Arsenal, par Marie Guichard. *Paris*, 1842, in-12, pap. vél. d.-rel. v.

379. Louis et Charles, ducs d'Orléans, leur influence sur les arts, la littérature et l'esprit de leur siècle, par Champollion-Figeac. *Paris*, 1844, 3 part. en 1 vol. in-8, 48 planch. dos et coins de mar. r. (*Bauzonnet-Trautz.*)

380. Les Œuvres de Fr. Villon, avec des remarques de diverses personnes (celles de Leduchat et Formey, publiées par Prosper Marchand). *La Haye*, 1742, in-8, mar. vert, fil. tr. dor. (*Kœhler.*)

381. VILLON. Le grant Testament Villon, et le petit son codicille, le iargon et ses balades, aussi le rondeau que led. Villon fist quant il fut iugié à mort : et la requeste qu'il bailla a messeigneurs de Parlement, et a monseigneur de Bourbon. — *Imprimé à Paris, par Pierre Caron....* (sans date), in-4 goth., mar. vert, riches comp. dorures à petits fers, tr. dor. (*Niédrée.*)

MAGNIFIQUE EXEMPLAIRE d'une édition de la plus grande rareté.

382. VILLON. Le grant Testament Villon et le petit : son codicille : le iargon et ses balades. — *Imprimé à Paris par : Jehan Treperel, demourant sur le pont Nostre Dame à lenseigne Saint Laurens.* 1497, in-4, fig. goth. mar. rouge, fil. tr. dor. doublé de maroq. bleu, dent. (*Belle rel. de Bauzonnet-Trautz*).

ÉDITION PRÉCIEUSE et de la plus grande rareté. Cet exempl., très-grand de marges, est, sauf quelques piqûres parfaitement restaurées, d'une conservation remarquable.

383. Recueil des Hystoires des repues franches de Villon (sans lieu ni date), in-8 goth. mar. olive,

doublé de mar. rouge, comp. tr. dor. (*Kœhler.*)

Édition fort rare; elle porte la marque de Guill. Nyverd, imprimeur à Paris, dans les premières années du XVIe siècle.

384. Poësies des XVe et XVIe siècles, publiées d'après des éditions gothiques et des manuscrits. *Paris, Silvestre,* 1832, gr. in-8, pap. de Holl. mar. vert, fil. non rogné. (*Kœhler.*)

Ce recueil, tiré seulement à cent exempl., est composé de quinze pièces. L'un des exemplaires avec titre rouge.

385. Collection de Poésies, romans, chroniques, etc., publiée d'après d'anciens mss. et des éditions des XVe et XVIe siècles. *Paris, Silvestre,* 1838, 8 vol. in-16 goth., pap. de Holl. br.

Contenant : Les Sept marchans de Naples ; Maistre Aliborum, qui de tout se mêle ; s'ensuyvent plusieurs belles chansons (41) ; le Romant de Richart, filz de Robert-le-Diable ; Moralité de l'Assumption Notre-Dame ; les Proverbes communs ; Nativité de Jesu-Christ ; Miracle de Notre-Dame de Berthe.

386. Le Doctrinal de court, diuise en douze chapitres selon lordre du Doctrinal de maistre Alexandre, composé par Pierre Michault..... — *Imprimé nouuellement à Genesue par maistre Jacques Vivian.... lan mil cinq cens xxij* (1522), in-4 goth., mar. bleu, doublé de maroquin rouge, dent. tr. dor. (*Duru.*)

Édition fort rare. Ouvrage satirique, moral et allégorique, mêlé de prose et de vers. — Superbe exemplaire.

387. La Dance aux Aveugles (par Pierre Michault). — *Cy finist la Dance aux Aveugles, imprimée à Lion* (sans date), in-4 goth. de 44 feuillets à long. lignes, fig. en bois, mar. vert, larges dent. fil. tr. dor. (*Duru*).

Édition précieuse et fort rare de cette édition, imprimée vers 1480. — Très-bel exemplaire, avec témoins.

388. La Dance aux Aveugles et autres poësies du XVe siècle (par Pierre Michault et publ. par Lambert Doux fils). *Lille, Panckouke,* 1748, pet. in-8, mar. vert, fil. dent. tr. dor. (*Thompson.*)

389. **Les Vigilles de la Mort du feu roy Charles VII....** (par Martial de Paris, dit d'Auvergne). — *Imprimé à Paris par Jehan du Pré..... 1493,* pet. in-fol. goth. mar. rouge, fil. tr. dor. doublé de maroq. bleu, dent. dorure à branchages. (*Trautz-Bauzonnet.*)

Édition fort rare. — Superbe exemplaire, le plus grand de marges connu. Le titre a été reproduit avec une rare perfection.

390. **Le grant Blason des fausses Amours** faict et composé par frère Guillaume Alexis, religieux de lyre et prieur de Busy (à la fin). — *Cy finist le grant blason des faulces amours, imprimé à Paris pour Jehan Lambert Lan mil cccc quatre vingt et treze (1493).* In-4 goth. mar. brun, tr. dor. (*Kœhler.*)

Bel exemplaire d'un volume fort rare.

391. **LES QUINZE IOYES DE MARIAGE.** — *Imprimé a Paris pour Jehan Trepperel, demourant sus le pont Nostre Dame (sans date).* In-4 goth. mar. rouge, doublé de mar. brun, comp. à petits fers. (*Riche rel. de Thouvenin.*)

Seul exempl. connu (bibliothèques particulières) de cette édition précieuse, imprimée vers 1499.

392 **Les quinze Joyes de Mariage,** auquel on a joint le Blason des fausses amours, le Loyer des folles amours, et le Triomphe des muses contre amour; le tout enrichi de remarques. *La Haye, Rogissart,* 1734, in-12, v. f. fil. tr. d. (*Thouvenin.*)

393. **L'Amant rendu Cordelier a l'observance d'amour** (en vers français attribué à Martial d'Auvergne). — *Imprimé à Paris par Pierre le Caron (vers 1492),* in-4 goth. mar. vert, fil. doublé de mar. rouge, fil. à comp. riches, mosaïque, tr. dor. (*Niedrée.*)

Superbe exemplaire d'un livre de la plus grande rareté; chef-d'œuvre de reliure.

394. Le Débat de lhomme et de lescuyer. *Paris,
Trepperel*, 1493, in-4, m. r. à comp. tr. dor.
(*Riche reliure de Kœhler.*)

Volume rarissime et d'une parfaite conservation.

395. Le Débat du corps et de lame et la Vision de
lermite (sans lieu ni date). Pet. in-4 goth. mar. rouge
de Tanger, fil. tr. dor. (*Bauzonnet-Trautz.*)

Bel exemplaire d'une pièce en vers fort singulière. Elle paraît avoir été
imprimée à Lyon à la fin du XVe siècle, sign. A. B., chacun de 6 ff. et la
lettre C 4 ff., ensemble 16 ff. (le dernier est blanc).

396. Le Débat du Vin et de leau (en vers françoys)
— (sans lieu ni date). Petit in-8 goth. mar. rouge,
fil. à comp. tr. dor. (*Bauzonnet-Trautz.*)

Charmante plaquette rarissime; sur le titre, une figure sur bois.

397. Le Doctrinal des Filles (en vers) — (sans lieu
ni date). In-4 goth. maroq. olive, fil. tr. dor.
(*Kœhler.*)

Opuscule en vers, fort rare.

398. OEuvres de Guillaume Coquillart. *Paris*, 1533,
— *imprimées par P. Leber, demeurant au coing du
pave, près la place Maubert*, lettr. rondes, pet. in-8
réglé, mar. grenat, fil. tr. dor. (*Duru.*)

Bel exemplaire NODIER, d'une petite édition très-RARE.

399. Les OEuvres de Guillaume Coquillart. *Reims*,
1847, 2 tom. en 1 vol. gr. in-8, mar. r. fil. tr. dor.
(*Bauzonnet-Trautz.*)

Exemplaire en grand PAPIER DE HOLLANDE, tiré à QUARANTE sur ce
papier.

400. LE CATHOLICON DES MALADVISEZ, autrement dit
le Cymetière des malheureux. — *Cy fine le catholicon des maladvisez....... composé par venerable
.... Laurens Desmoulins. Imprimé à Paris lan
1513,* pet. in-8 goth., fig. en bois, mar. rouge, fil.
à riches dorures à petits fers, tr. dor. (*Très-belle
reliure de Niédrée.*)

Bel exemplaire d'un recueil de poésies fort rare.

401. Chants royaulx, oraisons et aultres petits traictez, faictz et composez par feu de bonne mémoire maistre Guillaume Crétin. *Imprimé à Paris, par maistre Simon du Bois, pour Galiot du Pré,* 1527, in-8, mar. bleu, fil. tr. dor. (*Bauzonnet-Trautz.*)

Édition la plus recherchée. Cet exemplaire est surtout curieux par les noms de son donataire et de ses possesseurs. François Charbonnier, vicomte d'Arques, qui fut l'éditeur des poésies de Guill. Crétin son ami, et qui dédia son édition à la reine de Navarre, offrit ce même exemplaire à cette savante princesse, toujours entourée de poètes et de savants. C'est à François Charbonnier que Crétin adresse sa plus fameuse épitre en vers *équivoqués :*

> Filz par escriptz jay sceu qu'un jour a Han,
> Feiz pareiz criz que homme qui souffre ahan....

Marguerite fit sans doute présent de cet exemplaire à son poëte valet de chambre Victor Brodeau, connu par son épigramme *de deux frères mineurs,* et par d'autres jolies pièces qui furent attribuées à Clément Marot. (*Voy.* les Œuvres de ce dernier.)   P. LACROIX, Bibl. JACOB. (*Note manuscr.*)

402. Les Folles Entreprises (par Pierre Gringore). — *Imprimé à Paris lan mil cinq cens et sept,* pet. in-8 goth., mar. bleu, tr. dor. (*Duru.*)

Rare, comme tous les ouvrages de Gringore. Curieuses figures sur bois.

403. Les Faintises du monde (par P. Gringore), *sans lieu ni date,* in-4 goth., mar. rouge, fil. à comp. tr. dor. (*Riche rel. de Kœhler.*)

Marque de J. Treperel. Exempl. très-grand de marges et bien conservé.

404. Sen suyuent les fantaisies de Mère sotte, contenant plusieurs belles hystoires moralisees (par Pierre Gringore). — *Imprimé nouuellement à Paris par Alain Lotrian* (sans date), in-4 goth., mar. vert, fil. tr. dor. (*Bauzonnet.*)

BEL EXEMPL. d'un livre RARE, avec fig. en bois. Quelques légers raccommodages.

405. LES GESTES DES SOLLICITEURS. Ou les lisans pourront cognoistre quest ce solliciteur estre et qui sont leurs réformateurs (par Eustorg de Beaulieu). — *Imprimé à Bourdeaux lan mil cinq cens* XXIX (1529), in-4 goth., mar. bleu, fil. tr. dor. (*Kœhler.*)

Précieuse plaquette de la plus grande rareté, et jusqu'à présent le seul exempl. connu dans les bibliothèques particulières; il provient de la bibliothèque Audenet.

406. La Légende joyeuse, maistre Pierre Faifeu. — *Angers, 1532, pet. in-4 goth. mar. vert, fil. à comp. tr. dor. (Bauzonnet-Trautz.)*

Édition FORT RARE. Les deux derniers feuillets sont reproduits avec une rare perfection. L'auteur est Charles Bourdigné, sous le nom de P. Faifeu.

407. Les Œuvres de Hugues Salel. *Imprimées à Paris pour Est. Roffet, relieur du roy, 1539, in-8, lettres rondes, mar. rouge, fil. doublé de mar. bleu, dent. tr. dor. (Trautz-Bauzonnet.)*

Volume précieux et de la plus grande rareté. Il commence par la : *Chasse Royalle*, *contenant la prise du sanglier Discord, par l'empereur Charles V et le Roy Francoys premier.* — Superbe exemplaire.

408. Le Grand Combat des ratz et des grenouilles. *Paris, Wechel, 1540, pet. in-4, lettr. rondes, mar. tr. d. (Niédrée.)*

Opuscule en vers de la plus grande rareté; la très-grande figure gravée sur bois, qui se trouve au verso du titre, est entière.

409. Jean Marot de Caen, sur les deux heureux voyages de Gênes et Venise, victorieusement mys à fin par le très-chrestien roi Loys douziesme de ce nom. — *Imprimé pour Pierre Roufet (sic), dict le Faulcheur, par maistre Geufroy Tory de Bourges, 1532, pet. in-8, lettr. rondes, mar. rouge, fil. tr. dor. dent. à petits fers. (Niédrée.)*

Édition rare.

410. Œuvres de Clément Marot de Cahors.......... *Lyon, chez Gryphius, 1538, in-8 goth., vélin, tr. dor. (Bauzonnet.)*

Édition RARE. Bel exemplaire.

411. L'Adolescence Clémentine....... aultrement les Œuures de Clément Marot. *On les uent à Anvers en la maison de Jehan Steels, 1539, pet. in-8, 2 vol. mar. brun, fil. à comp. tr. dor. (Kœhler.)*

412. Les Œuvres de Clément Marot. *Lyon, chés Est. Dolet*, 1542, pet. in-8, lettr. rondes, mar. rouge, fil. tr. dor. (*Bauzonnet-Trautz.*)

Bel exempl. d'une édition fort recherchée.

413. Œuvres choisies de Clément Marot. *Paris, impr. de Didot*, 1810, in-18, mar. bleu, fil. (*Bauzonnet.*)

Exempl. unique IMPRIMÉ SUR VÉLIN.

414. L'Enfer de Clément Marot........ fidèlement reveu et recogneu par l'auteur mesme : plus ballades et rondeaux dépendants de l'argument — *imprimé fidèlement*..... 1544, pet. in-8, mar. rouge, tr. dor. (*Bauzonnet-Trautz.*)

Volume très-rare.

415. Le Rabais du caquet des Fripelippes et de Marot dict Rat pele, adictione auec le comment. faict par Mathieu de Boutigni, page de maistre Fr. Sagon. — Epistre a Marot, par Fr. de Sagon, pour lui monstrer que Fripelippes auoit faict sotte comparaison des quatre raisons dudict Sagon a quatre oysons. — Le valet de Marot contre Sagon. *On les vend à Paris, en la boutique de Jehan Morin*, 1537. — Appologie faicte par le grant abbé des Conards sur les inuectives Sagon, Marot, La Huterie, etc., en 1 vol. in-8, mar. vert, fil. tr. dor. (*Vogel.*)

PRÉCIEUX RECUEIL de ces pièces, de la plus belle conservation, et toutes en éditions originales.

416. Plusieurs traictez, par aucuns nouuaulx poetes, du different de Marot, Sagon et La Hueterie, avec le Dieu gard du dict Marot, epistre composée par Marot de la venue du roy et de l'empereur. *Parisiis*, 1539, in-32, mar. rouge, fil. tr. dor. (*Bozérian.*)

Petit volume très-rare. Exemplaire de Charles NODIER.

B. Poètes français depuis la mort de Marot jusqu'à celle de
Malherbe (1544-1628).

417. Nouveau Recueil des plus beaux vers de ce
temps. *Paris, Tous. du Bray*, 1609, pet. in-8, vél.
bl. tr. d. (*Bauzonnet.*)

418. Procès d'Estienne Dolet, imprimeur et libraire
à Lyon, 1543-1546. *Paris*, 1836, pet. in-8, pap. de
Holl. v. fil. tr. d. (*Bauzonnet.*)

Opuscule publié par M. A. Taillandier, et tiré à cent exemplaires.

419. MARGUERITES DE LA MARGUERITE des princesses,
très-illustre royne de Navarre (Marguerite de Valois). *Lyon, J. de Tournes*, 1547, in-8, mar. rouge,
fil. à riches comp. doublé de mar. vert, dentelles,
tr. dor. (*Niédrée.*)

Superbe exemplaire d'un livre RARE.

420. Les OEuvres poëtiques de Mellin de Saint-Gelais. *Lyon, Antoine de Harsy*, 1574, in-8, mar.
bleu, fil. tr. dor. (*Bauzonnet.*)

Bel exemplaire de l'édition originale sous cette date.

421. Les OEuvres poétiques de Joachim Du Bellay.
Paris, Fed. Morel, 1558-61, in-4, mar. rouge, fil.
tr. dor. (*Kœhler.*)

Bel exemplaire. Les Regrets, et autres œuvres poétiques, 1558. — Divers
Jeux rustiques et autres œuvres, 1558. — Deux livres de l'Énéide de Virgile, 1560. — La Monomachie de David et de Goliath, 1560. — Les Antiquitez de Rome, 1558.—Discours au Roy sur la Trefve de l'an MDLV, 1558.
— Hymne au Roy sur la Prinse de Calais, 1558. — Épithalame sur le Mariage de Philibert Emanuel de Savoye, 1559. — Tumulus Henrici secundi,
1559. — Entreprise du Roy Dauphin pour le Tournoy, etc., 1559. — Ode
sur la Naissance du Duc de Beaumont, 1561. — Défense et Illustration de
la Langue françoise, 1561. — L'Olive, et autres œuvres poétiques, 1561. —
Louange de la France et du Roy Henry II. — Recueil de Poésie presente à
Mad. Marguerite, sœur du Roy, 1561. — Elégie sur le Trespas de Du Bellay,
par Aubert de Poictiers, 1560.

422. Evvres de Loyse Labé Lionnoise, du débat de

folie et d'amour. *Rouen, par Jean Garou*, 1556, in-16, mar. rouge, fil. à comp. petits fers. (*Bauzonnet-Trautz.*)

Edition fort rare et très-joliment imprimée. Charmante reliure. Le titre a un petit raccommodage.

423. Œuvres de Louise Labé Lyonnaise, publiées par L. Boitel. *Lyon*, 1845, in-12, veau fauve, fil. tr. d. (*Niédrée.*)

Édition tirée à 200 exemplaires. Celui-ci est sur papier vélin chamois.

424. Les Cognoissances nécessaires, poeme contenant plusieurs belles resolutions philosophiques, avec le Livre de l'ame, où est faite une description entière de l'ame et de ses facultez (par Beroalde de Verville), s. l. n. d., pet. in-12, mar. vert russe, fil. tr. dor. (*Niédrée.*)

425. Les Œuvres de Pierre de Brach, divisées en trois livres. *Bourdeaus, Simon Millanges*, 1570, in-4, v. fauve, fil. tr. dor. (*Niédrée.*)

Superbe exemplaire. Un beau portrait gravé par Th. de Leu.

426. Satyres chrestiennes de la cuisine papale (par P. Viret). *Imprimé par Conrad Badius*, 1560 (Genève), in-8, mar. bleu, fil. tr. dor. (*Niédrée.*)

Livre singulier et fort rare, en bonne condition.

427. Les Œuvres poétiques de Remy Belleau. *Rouen, Cl. le Villain*, 1604, 2 vol. pet. in-12, mar. vert, fil. dent. tr. d. (*Kœhler.*)

Le second volume contient la traduction d'Anacréon.

428. Les Œuvres poëtiques d'Amadis Jamyn. *Paris, de l'impr. de Robert Estienne; Mamort Patisson*, 1575, in-4, v. bleu, fil. tr. dor. (*Kœhler.*)

Édition originale; exemplaire réglé.

429. Les quatre premiers livres des Odes de Pierre de Ronsard Vandomois, avec son Bocage. *Paris, Guill. Cavellat*, 1550 — l'Hymne de France, com-

posé par P. de Ronsard. *Paris, Vascosan*, 1549,
pet. in-8, mar. rouge, fil. tr. dor. (*Niédrée.*)

Édition originale. — Bel exemplaire.

430. Les Œuvres de Pierre de Ronsard, prince des
poetes françoys, illustrées de commentaires (par
Muret) et de remarques (par Nic. Richelet). *Paris, Nic. Buon*, 1623, 2 vol. gr. in-fol., mar. r. fil.
tr. dor. (*Kœhler.*)

Superbe exemplaire en grand papier, et magnifique d'épreuves pour les
frontispices et les portraits, si remarquablement gravés par Léonard Gaultier. Ces portraits, au nombre de 10, sont ceux de Henry II ; Charles IX ;
Henry III ; François, duc d'Anjou ; Henry de Lorraine, duc de Guise ; Nogaret de Lavallette, duc d'Épernon ; Anne de Joyeuse ; Marie Stuart ; Catherine de Médicis ; François II ; plus, ceux de Ronsard et d'Anne Desmarquais, gravés par Claude Mellan, et celui de Richelet, gravé par Piquet.

431. Les Œuvres de Jean-Ant. de Baïf. *Paris, Lucas
Breyer*, 1572-73, 4 vol. in-8, maroq. bleu, fil. tr.
dor. (*Bauzonnet-Trautz.*)

Exemplaire très-grand de marges. Poésies recherchées, qui se divisent
ainsi : Poëmes. — Les Amours. — Les Jeux. — Les Passetemps.

432. La Puce de madame Des Roches, qui est un recueil de divers poëmes grecs, latins et françois,
composez par plusieurs doctes personnages, aux
grands iours tenus à Poitiers en 1579. *Paris, L'Angelier*, 1583, in-4, veau ant. fil. tr. dor. (*Bauzonnet.*)

433. L'Enfer de la mer Cardine traitant de la cruelle et
terrible bataille qui fut aux enfers, entre les diables
et les maquerelles de Paris, aux nopces du portier
Cerberus et de Cardine, qu'elles vouloyent faire
royne d'enfer, etc., s. l., 1597, gr. in-8, pap. vél.
mar. vert, tr. d. jans. (*Niédrée.*)

Réimpression.

434. Les Œuvres poëtiques françoises de Jean de la
Gessée. *Anvers, Plantin*, 1583, in-4, très-gros vol.
mar. bleu, fil. comp. tr. dor. (*Niédrée.*)

Bel exemplaire.

435. Les Apprehensions spirituelles, poëmes et
autres œuvres philosophiques, avec les Recherches
de la pierre philosophale, par B. (Beroalde) de
Verville. *Paris*, 1584, pet. in-12, mar. vert russe,
fil. tr. d. (*Niédrée.*)

436. La Galliade, ou de la Révolution des Arts et
Sciences, par Guy Le Fèvre de la Boderie. *Paris*,
Guill. Chaudière, 1578, in-4, mar. vert, fil. tr. d.
(*Niédrée.*)

Exemplaire réglé et d'une parfaite conservation.

437. Les Œvvres de G. de Saluste, seign. du Bartas,
revues et augmentées par l'autheur. *Paris, P.
l'Huÿllier*, 1584, in-4, mar. vert, fil. tr. dor. *janséniste.* (*Duru.*)

La seconde semaine de l'auteur paraît ici pour la première fois.

438. Les Omonimes, satire des mœurs corrompues
de ce siècle, par Ant. du Verdier. *Lyon*, 1572,
in-4, v. ant. fil. tr. dor.

Grand de marges.

439. Le Chevalier hipocondriaque, par le sieur du
Verdier. *Paris*, 1632, in-8, mar. rouge, fil. tr. dor.
(*Bauzonnet-Trautz.*)

440. Recueil des Œuvres poétiques de Jean Passerat. — Joan. Passeratii kalendæ Januariæ, et
varia quædam poemata. *Paris, Abel l'Angelier*,
1606, in-8, portr. mar. r. fil. tr. dor. (*Duru.*)

MAGNIFIQUE EXEMPLAIRE, orné d'un superbe portrait de Passerat, gravé
par Thomas de Leu.

441. Les premières Œuvres de Phil. Desportes.
Paris, Rob. Estienne, 1573, in-4, mar. rouge, fil.
tr. dor. (*Niédrée.*)

Bel exemplaire de la première édition, très-grand de marges et réglé.

442. Les premières Œvvres de Phil. Desportes.

Paris, Mamert Patisson, 1600, in-8, mar. vert,
fil. à comp. tr. dor. (*Thouvenin.*)

Très-bel exemplaire de cette magnifique édition.

443. Les Œuvres chrestiennes de Claude Hopil Parisien. *Lyon, Thib. Ancelin,* 1604, pet. in-12, v. f.
fil. tr. d. (*Bauzonnet-Trautz.*)

Cet exempl. contient le joli portrait gravé par Thomas de Leu.

444. Les diverses Poésies de J. Vauquelin de La
Fresnaye. *Caen, Ch. Macé,* 1605, in-8, mar. citr.
fil. tr. dor. (*Kœhler.*)

Bel exempl. d'un recueil fort RARE.

445. Les Œuvres poétiques de Bertaut, eveque de
Sees. *Paris, Touss. du Bray,* 1620, in-8, v. f. fil.
tr. d. (*Niédrée.*)

446 Les Satyres du sieur Regnier. *Paris,* 1614,
pet. in-8, vél.

447. Les Satyres et autres Œuvres du sieur Régnier,
augmentées de diverses pièces cy devant non imprimées. *A Leiden, chez Jean et Daniel Elzevier,*
1652, pet. in-12, mar. rouge à comp. fil. tr. dor.
doublé de maroq. vert. (*Niédrée.*)

L'un des plus grands EXEMPLAIRES connus. 4 p. 10 lign. 1/2.

448. Œuvres de Regnier, avec les commentaires,
revus, corrigés et augmentés; précédés de l'Histoire de la Satire en France, pour servir de discours préliminaire, par Viollet-le-Duc. *Paris,
Desoër,* 1822, in-18, mar. rouge, fil. tr. dor.
(*Niédrée.*)

449. Le Sirène de messire Honoré d'Urfé, gentilhomme ordinaire de la chambre du roy. *Jouxte
la coppie imprimée à Paris, J. Micard,* 1618, in-8,
mar. rouge, fil. tr. dor. (*Bauzonnet-Trautz.*)

Bel exemplaire.

450. **Les Tragiques, donnez au public par le larcin de Promethée** (Théodore-Agrippa d'Aubigné). *Au Désert, par L. B. D. D.*, 1661, in-4, mar. rouge, fil. tr. dor. *(Bauzonnet.)*

Ouvrage satirique en vers, très-rare.

451. **Les Poemes divers du sieur de Lortigue, Provençal, où il est traicté de guerre, d'amour, gayetez, poincts de controverses, hymnes, sonnets et autres poësies.** *Paris, J. Gesselin*, 1617, in-12, mar. rouge, fil. tr. dor. *(Bauzonnet-Trautz.)*

Bel exemplaire d'un livre rare.

452. **Meslanges poétiques, tragiques, comiques et autres diverses, de l'invention de L. D. L. F.** *Lyon*, 1624, in-8, v. f. fil. tr. d. *(Kœhler.)*

453. **Les OEuvres de Théophile.** *Rouen*, 1651, 3 part. en 1 vol. pet. in-8, vél.

454. **Pièces (53) originales du même, en deux cartons, savoir :**

Deux factum de Theophile, 1625 ; — Apologie de Theophile, 1624 ; — La remonstrance à Theophile, 1620. — Deux éloges du duc de Luynes, avec l'Advis au Roy, par Theophile, 1620. — Deux Theophilus in carcere, 1624 ; —Recueil de toutes les pièces de Theophile, commençant à l'arrêt de la Cour, et généralement tout ce qui s'est fait pour et contre luy depuis la prison, 1624 ; — L'apparition de Théophile à un poete de ce temps, sur le desadveu de ses OEuvres, 1634 ; — Dernières OEuvres de Théophile, 1626 ; — Requeste de Theophile au Roy sur l'elargissement des prisonniers, 1625 ; — Atteinte contre les impertinences de Theoph. ennemy des bons esprits, 1624 ; — Prière de Th. aux poëtes de ce temps, 1624 ; — Apologie de Theoph., 1624 ; — Très-humble requeste de Theoph. à M. le premier president, 1624 ; — Vers présentés au Roy sur l'exil de Theophile, 1620 ; —La remonstrance à Theoph., 1620 ; —Consolation à Theop. en son adversité, 1624 ; — Les larmes de Theoph. prisonnier sur l'esperance de sa liberté, 1624 ; — La penitence de Theoph., 1624 ; — Les soupirs d'Alexis sur la retenue si longue de son amy Theoph., 1624 ; — Requeste de Theoph. à nosseign. du Parlement, 1624 ; — Requeste de Theoph. au Roy, 1624 ; — Procès-verbal de l'emprisonnement de Theoph., 1623 ; — Plainte de Theoph. à un sien amy, 1625 ; — L'apparition d'un phantosme à Theoph. dans les sombres tenebres de la prison, 1624 ; — Remerciement de Theoph. à Coridon, 1624 ; — Advantures de Theophile au Roy, par luy faites pendant son exil, 1624 ; — Le Theophilo reformé, 1625 ; — La maison de Silvie, par Theophile, 1624 ; — Le sacrifice des Muses, à M. le prince de Condé, par Théophile, 1627 ; — Lettre de Théophile à son frère, 1624 ; — L'examen de Théophile, par Rhadamante, sur le Parnasse satyrique, 1626 ; — Dialogue de Théoph. à une sienne maîtresse l'allant visiter en prison, 1624 ; — Testament de Théophile, 1626 ; — La rencontre de Théophile et du père Coton en l'autre monde, 1626 ; — Vers de Théophile au Roy, 1625 ; — La dernière lettre de Théophile à son amy Damon, 1626 ; — Apologie pour Théophile, avec son épitaphe, 1626 ; — Lettre de consolation sur la mort de Théophile, 1626 ; — La première lettre que Théophile a envoyée de l'autre monde à son amy, 1626 ; — La honteuse fuite des ennemis de Théoph. après sa delivrance, 1625 ; — L'oraison funèbre de Théophile, avec la deffence des jésuites, 1626 ; — La descente de Théophile aux enfers, 1626 ; — Offrande à Saint-Louis, par Théophile ; — Le Théophile ressuscité, 1626 ; — La Metemphycose (sic) de Théophile, 1626 ; — Recueil des épitaphes faictes sur Théophile, 1626 ; — Plaintes de Thirsis sur la mort de Théophile, 1626 ; — Discours remarquable de la vie et mort de Théophile, 1626 ; — Consolation sur la résolution de la mort, par Théophile, 1625 ; — L'ombre de Théophile apparue au P. Garasse, 1626 ; — Réponse de Tircis à la plainte de Théophile prisonnier, 1625 ; — Lettre consolatoire à Théophile, 1623 ; — Lettre de Damon, envoyée à Tircis et à Théophile, sur le sujet de son interrogatoire, 1623 ; — Le trespas de Théophile, 1625.

455. Les OEuvres de François de Malherbe. *Paris, Ch. Chapelain*, 1630, in-4, mar. rouge, fil. tr. dor. (*Kœhler.*)

PREMIÈRE ÉDITION, ornée d'un ancien et très-beau portrait de Malherbe, ajouté.

456. Lettres et Poésies de Malherbe. *Paris, Blaise*, 1822, 2 vol. gr. in-8, pap. vélin, portr. fac-sim. et fig. v. bleu fil. (*Kœhler.*)

457. Poésies de Fr. Malherbe, avec un commentaire inédit, par André Chénier. *Paris*, 1842, in-12, d.-rel. v. ant.

c. Poètes français depuis 1628 jusqu'à nos jours.

1. *Poésies de divers genres.*

458. Poésies choisies de Corneille, Benserade, de Scudéri, Bois-Robert, La Mesnardière, Sarrazin Desmarets, Bertrand, Monthreuil, Cottin, Segrais, Marigny, Maucroix, etc. *Paris, Charles de Sercy,*

1660-66, 5 vol. in-12, veau fauve, fil. tr. dor.
(*Kœhler.*)

Recueil connu sous le nom de *Recueil de Sercy.*

459. Les Poëmes de Claude Expilly. *Grenoble*, 1624,
gr. in-4, mar. rouge, fil. à comp. tr. dor. (*Rel.
du temps.*)

Cet exempl. en GRAND PAPIER a été présenté à la reine, comme semble
l'indiquer l'inscription de la reliure : *Pour la Royne.* A la page 459, on remarque une correction autographe de l'auteur.

460. Les Œuvres poëtiques de N. Frenicle. *Paris,
Touss. du Bray,* 1629; pet. in-4, mar. vert, fil.
tr. d. (*Kœhler.*)

Très-bel exemplaire d'un livre RARE.

461. Le Banquet des Muses, ou les diverses Satires
du sieur Auvray, contenant plusieurs poëmes non
encore veus ni imprimés. Ensemble est ajouste
l'Innocence descouverte, tragi - comédie, par le
mesme autheur. *Rouen, D. Ferrand,* 1628, in-8,
mar. orange, fil. tr. dor. (*Bauzonnet-Trautz.*)

Livre aussi rare que recherché. C'est un recueil de satires, d'épigrammes
et d'amourettes fort licencieuses.

462. Les Œuvres de Maynard. *Paris, Aug. Courbé,*
1646, in-4, portr. veau fauve, fil. tr. dor. (*Niédrée.*)

463. Poésies du sieur de Malleville. *Paris, Aug.
Courbé,* 1649, in-4, v. m. fil.

464. Le Sacrifice des Muses. Au grand Cardinal de
Richelieu (par Bois-Robert). *Paris, Cramoisy,* 1635.
— Epinicia musarum , eminentissimo Cardinali
duci de Richelieu. *Parisiis, Cramoisy,* 1634, 2 part.
en 1 vol. in-4, portr. v. f. fil. tr. d. (*Niédrée.*)

Superbe exemplaire.

465. Les Epistres en vers et autres poésies de M. de
Bois-Robert-Metel, abbé de Chastillon. *Paris, Aug.
Courbé,* 1659, in-8, v. f. fil. tr. d. (*Niédrée.*)

466. Poesies et rencontres du sieur de Neufgermain, poëte hétéroclite de Monseigneur frère unique du Roi, imprimées par commandement de mondict seigneur. *Paris*, 1630, 2 part. en 1 vol. in-4, veau fauve, fil. tr. dor. (*Niédrée.*)

En tête de la seconde partie, qui contient les *Ballades sur diuers sujets*, se trouve un portr. de l'auteur. Le poëte est représenté en pied, l'épée au côté. Joliment gravé à l'eau-forte par Brebiette. Bel exemplaire.

467. Les divertissemens du sieur Colletet. *Paris*, 1633, pet. in-8 vél. bl. tr. d. (*Bauzonnet.*)

468. OEuvres poëtiques du sieur Dalibray, divisées en vers bachiques, satyriques, héroïques, amoureux, moraux et chrestiens. *Paris, A. de Sommaville*, 1653, in-8, mar. rouge, fil. tr. dor. (*Bauzonnet-Trautz.*)

C'est un livre rare, dans une bonne condition. L'auteur s'appelait Charles Vion Dalibray.

469. Les vers héroïques du sieur Tristan l'Hermite. *Paris*, 1648, in-4, fig. et portr. v. fauve, fil. tr. dor. (*Niédrée.*)

470. Poesies galantes et héroïques du sieur Tristan l'Hermite. *Paris*, 1662, in-4, fig. et portr. v. mar.

471. Les OEuvres du sieur de Saint-Amand. *Paris, T. Quinet*, 1642, 2 part. en 1 vol. in-4, veau fauve, fil. tr. dor. (*Niédrée.*)

Édition originale.

472. Les Poésies de Salomon de Priezac, sieur de Saugues. *Paris, Ch. Sercy*, 1650, in-8, v. f. fil. tr. dor. (*Bauzonnet-Trautz.*)

473. Les Poésies de Jules de La Mesnardière, de l'Académie françoise. *Paris, Ant. Sommaville*, 1656, in-fol. veau fauve, fil. tr. dor. (*Niédrée.*)

BEL EXEMPLAIRE.

474. Entretiens solitaires, ou Prières et Méditations pieuses, en vers français, par de Brebeuf. *Rouen* *et Paris*, 1660, in-12, mar. rouge à comp. (*Ancienne reliure.*)

475. Poésies de maître Adam Billaut, menuisier de Nevers, précédées d'une notice biographique et littéraire par Ferd. Denis. *Nevers*, 1842, gr. in-8, pap. vél. portr. d.-rel. dos et coins de mar. citr. tr. dor. (*Bauzonnet-Trautz.*)

Bel exemplaire, avec l'appendice des Poésies érotiques.

476. Les Poesies de Gombauld. *Paris, Courbé*, 1646, in-4, veau fauve, fil. tr. dor. (*Niédrée.*)

477. La Muse historique : ou Recueil de lettres en vers, escrites à S. A. mademoiselle de Longueville par le sieur Loret. Année MDCL. *Paris*, 1656, in-4, titr. gr. portr. de Loret, gravé par Mich. Lasne, v. f.

478. Poésies diverses, par de Scudéry. *Paris, Courbé*, 1649. — Le Cabinet de M. de Scudéry (première partie). *Paris, Courbé*, 1649, in-4, v. m.

479. Les Œuvres poétiques du P. Lemoyne. *Paris, Billaine*, 1671, in-fol. fig. mar. or. fil. tr. dor. (*Kœhler.*)

Édition originale.

480. Poësies de Mme la comtesse de La Suze. *Paris, Ch. de Sercy*, 1666, in-12, mar. vert, fil. tr. dor.

Édition [originale. On trouve à la fin les *Maximes d'amour* et l'*Almanach d'amour*.

481. Les Œuvres de poésie de Perrin. *Paris, Loyson*, 1661, pet. in-12, v. br.

482. Poësies du sieur Furetière. *Paris, Guill. de Luyne*, 1655, in-4, front. gravé, v. m. fil.

483. Les Œuvres de Bouillon, 1663, pet. in-12, mar. tr. dor. (*Trautz-Bauzonnet.*)

Ce volume peu commun contient : l'Histoire de Joconde, le Mary commode, l'Oyseau de passage, la mort de Daphnis, portr., mascarades, airs de cour, et un recueil de chansons galantes. — BEL EXEMPLAIRE.

484. Les OEuvres de Benserade. *Paris, de Sercy,* 1697, 2 vol. in-12, titr. gr. v. gr. fil.

485. Poësies héroïques du sieur de Pinchesne, ou se voyent les éloges du roy, des princes et princesses de son sang et de toute sa cour. *Paris,* 1670, in-4, fig., v. fauve, fil. tr. dor. (*Niédrée.*)

486. Poésies de Bonecorse. *Leide,* 1720, in-12, d.-rel. v. f. non rogn. (*Bauzonnet.*)

487. La Muse dauphine adressée à M. le Dauphin par le sieur De Subligny. *Paris, Cl. Barbin,* 1667, pet. in-12, mar. r. tr. d. jans. (*Niédrée.*)

488. Recueil de poésies diverses et chrestiennes et diverses, par M. de La Fontaine. *Paris, Pierre le Petit,* 1671, 3 vol. pet. in-12, front. gr. mar. vert, tr. dor. (*Duru.*)

TRÈS-BEL EXEMPLAIRE.

489. OEuvres diverses du sieur D*** (Boileau), avec le Traité du sublime ou du merveilleux dans le discours, traduit du grec de Longin. *Paris, Thierry,* 1674, in-4, front. gr. mar. r. fil. tr. dor. (*Trautz-Bauzonnet.*).

TRÈS-BEL EXEMPLAIRE. — PREMIÈRE ÉDITION, sous le titre d'OEuvres, où parurent pour la première fois les deux poëmes de l'*Art poétique* (quatre chants) et du *Lutrin* (quatre premiers chants).

490. OEuvres diverses du sieur Boileau-Despréaux, avec le Traité du sublime ou du merveilleux dans le discours, trad. du grec de Longin. *Paris, Denis Thierry,* 1701, in-4, fig. v. br.

Édition ORIGINALE, la dernière publiée par l'auteur et la première où il ait mis son nom.

491. OEuvres diverses du sieur Boileau-Despréaux, avec le Traité du sublime ou du merveilleux dans le discours, trad. de Longin. *Paris, Denis Thierry,* 1701, 2 vol. in-12, mar. brun, fil. tr. dor. (*Bauzonnet-Trautz.*)

TRÈS-BEL EXEMPLAIRE. Édition originale, la dernière revue par l'auteur et la première où il ait mis son nom.

492. OEuvres diverses du sieur D. *Paris*, 1713, in-8, front. gr. mar. r. tr. d. jans. (*Duru.*)

493. OEuvres de Boileau-Despréaux, avec des éclaircissements historiques. *Amst., David Mortier*, 1718, 2 tom. en 1 vol. in-fol., portr. fig. et front. gr. de Bern. Picart, v. m. avec chiffres.

Exemplaire où se trouve le portrait de la princesse de Galles.

494. OEuvres de Boileau-Despréaux, avec des éclaircissements historiques. *La Haye*, 1722, 4 vol. in-12, fig. de Bern. Picart, v. br. fil. tr. d.

495. OEuvres de Boileau, avec les commentaires revus, corrigés et augmentés. *Paris, Desoër*, 1821-23, 4 vol. in-18, fig. mar. vert, fil. tr. dor. (*Niédrée.*)

Édition publiée par M. Viollet-Leduc.

496. OEuvres de Boileau, avec des notes historiques et littéraires par Berriat-Saint-Prix. *Paris*, 1830, 4 vol. in-8, br.

497. OEUVRES DE BOILEAU-DESPRÉAUX, avec un commentaire par M. de Saint-Surin. *Paris (P. Didot)*, 1831, 4 vol. gr. in-8, mar. bleu, fil. dos à petits fers, tr. dor. (*Niédrée.*)

MAGNIFIQUE EXEMPLAIRE en gr. PAPIER VÉLIN, qui contient 4 portraits par Dien, Lignon, sur Chine av. la lettre, Saint-Aubin av. la lettre, Voysard av. la lettre; les suites des figures de Monsiau, Desenne, Moreau, etc., d'anc. gravures, vignettes et portraits ajoutés.

498. OEuvres poétiques de Boileau-Despréaux, avec les notes des commentateurs, publiées par Aimé Martin. *Paris*, 1845, in-12, portr. d.-rel. v. f.

Y00. Les Satyres du sieur D*** (Despréaux). *Paris, L. Billaine*, 1666, in-12, mar. rouge de Tanger. (*Bauzonnet-Trautz.*)

Édition originale, qui contient les sept premières satires.

500. Dialogue ou Satyre X du sieur D... (Boileau).

Paris, Cl. Barbin, 1694, 1 vol. in-4, mar. bl. fil. tr. d. (*Duru.*)

Dans le même volume : Réponse à la satire X du sieur D. *Paris, de La Caille*, 1694. — Apologie des Femmes, par P. *Paris, Coignard*, 1694. — Lettre de Mme de N... à la marquise de... sur la satire contre les Femmes. *Paris*, 1694. — Satire contre les Maris, par le sieur R. T. D. F. *Paris,* 1694. — Le Pour et le Contre du Mariage, avec la critique du sieur Boileau, satyres par le sieur P. H. *Lille*, 1695. — Suite de la critique du sieur Boileau. — Les Petits-Maîtres, satyre. *Paris, Cl. Barbin*, 1694.

501. Nouvelles remarques sur la Satire de Boileau contre les femmes, dans lesquelles on fait voir les fautes où il est tombé, contre les préceptes qu'il avoit donnés lui-même dans son Art poétique. *La Haye*, 1694, in-12, mar. r. tr. d. jans. (*Lortic.*)

502. Recueil relatif à la satire X de Boileau, 1 vol. in-4, mar. r. tr. d. jans. (*Duru.*)

Contenant : Dialogue ou Satyre X du sieur D*** (Despréaux). *Paris, D. Thierry*, 1694 (édition originale). — Satyre contre les Maris, par le sieur R... T. D. F. (contre-partie de la précédente). — Apologie pour Despréaux, ou Nouvelle Satire contre les Femmes, 1695. — Apologie pour Despréaux, ou Nouvelle Satire contre les Femmes (pièce différente de la précédente). — Fable du Vieux Lion. — Épigramme. — (Autre) Épigramme. — Sonnet.

503. Amitiez, Amours et Amourettes par Le Pays, avec le portrait de l'auteur. *Amst., Wolfgang*, 1686. —Les nouvelles Œuvres de Le Pays. *Amst., Wolfgang*, 1687, 2 vol. pet. in-12, tit. gr. mar. br. tr. d. jans. (*Trautz-Bauzonnet.*)

BEL EXEMPLAIRE rempli de témoins.

504. Le Poëte sans fard, ou Discours satiriques en vers (par Gacon). *Cologne*, 1697, in-12, titr. gr. br. non rogné.

505. Les Œuvres choisies du S. Rousseau (J.-B.), contenant ses poésies. *Rotterdam*, 1714, in-12, titr. gr. fig. mar. rouge, fil. tr. d. (*Derome.*)

Exemplaire de Pixérécourt, où se trouvent les couplets satiriques retranchés et les noms des anonymes et pseudonymes.

506. Œuvres de J.-B. Rousseau, avec un Commen-

taire historique et littéraire. *Paris, Lefèvre*, 1820,
5 vol. gr. in-8, portr. fig. mar. r. dent. tr. dor.
(*Thouvenin.*)

Très bel exemplaire en grand papier vélin, avec double suite des figures de Lafitte, eaux-fortes, et avant la lettre.

507. OEuvres de Gresset. *Paris, Renouard*, 1811,
3 vol. in-8, mar. r. fil. tr. dor. (*Bozérian.*)

Bel exemplaire en grand papier vélin, qui contient la grande et la petite suite des figures de Moreau, gravées par Simonet. Cette édition, la meilleure de ce poète, comprend, pour le troisième volume : *Le Parrain magnifique*, *ouvrage posthume.*

508. Poésies d'André Chénier. *Paris*, 1841, in-12,
portr. d.-rel. v. f. (*Kœhler.*)

509. OEuvres du cardinal de Bernis. *Paris*, 1803,
2 tom. en 1 vol. in-12; pap. vél. portr. fig. d.-rel.
mar. vert, non rogn. (*Purgold.*)

Avec 2 portr. du cardinal et fig. ajoutés.

510. Poésies de M. J. Chénier, avec des notes par
Ch. Labitte. *Paris*, 1844, in-12, d.-rel. v. f.

511. OEuvres de J. Delille. *Paris*, 1824, 16 vol. gr.
in-8, pap. vél. portr. fig. cart. non rogn.

512. OEuvres de Millevoye, précédées d'une Notice
par De Pongerville. *Paris*, 1840, in-12, d.-rel. v.
f. (*Kœhler.*)

513. Messéniennes, chants populaires et poésies diverses par C. Delavigne. *Paris*, 1841, in-12, d.-rel.
v. ant.

514. OEuvres complètes de Casimir Delavigne, avec
une Notice par Germain Delavigne. *Paris*, 1846,
6 vol. gr. in-8, pap. vél. portr. br.

515. La Chute d'un ange, épisode, par Lamartine.
Paris, 1838, 2 vol. in-12, d.-rel. v.

516. Reueillements poétiques, par Alph. de Lamartine. *Paris*, 1839, in-12, d.-rel. v. rouge.

517. Les Feuilles d'automne, les Chants du crépuscule, par Victor Hugo. *Paris,* 1841, in-12, d.-rel. v.

518. Poésies complètes du comte Alfred de Vigny. *Paris,* 1841, in-12, d.-rel. v. f. (*Kœhler.*)

519. La Pléiade, ballades, fabliaux, nouvelles et légendes. *Paris, Curmer,* 1842, in-12, fig. et vign. veau f. fil. tr. d. (*Niédrée.*)

Exemplaire en papier vélin.

520. Poésies nouvelles par Mme Amable Tastu. *Paris,* 1835, in-18, fig. sur bois, cart. non rogn.

Exemplaire sur papier vélin jaune, avec envoi d'auteur signé.

521. Poésies complètes de Sainte-Beuve. *Paris,* 1840, in-12, d.-rel. v. f.

522. Poésies complètes d'Alfred de Musset. *Paris,* 1840, in-12, pap. vél. d.-rel. v. f.

523. Premières poésies d'Alfred de Musset. *Paris,* 1852, in-12, d.-rel. v. f.

524. Poésies de Mme Louise Colet. *Paris,* 1842. — Charlotte Corday et Mme Roland, tableaux dramatiques par Mme Louise Colet. *Paris,* 1842. — Un Mystère du 1er janvier MDCCCXLII, par Mme Louise Colet. *Ensemble,* 3 vol. gr. in-4, pap. vél. fort, br.

Édition tirée à 25 exempl., et non mise dans le commerce. Cet exemplaire a l'envoi d'auteur.

525. Poésies complètes de Mme Louise Colet. *Paris,* 1844, in-12, d.-rel. v. (*Envoi d'auteur.*)

526. Poésies complètes d'Ant. de Latour. *Paris,* 1841, in-12, d.-rel. v. f.

527. Poésies de Mme Desbordes-Valmore, avec une notice par Sainte-Beuve. *Paris,* 1842, in-12, d.-rel. v. f.

528. Poésies complètes de Mme Émile de Girardin (Delphine Gay). *Paris,* 1842, in-12, d.-rel. v. f.

529. Poésies complètes de Henri Blaze. *Paris*, 1842, in-12, d.-rel. v. f.

2. *Poèmes.*

530. La Magdeleine de F. Remi de Beauvais. *Tournay, Ch. Martin*, 1617, in-8, mar. bleu, tr. dor. jans. (*Duru.*)

SUPERBE EXEMPLAIRE d'un livre rarement aussi beau pour les figures et la conservation.

531. Marie-Madeleine, ou le Triomphe de la grâce, poëme par Jean Des Marets. *Paris, Den. Thierry*, 1669, in-12, titr. gr. v. f. à comp. fil. tr. d. (*Niédrée.*)

532. La Madelaine au désert de la Sainte-Baume en Provence, poëme spirituel et chrestien, par le P. Pierre de Saint-Louis, religieux carme de la province de Provence. *Lyon, J.-B. et Nicolas Deville*, 1700, in-12, mar. vert, fil. tr. dor. (*Niédrée.*)

La Monnoye a réimprimé ce poëme dans son Recueil de Pièces choisies, les exempl. en étant *devenus rares.*

533. David, poëme héroïque, par le sieur Lesfargues. *Paris, P. Lamy*, 1660, in-12, titr. gr. fig. de Chauveau, v. f. fil. tr. dor. (*Derome.*)

534. Poëme de la Captivité de Saint-Malc, par de La Fontaine. *Paris, Cl. Barbin*, 1673, in-12, mar. vert, tr. dor. (*Trautz-Bauzonnet.*)

Édition originale très-rare.

535. La Pucelle ou la France délivrée, poeme héroïque, par Chapelain. *Paris, Courbé*, 1656, gr. in-fol. tit. gr. port. fig. m. cit. fil. tr. dor. (*Kœhler.*)

TRÈS-BEL EXEMPLAIRE en GRAND PAPIER; on lit sur la garde : *Pour Son Altesse Serme Monseigneur Le Conte de Soissons, par son très humble et obéissant serviteur* CHAPELAIN. Superbes épreuves des portraits du duc de Longueville et de l'auteur, gravés par Nanteuil, ainsi que des figures d'A. Bosse.

536. Alaric ou Rome vaincue, poëme héroïque, par de Scudery. *Paris, Courbé*, 1654, in-fol. titr. gr. fig. mar. vert, fil. tr. d. (*Niédrée.*)

Édition originale. Portrait de Christine de Suède, gravé par Nanteuil, fig. par Chauveau. — Très-bel exemplaire, bonnes épreuves.

537. L'Ariane de Des Marets. *Paris, Mat. Guillemot*, 1643, in-4, titr. gr. fig. mar. vert, tr. d. (*Niédrée.*)

Édition ORIGINALE, ornée de figures gravées par Abr. Bosse. — BEL EXEM-PLAIRE; bonnes épreuves.

538. Clovis ou la France chrétienne, par J. Des Marets. *Paris*, 1657, gr. in-4, veau fauve, fil. tr. dor. (*Kœhler.*)

Exemplaire en grand papier; fig. de Chauveau et très-belles épreuves.

539. Charlemagne, poëme héroïque, à S. A. S. le Prince (de Condé), par Louis le Laboureur. *Paris, Louis Billaine*, 1666, in-12, v. fauve, fil. tr. dor. (*Niédrée.*)

540. Œuvres poétiques de J.-D. Coras. *Paris*, 1665, pet. in-12, v. f. fil. (*Kœhler.*)

Contenant les poëmes de Josué, Samson, David, Jonas.

541. Charles-Martel, ou les Sarrasins chassés de France, poëme héroïque, par le sieur de S.-G. (Sainte-Garde). *Paris*, 1668, in-12, veau fauve. (*Bauzonnet-Trautz.*)

542. Lutrigot, poëme héroï-comique (par Bonnecorse). *Marseille*, 1686, in-12, mar. rouge, tr. dor. (*Bauzonnet-Trautz.*)

Parodie du Lutrin de Boileau.

5. *Contes, Odes, Satires, Épigrammes, Madrigaux, etc.*

543. Recueil des meilleurs contes en vers. *Londres (Cazin)*, 1778, 4 vol. in-18, portr. fig. à mi-pages, br. non rogn.

544. Contes et Nouvelles en vers de M. de La Fontaine. *Paris, Claude Barbin*, 1665; — deuxiesme partie des Contes et Nouvelles en vers de M. de La Fontaine. *Paris, Louis Billaine*, 1646 (sic); 2 part. en 1 vol. pet. in-12, mar. rouge, fil. tr. dor. doublé de mar. vert clair, dent. (*Trautz-Bauzonnet.*)

ÉDITION ORIGINALE, précieuse et FORT RARE. Elle se compose : *Première partie*, titre et préface, 11 pages, 92 pp. le privilége, 1 f., et 1 feuillet blanc. *Deuxième partie*, titre et préface, 11 pages, 160 pp. et 2 ff. pour le privilége.

Cette première édition a été cependant précédée d'une publication intitulée : *Nouvelles en vers, tirées de Boccace et de l'Arioste*, mais ne renfermant seulement que les deux contes : *Joconde* et *le Cocu battu et content*.

EXEMPLAIRE rempli de *témoins*, et d'une conservation qui ne laisse rien à désirer.

545. Contes et Nouvelles en vers de M. de La Fontaine, nouvelle édition, enrichie de figures en taille-douce. *Amst., H. Desbordes*, 1685, 2 tom. en un vol. in-12, mar. r. tr. dor. (*Duru.*)

Première des trois éditions sous cette date, recherchée pour les figures de Romain de Hooghe. C'est aussi la première dans laquelle se trouvent réunis les Contes de La Fontaine, épars jusqu'alors dans divers volumes.

546. Contes et Nouvelles en vers, par M. de La Fontaine. *Amsterd.* (*Paris, Barbou*), 1762, 2 vol. in-8, fig. d'Eisen, mar. rouge, tr. dor. comp. (*Riche reliure de Trautz-Bauzonnet.*)

Edition exécutée aux frais des fermiers généraux, avec une notice par Diderot. SUPERBE EXEMPLAIRE réglé en or et en couleur, et contenant les planches avec différences, doubles. Les épreuves ont été choisies avec la plus scrupuleuse attention sur plusieurs exemplaires.

547. Contes et Nouvelles en vers, par Jean de La Fontaine. *Paris, imprimerie de Didot,* 1795, 2 vol. gr. in-4, pap. vél. fig. de Fragonard avant la lettre, br.

548. Contes et Nouvelles de La Fontaine, édition avec variantes, par le Bibliophile Jacob. *Paris,* 1840, in-12, d. rel. v. bl.

549. Contes nouveaux en vers (par de Saint-Glas). *Paris*, 1672, pet. in-12, mar. rouge, fil. tr. dor. (*Trautz-Bauzonnet.*)

Avec la figure ; joli exemplaire.

550. Odes philippiques, avec des notes instructives (par La Grange-Chancel). *S. l. n. d.* in-12, texte encadr. mar. r. NON ROGN. (*Duru.*)

551. Sonets spirituels de feue très-vertueuse et très-docte dame Sr Anne de Marquets, religieuse à Poissi. *Paris*, *Cl. Morel*, 1605, in-8, mar. bleu, tr. dor. (*Niédrée.*)

Volume RARE.

552. L'Espadon satyrique, par le sieur d'Esternod. *Lyon*, *Jean Lautret*, 1619, in-12, mar. rouge de Tanger, comp. fil. tr. dor. (*Bauzonnet-Trautz.*)

Volume TRÈS-RARE.

553. Le Tableau de la vie et du gouvernement de messieurs les cardinaux Richelieu et Mazarin et de M. Colbert, représenté en diverses satires et poésies ingénieuses, avec un recueil d'épigrammes sur la vie et la mort de M. Fouquet, et sur diverses choses qui se sont passées à Paris en ce temps-là. *Cologne*, *P. Marteau*, 1693, pet. in-8, mar. rouge, tr. dor. (*Kœhler.*)

554. Satyres nouvelles de M. Benech de Cantenac, chanoine de l'église métropolitaine de Bordeaux, avec d'autres pièces du même auteur. *Amst., chez la veuve Chayer. S. d.* in-12, mar. bl. tr. d. (*Niédrée.*)

555. OEuvres complètes de Gilbert, accompagnées de notes littéraires et historiques. *Paris*, *Dalibon*, 1823, gr. in-8, dos et coins de mar. gren. tr. dor. (*Trautz-Bauzonnet.*)

TRÈS-BEL EXEMPLAIRE SUR PAPIER DE CHINE double, avec double suite de portr. et figures, eaux-fortes et avant la lettre.

556. OEuvres de Gilbert, avec une notice par Ch.
Nodier. *Paris*, 1840, in-12, portr. d.-rel. v.

557. Iambes, par Aug. Barbier. *Paris*, 1832, in-8,
v. bl. fil. tr. d. (*Kœhler.*)

Exemplaire sur papier azuré.

558. Nouveau Recueil des épigrammatistes françois
anciens et modernes (par Bruzen de la Martinière). *Amsterdam*, 1720, 2 vol. in-12, mar.
rouge, fil. tr. dor. (*Rel. de Mouillé.*)

559. Nouveau Recueil de divers rondeaux (par l'abbé
Cotin). *Paris, Courbé*, 1650, 2 tom. en 1 vol. pet.
in-12, mar. rouge, fil. tr. dor. (*Trautz-Bauzonnet.*)

560. L'Eslite des bouts-rimez de ce temps. *Imprimé
à Paris, et se vend au Palais*, 1649, pet. in-8,
mar. rouge, tr. dor. (*Niédréc.*)

Volume peu commun, comprenant une première partie, la seule publiée
de ce recueil, dont la dédicace, à *M. l'abbé Fouquet*, est signée de SAINT-
JULIEN.

561. Madrigaux de M. D. L. S. (de la Sablière). *Paris,
Cl. Barbin*, 1680, pet. in-12, mar. bleu, fil. tr. d.
(*Thompson.*)

Edition ORIGINALE, avec le madrigal retranché de la page 8. Le feuillet
se trouve double.

562. Recueil des énigmes de ce temps (par Cotin).
Paris, Ant. de Sommaville, 1646, 3 part. en 1 vol.
pet. in-12, v. f. fil. tr. d. (*Niedréc.*)

4. *Poésies burlesques et gaillardes. — Chansons et Noëls.*

563. Le Cabinet satyrique, ou recueil parfaict des
vers piquans et gaillards de ce temps, tirés des secrets cabinets des sieurs de Sigognes, Regnier,
Motin, etc. *Paris, Billaine*, 1618, pet. in-12, mar.
bl. fil. tr. d. (*Niédrée.*)

Première et très-rare édition d'un recueil fort connu. Beau frontispice
gravé.

564. Le Parnasse satyrique du sieur Théophile (*Holl. Elzevir*), 1660; — le Cabinet satyrique, ou recueil parfait des vers piquants et gaillards de ce temps, tiré des secrets cabinets des sieurs Sigognes, Regnier, Motin, Berthelot et autres des plus signalés poëtes de ce siècle. (*Holl. Elzevir*), 1666, 2 vol.; ensemble, 3 vol. pet. in-12, mar. rouge, tr. dor. (*Trautz-Bauzonnet.*)

Délicieuse réunion de ces livres rares; les exemplaires sont de la plus grande pureté.

565. Le Balet des Andouilles porté en guise de momon. *S. l.* 1628, pet. in-8, mar. v. tr. d. jans. (*Niédrée.*)

Pièce satirique en vers, de 6 feuillets. Elle est composée de sixains, pour Coquefredouille qui porte le momon, pour le sieur de la Nigaudière, pour un capitaine, pour un soldat, pour un mignon de couchette, pour la dame des Grimaces, pour la grand' Cataut, pour une matrone, etc.

566. Recueil des OEuvres burlesques de Scarron. *Paris, Touss. Quinet*, 1648, in-4, mar. or. fil. tr. d. (*Bauzonnet-Trautz.*)

Dans le même vol. : Suite de la première partie des OEuvres burlesques. — Typhon, ou la Gigantomachie, poëme burlesque. — Suite des OEuvres burlesques, 2e partie. — Les trois Dorothées, ou le Jodelet soufleté. *Paris*, 1650. — OEuvres burlesques, 3e partie, 1650. — La Relation véritable de ce qui s'est passé en l'autre monde, au combat des Parques et des Poëtes, sur la mort de Voiture, 1648. — L'Héritier ridicule, ou la Dâme intéressée, comédie, 1650.

567. Le Virgile travesty en vers burlesques de M. Scarron. *Paris, G. de Luyne*, 1655, 7 part. en 1 vol. in-4, titr. gr. fig. mar. or. fil. tr. d. (*Bauzonnet-Trautz.*)

568. Les Odes d'Horace en vers burlesques (par H. Picou). *Leyde, Jean Sambix* (*Elzevir*), 1653, pet. in-12, mar. bleu, à comp. fil. NON ROGNÉ. (*Bauzonnet-Trautz.*)

Livre rare, et qui se trouve ici dans une condition exceptionnelle et presque unique.

569. Juvénal burlesque, par Colletet le fils. *Paris,
P. David*, 1656, pet. in-12, v. f. fil. tr. dor. (*Bauzonnet-Trautz.*)

570. La Rome ridicule, caprice (par St-Amant), 1643,
in-8, mar. vert, fil. tr. dor. (*Bauzonnet-Trautz.*)

Au verso du dernier feuillet, on lit : « Le lecteur est auerty auoir à pré-
« sent en cette édition la vraye *Rome ridicule*, corrigée par son autheur,
« où il a reconnu que l'on auoit obmis plusieurs choses à ceux qui ont
« été imprimés par cy-deuant l'année 1649. »

571. La Ville de Paris, en vers burlesques, par le
S. Berthauld, augmentée de la foire de St-Germain,
par Scarron. *Troyes, veuve Oudot*, 1699, pet. in-12,
v. f. fil. tr. d. (*Kœhler.*)

Contenant : Les Galanteries du Palais. — La Chicane des Plaideurs. — Les
Filouteries du Pont-Neuf. — L'Éloquence des Harangères de la Halle. —
L'Adresse des Servantes qui ferrent la mule, et plusieurs choses de cette
nature.

572. Poësies burlesques contenant plusieurs épistres
à diverses personnes de la cour, par le sieur Loret. *Paris, Sommaville*, 1647, in-4, mar. rouge,
fil. tr. dor. (*Bauzonnet-Trautz.*)

Volume rare ; très-bel exemplaire.

573. L'Enfer burlesque, le Mariage de Belphégor,
Épitaphes de M. de Molière. *Cologne, Jean le Blanc*,
1677, pet. in-12, titr. gr. mar. r. tr. d. jans. (*Duru.*)

574. Recueil de diverses pièces comiques, gaillardes
et amoureuses. *Suivant la copie, à Paris, chez J.-B.
Loyson. Bruxelles*, 1671, pet. in-12, mar. citr. fil.
tr. dor. (*Bauzonnet-Trautz.*)
Volume très-RARE.

575. Catéchisme des courtisans ou les questions de la
cour et autres galanteries. *Cologne (Elzevir)*, 1680,
pet. in-12, mar. vert, tr. d. jans. (*Duru.*)

576. Anthologie françoise, ou chansons choisies, depuis le 13e siècle jusqu'à présent. *Paris*, 1760, 3 vol.
— Chansons joyeuses, mises au jour par un an-

onyme, onissime (Collé). *Paris*, 1765, 1 vol. ens. 4 vol. in-8, portr. mus. v. m.

577. Recueil de romances historiques, tendres et burlesques, avec les airs notés par M. D. L. (de Lusse) *S. l.* 1767, 2 vol. in-8, front. gr. v. m.

578. Recueil de Chansons satyriques et historiques (airs notés), 4 vol. in-4, v. m. (*Anc. rel.*)

Magnifique collection exécutée avec le plus grand soin calligraphique. Ces pièces, sur les personnages les plus illustres de la fin du règne de Louis XIV et de la Régence, sont des plus piquantes.

579. Œuvres complètes de Béranger, illustrées par Grandville et Raffet. *Paris, Fournier*, 1837, 3 vol. gr. in-8, fig. mar. r. fil. tr. d. (*Kœhler.*)

TRÈS-BEL EXEMPLAIRE, avec double suite des figures de Tony Johannot et Grandville, sur papier de Chine.

580. ŒUVRES COMPLÈTES DE BÉRANGER, édition revue par l'auteur. *Paris, Perrotin*, 1847, 2 vol. gr. in-8, fac-sim. portr. et fig. mar. bleu, fil. tr. d. (*Belle rel. de Trautz-Bauzonnet.*)

MAGNIFIQUE EXEMPLAIRE en GRAND PAPIER VÉLIN, avec toutes les figures sur Chine, avant la lettre, et choisies avec le plus grand soin.

581. Noëls nouveaux sur le chant de plusieurs belles chansons nouvelles, *imprimé au Mans*, 1554. (*Paris, Techener*), in-12, pap. de Holl. mar. bleu, fil. tr. dor. (*Bauzonnet.*)

Réimpression due aux soins de Ch. Richelet, et tirée à 29 exemplaires.

3. POÈTES ÉTRANGERS.

582. La Divine Comédie de Dante Alighieri, trad. nouv. par Pier-Angelo Fiorentino. *Paris*, 1840, in-12, d.-rel. v. f.

583. La Divine Comédie de Dante, traduite par A. Brizeux. *Paris*, 1841, in-12, d.-rel. v. (*Kœhler.*)

584. Dante. La Divine Comédie, traduite par Fiorentino. *Paris*, 1843, in-12, d.-rel. v.

585. The Vision, or hell, purgatory, and paradise,
of Dante, translated by the rev. Henry Francis
Cary. *London*, 1819, 3 vol. gr. in-8, d.-rel. v. non
rogn.

586. L'Enfer du Dante, illustré par Flaxman, précédé de la Vie nouvelle, par Mme Rhéal. *Paris*,
1843, gr. in-8, fig. tr.

587. Roland furieux, composé en ryme thuscane par
Loys Arioste, et maintenant traduict en prose françoyse (par Jeh. des Goutes). *Paris, Ch. Langelier*,
1555, pet. in-8, fig. sur bois, mar. viol. fil. tr. d.
(*Kœhler.*)

588. Le divin Arioste, ou Roland le Furieux, traduict nouvellement en françois par F. de Rosset,
dédié à la grande Marie de Médicis. *Paris*, 1615,
in-4, v. fauve, fil. tr. dor. (*Niédrée.*)

Frontispice et figures gravés par Léonard Gaultier.

589. Arioste. Roland furieux, traduction en prose
par Philipon de la Madelaine. *Paris*, 1844, gr. in-8,
fig. sur ch., br. (*Édition illustrée.*)

590. La Hiervsalem dv s^r Torquato Tasso, rendve
françoise, par B. D. V. B. *Paris, Abel Langelier*,
1595, in-4, veau fauve, fil. tr. dor. (*Niédrée.*)

591. Jérusalem délivrée, poëme du Tasse, trad. en
français par le prince Le Brun, précédé d'une Notice
sur sa vie, par Suard. *Paris*, 1841, in-12, d.-rel.
v. f.

592. La Jérusalem délivrée, traduite par Philipon de
la Madelaine. *Paris*, 1844, gr. in-8, pap. vél. fig.
sur bois et fig. sur ch. br.

593. Romancero general, ou chants populaires de
l'Espagne, romances historiques, chevaleresques

et moresques, trad. par Damas-Hinard. *Paris*, 1844, 2 vol. in-12, d.-rel. v. f.

594. Ancient spanish ballads, historical and romantic, translated by J. Lockhart. *London*, 1842, in-4, texte encadr. fig. cart. en toile gaufr. et doré. (*Illustrations anglaises.*)

595. Les Lusiades, ou les Portugais, poëme de Camoens, trad. par Dubeux. *Paris*, 1841, in-12, d.-rel. v.

596. Les Lusiades de Camoens, traduction de Ortaire Fournier et Desaules, revue et annotée par Ferd. Denis. *Paris*, 1841, in-12, d.-rel. v.

597. La Messiade, poëme, par Klopstock, trad. par la baronne de Carlowitz. *Paris*, 1840, in-12, dem.-rel. v.

598. Poésies de Schiller, traduites par Marmier. *Paris*, 1844, in-12, d.-rel. v.

599. Poésies de Goëthe, traduites par Henri Blaze. *Paris*, 1843, in-12, d.-rel. v.

600. Ballades et chants populaires de l'Allemagne, trad. nouvelle, par Séb. Albin. *Paris*, 1841, in-12, d.-rel. v. f.

601. Chants populaires du Nord, traduits en français par Marmier. *Paris*, 1842, in-12, d.-rel. v.

602. The History of english poetry, from the close of the eleventh century to the commencement of the eighteenth century by Thom. Warton. *London*, 1840, 3 vol. gr. in-8, cart. en toile angl. non rogn.

603. Lectures on the english poets, by Will. Hazlitt. *Philadelphia*, 1818, in-8, cart. n. rogn.

604. Étude de la poésie anglaise, ou choix des plus beaux morceaux des plus grands poëtes de la Grande-Bretagne, par Spiers. *Paris*, 1851, in-12, d.-rel. v.

605. Robin Hood : a collection of all the ancient poems,

songs and ballads, now extant relative to that celebrated english outlaw, by Jos. Ritson. *London,
Pickering,* 1832, 2 vol. pet. in-8, vign. pap. de Holl.
mar. r. fil. tr. d. (*Niédrée.*)

606. Reliques of ancient english poetry, consisting
of old heroic ballads, songs, and other pieces, of
our earlier poets, by Th. Percy. *London*, 1840,
in-8, cart. en toile angl.

607. Popular Ballads and songs, from tradition manuscripts. *Paris, Renouard,* 1825, in-8, d.-rel. mar.
viol.

608. The book of british ballads, edited by Hall. *London,* 1847, gr. in-8, fig. cart. en toile gaufr. et dor.
tr. dor. (*Illustrations anglaises.*)

609. The nursery rhymes of England, collected chiefly from oral tradition, edited by James Orchard
Halliwell. *London*, 1844, in-12, fig. cart. en toile
angl.

610. Burns songs, chiefly scotish the cotters saturday
night, tam O'Shanter, etc., Halloween, etc. *London,* 1823-1825, 4 part. en 1 vol. in-12, titr. gr. pap.
vél. mar. bl. fil. tr. d.

611. Christmas carols, ancient and modern; including the most popular in the west of England, and
the airs to which they are sung. Also specimens
of french provincial carols, with an introduction
and notes by W. Sandys. *London*, 1833, in-8, pap.
vél. v. f. fil. tr. dor. (*Niédrée.*)

612. The Canterbury tales of Chaucer; with an essay
on his language and versification, an introductory
discourse, notes, and a glossary by Th. Tyrwhitt.
London, Pickering, 1830, 5 vol. pet. in-8, portr. fig.
d.-rel. dos et coins de mar. br. tr. sup. d. n. rogn.

613. Paradise lost a, poem by John Milton, new edition revised by W. Lake. *Paris,* 1833, gr. in-8, pa-

pier vélin, portr. et fig. sur ch. avant la lettre, v. f. tr. d. (*Niédrée.*)

614. Le Paradis perdu de Milton, traduction française en regard, par de Pongerville. *Paris*, 1838, in-8, br. (*Envoi du traducteur signé.*)

615. Le Paradis perdu par Milton, nouvelle édition, par de Pongerville. *Paris*, 1841, in-12, d.-rel. v. f.

616. Le Paradis perdu de Milton, traduction nouvelle, par de Chateaubriand. *Paris*, 1841, in-12, d.-rel. v. vert.

617. The poetical Works of Robert Burns. *London*, *Pickering*, 1830, 2 vol. pet. in-8, pap. vél. mar. vert, fil. comp. n. rogn. (*Kœhler.*)

618. Poésies complètes de Rob. Burns, traduites de l'écossais par De Wailly. *Paris*, 1843, in-12, dem.-rel. v.

619. The poetical Works of lord Byron. *London*, *Murray*, 1839, 8 vol. in-8, pap. vél. portr. v. f. fil. tr. dor. (*Niédrée.*)

SUPERBE EXEMPLAIRE en PAPIER VÉLIN.

620. Don Juan, poems by lord Byron. *London*, 1826, pet. in-12, titr. gr. fig. v. fil.

621. Œuvres de lord Byron, traduction d'Amédée Pichot, précédées d'un discours préliminaire par Ch. Nodier. *Paris*, *Furne*, 1830, 6 vol. in-8, portr. d.-rel. v. (*Kœhler.*)

622. Œuvres complètes de lord Byron, traduites par Benj. Delaroche. *Paris*, 1840, 4 vol. in-12, d.-rel. v. (*Kœhler.*)

623. Letters and journals of lord Byron, with notices of his life by Thom. Moore. *Paris* (*imprim. de Jules Didot*), 1830, 4 vol. pet. in-8, pap. vél. portr. v. f. fil. (*Kœhler.*)

624. Chefs-d'œuvre poétiques de Thomas Moore, tra-

duits par Louise Sw. Belloc, avec une notice par O'Sullivan. *Paris*, 1841, in-12, d.-rel. v. vert.

625. The poems of Ossian, translated by Mac-Pherson. *London*, 1819, pet. in-12, titr. gr. fig. v. vert, dent. tr. d. (*Purgold.*)

VI. POÉSIE DRAMATIQUE.

1. HISTOIRE GÉNÉRALE DU THÉATRE.

626. Histoire universelle des Théâtres de toutes les Nations, depuis Thespis jusqu'à nos jours. *Paris*, 1778, 13 vol. in-8, fig. v. f. fil. non rogn. (*Bauzonnet.*)

627. La Pratique du Théâtre, œuvre très-nécessaire à tous ceux qui s'appliquent à la composition des poëmes dramatiques, par Hedelin, abbé d'Aubignac. *Paris*, 1669, in-4, v. f.

628. L'Apologie du Théâtre, dédiée à Mademoiselle, par Dorimont. *Rouen, Raph. du Petit Val*, 1655, in-8, d.-rel. v.

2. POÈTES DRAMATIQUES GRECS ET LATINS.

629. Le Théâtre des Grecs, par le P. Brumoy, édition revue et corrigée, par Raoul Rochette. *Paris*, 1820, 16 vol. gr. in-8, PAP. VÉL. fig. d.-rel. v. (*Thouvenin.*)

630. Théâtre d'Eschyle, traduit par Alexis Pierron. *Paris*, 1842, in-12, d.-rel. v. f.

631. Tragédies de Sophocle, traduites du grec par Artaud. *Paris*, 1827, 3 vol. in-32, pap. vél. portr. v. bl. fil. (*Kœhler.*)

632. Tragédies de Sophocle, trad. du grec par Artaud. *Paris*, 1841, in-12, d.-rel. v. vert.

633. Tragédies d'Euripide, trad. du grec par Artaud. *Paris*, 1842, 2 vol. in-12, d.-rel. v. f.

634. Comédies d'Aristophane, traduites du grec par Artaud. *Paris*, 1830, 6 vol. in-32, portr. v.ant. fil.

635. Comédies d'Aristophane, traduites du grec par Artaud. *Paris, Lefèvre*, 1841, in-12, d.-rel. v. (*Kœhler.*)

636. Les OEuvres de Plaute, en latin et en françois, traduction nouvelle, par de Limiers. *Amst.* 1719, 10 vol. in-12, fig. v. f. (*Aux armes de Samuel Bernard.*)

637. Le grant Therence en francoys, tant en rime que en prose. *Nouvellement imprimé à Paris, par Guill. de Bossozel*, 1539, in-fol. goth. mar. vert, riches comp. fil. tr. dor. (*Niédrée.*)

Cette édition est ornée d'un grand nombre de très-belles et très-curieuses figures sur bois.

3. POÈTES DRAMATIQUES FRANÇAIS.

A. *Histoire du théâtre en France; Traités sur la poésie dramatique et sur l'art du comédien.*

638. Histoire du Théâtre François, depuis son origine jusqu'à présent, avec la Vie des plus célèbres poëtes dramatiques, un catalogue de leurs pièces et des notes (par les frères Parfait). *Paris*, 1745, 15 vol. in-12, v. fauve, fil. (*Trautz-Bauzonnet.*)

SUPERBE EXEMPLAIRE.

639. Histoire philosophique et littéraire du Théâtre Français depuis son origine, par Hipp. Lucas. *Paris*, 1843, in-12, d.-rel. v.

640. Dictionnaire des Théâtres de Paris (par les frères Parfaict et D'Alguerbe). *Paris*, 1756, 7 vol. in-12, v. m.

641. Tablettes dramatiques, contenant l'abrégé de
l'histoire du Théâtre François, l'établissement des
théâtres à Paris, etc., par le chev. de Mouhy.
Paris, 1752, pet. in-8, v. m.

642. Bibliothèque du Théâtre François depuis son
origine, contenant un extrait de tous les ouvrages
composés pour ce théâtre depuis les mystères jusqu'aux pièces de P. Corneille; une liste de celles
composées depuis cette époque jusqu'à présent, etc.
(par le duc de La Vallière). *Dresde*, 1768, 3 vol.
in-8, front. gr. mar. bleu, fil. tr. d. (*Muller.*)

Exemplaire en PAPIER DE HOLLANDE, RARE. On a aussi attribué ce livre
intéressant à Marin de La Ciotat... ?

643. Bibliothèque dramatique de Soleinne, catalogue
rédigé par Paul L. (Lacroix). *Paris*, 1843, 6 part.
en 2 vol. in-8, v. f. (*Exemplaire bien complet.*)

644. Anecdotes dramatiques, contenant toutes les
pièces de théâtre, tragédies, comédies, etc., depuis
l'origine des spectacles en France jusqu'en 1775
(par l'abbé de La Porte et Clément). *Paris*, 1775,
2 vol. pet. in-8, v. m.

645. Dictionnaire portatif des Théâtres, contenant
l'origine des différents théâtres de Paris, etc.
(par de Leris). *Paris*, 1754, in-8, d.-rel. v. f. (*Lortic.*)

646. Annales dramatiques, ou Dictionnaire général
des Théâtres, contenant l'analyse de tous les ouvrages dramatiques, etc. (par Menegault, Babault,
etc.). *Paris*, 1808, 9 vol. in-8, veau f. fil. non rogn.
(*Bauzonnet.*)

647. Études sur les Mystères, monuments historiques et littéraires la plupart inconnus, et sur divers manuscrits de Gerson, y compris le texte
primitif français de l'Imitation de J.-C. découvert
par Onés. Leroy. *Paris*, 1837, in-8, d.-rel. v. bleu.

648. Traité du Mélodrame, par MM. A! A! A! *Paris*, 1817, in-8, v. f. fil. (*Bauzonnet.*)

649. Époques de l'Histoire de France en rapport avec le Théâtre français, dès la formation de la langue jusqu'à la renaissance, par Onésime Leroy. *Paris*, 1843, in-8, d.-rel. v. (*Trautz-Bauzonnet.*)

650. Commission spéciale des Théâtres royaux. Recueil d'ordonnances, décrets et documents divers. *Paris*, 1844. — Conservatoire royal de Musique et de Déclamation. Règlement. *Paris, imprimerie royale*, 1841, in-4, d.-rel. v. f.

651. Le Théâtre françois, divisé en trois livres, où il est traité : De l'usage de la comédie; des autheurs qui soutiennent le théâtre; de la conduitte des comédiens (par Chappuzeau). *Lyon*, 1674, pet. in-12, mar. vert, fil. comp. tr. d. (*Duru.*)

FORT JOLI EXEMPLAIRE d'un livre RARE.

652. Galerie historique des Acteurs du Théâtre-Français depuis 1600 jusqu'à nos jours, par Lemazurier. *Paris*, 1810, 2 vol. in-8, portr. dos et coins de mar. bl. tr. sup. dor. non rogn. (*Niédrée.*)

Exemplaire en PAPIER VÉLIN, avec 51 portraits ajoutés.

653. Collection des Mémoires sur l'Art dramatique. *Paris*, 1822-1825, 14 vol. in-8, pap. vél. d.-rel. v. f.

Mém. de Mlle Clairon, 1 vol. — Mém. sur Garrick et sur Macklin, trad. par Després, 1 vol. — Mém. de Mlle Dumesnil, 1 vol. — Mém. de Le Kain, publiés par Talma, 1 vol. — Mém. de Préville et de d'Azincourt, publiés par Ourry, 1 vol. — Mém. de Mistr. Bellamy, avec une notice sur sa vie par Thiers, 2 vol. — Mém. de Brandes, acteur allemand, 2 vol. — Mém. sur Molière et sur Mme Guérin, sa veuve, 1 vol. — Mém. de Molé, 1 vol. — Mém. d'Iffland, 1 vol. — Mém. de Goldoni, publiés par Moreau, 2 vol.

654. Mémoires de Mlle Sophie Arnould, recueillis et publiés par le b. de Lamothe-Langon. *Paris*, 1837, 2 vol. in-8, v. f. fil. n. rogn. (*Bauzonnet.*)

655. Mémoires de Mlle Quinault aînée (de la Comé-

die-Française), duchesse de Nevers, chevalière de l'ordre royal de Saint-Michel (1715 à 1793). *Paris,* 1836, 2 vol. in-8, v. f. fil. n. rogn. (*Bauzonnet.*)

656. Mémoires de Fleury, de la Comédie-Française (1757-1820), publ. par Lafitte. *Paris,* 1844, 2 vol. in-12, d.-rel. v.

657. Costumes de théâtre, diverses pièces, in-8 et in-4.

658. Costumes de théâtre (extrait de la Galerie théâtrale), in-4, 31 pl. coloriées.

659. Portraits d'acteurs et d'actrices, 17 pièces in-8 et in-4.

Garrick, de Préville, Joly, Raucourt, Mlle Mars, avant la lettre.

B. *Pièces de théâtre.*

1. Depuis l'origine du Théâtre-Français, jusqu'au milieu du XVIe siècle.

660. Théâtre de Hrotsvitha, religieuse allemande du Xe siècle, traduit pour la première fois en français, avec le texte latin et des notes, par Ch. Magnin. *Paris,* 1845, in-8, pap. vél. fig. br.

661. Théâtre français au moyen-âge, publié d'après les manuscrits de la Bibliothèque du Roi, par Monmerqué et Francisque Michel. *Paris,* 1839, gr. in-8 à 2 col., dem.-rel. mar. r. avec coins. (*Trautz-Bauzonnet.*)

BEL EXEMPLAIRE EN GRAND PAPIER VÉLIN.

662. Recueil de pièces publiées par les soins de M. de Montaran, 1829-1830, in-8, mar. r. tr. d. jans.

Contenant : Le Cry et Proclamation pour jouer le mystère des Actes des Apostres en la ville de Paris, 1541. — Moralité nouvelle de l'Enfant de perdition, qui pendit son père et tua sa mère. *Lyon,* 1608. — Farce nouvelle de la Cornette, à cinq personn., 1545. — Joyeuse farce d'un Curia qui trompa par finesse la femme d'un laboureur. *Lyon,* 1595. — Farce joyeuse, contenant la ruse, meschanceté et obstination d'aucunes Femmes, 1596. — Farce nouvelle, qui est très bonne et très joyeuse, à iv personn., a scavoir : la mère, Jouart, le compère et l'escolier. *Troyes*, 1624.— Farce nouvelle du Musnier et du Gentilhomme. *Troyes*, 1628. — Farce plaisante sur un trait qu'a joué un porteur d'eau, le jour de ses nopces, dans Paris, 1632. — Farce joyeuse et récréative de Poncette et de l'Amoureux transy. *Lyon*, 1595. — Tragi-comédie intitulée la Subtilité de Fanfreluche et Gaudichon, et comme il fut emporté par le diable. *Rouen*, *s. d.* — Tragi-comédie des Enfans de Turlupin malheureux de nature. *Rouen, s. d.* — Comédie facécieuse du Voyage de Fr. Fecisti en Provence, vers Nostradamus, etc. *Nismes*, 1599. — Discours facécieux des Hommes qui font saller leurs Femmes, à cause qu'elles sont trop douces. *Rouen*, 1558. — Testament de Tastevin, roy des Pions. — Le plaisant Discours et Advertissement aux nouvelles Mariées, pour se bien et proprement comporter la premiere nuit de leurs nocces. — Les Regrets et Complaintes des Gosiers alterez. *Paris*, 1675. — Les Chansons folastres des Comédiens. *Paris*, 1637.

663. **Mystères inédits du XVe siècle, publiés pour la première fois par Ach. Jubinal. *Paris*, 1837, 2 vol. in-8, fac-sim. mar. r. fil. tr. d. (*Kœhler.*)**

Un des VINGT exemplaires sur PAPIER DE HOLLANDE.

664. **Miracle de Nostre Dame, de Robert le Dyable, filz du duc de Normendie, à qui il fut enjoint pour ses meffaiz qu'il feist le fol sans parler ; et depuis ot Nostre Seigneur mercy de li, et espousa la fille de l'empereur. Publié, pour la première fois, d'après un manuscrit du XIVe siècle. *Rouen*, 1836, gr. in-8, fac-sim. d.-rel. v. f. (*Kœhler.*)**

Exemplaire en GRAND PAPIER.

665. **BIEN ADVISÉ, MAL ADVISÉ (mystère à 59 personnages). (A la fin) : *Imprimé à Paris, par Pierre Le Caron, pour Anthoine Vérard, libraire, demourant sur le pont Nostre-Dame.* (Sans date, vers 1498), pet. in-fol. goth. 3 fig. sur bois, mar. r. dent. tr. dor. (*Anguerran.*)**

BEL EXEMPLAIRE d'un des livres les plus rares de la classe des Mystères. Il a appartenu successivement à Gros de Boze, à Gaignat, à Girardot de Préfond et à Mac-Carthy ; il a fait aussi partie de la bibliothèque du roi, d'où il est sorti comme double.

L'exemplaire du duc de La Vallière, revendu chez M. de Soleinne, a été annoncé par erreur, dans le catalogue des livres de cet amateur, comme ayant appartenu à de Boze, Gaignat, etc. C'est un exemplaire différent.

Une piqûre de vers peu grave traverse le volume ; l'exemplaire est d'ailleurs parfaitement conservé. Il a été acheté 1345 fr., y compris les frais, à la vente Debure.

666. Le Mironer et exemple moralle des enfants ingratz pour lesquels les pères et mères se destruisent pour les augmenter, qui en la fin les descongnoissent. (*Paris*, 1836), pet. in-8, pap. vél. mar. orange, fil. tr. dor. (*Trautz-Bauzonnet.*)

Réimpression gothique, tirée à 66 exemplaires.

667. Varlet à lover, à tovt faire. *Rouen, chez Abrah. Couturier*, s. d. — Chambrière à lover, à tovt faire (par Christofle de Bordeaux, Parisien). *Rouen*, chez *Ab. Couturier*, s. d. in-8, mar. citr. comp. fil. n. rogn. (*Bauzonnet.*)

Réimpression fac-simile tirée à quarante-deux exemplaires. Celui-ci est l'un des trois exemplaires sur *peau de vélin*.

668. Le Mystere de Griselidis, marquis de Saluses, par personnaiges. *On les vend à Paris par Jehan Bonfons*, s. d. in-4 goth. pap. de Holl. d.-rel. mar. bl. n. rogn. (*Bauzonnet.*)

Réimpression figurée, faite en 1832, par les soins de MM. Giraud de Savine et Veinant, et tirée à 49 exemplaires seulement.

669. L'Homme pêcheur, par personnages, joué en la ville de Tours. — *Imprimé à ¦Paris par maistre Pierre Ledru, lan mil cinq cens et huyt, le ix jour de juing* (1508), in-fol. gothique, mar. bl. dent. tr. dor. (*Bozérian.*)

Édition rare. L'exemplaire, très-grand de marges, a quelques raccommodages dans les cinq derniers feuillets. Ce volume provient de la dernière vente Debure.

670. Mystère de saint Crespin et saint Crespinien, publié pour la première fois d'après un manuscrit des archives du royaume, par Dessalles et Chabaille. *Paris*, 1836, gr. in-8, pap. vél. mar. bl. fil. tr. d. (*Kœhler.*)

Tiré à 200 exemplaires seulement.

671. Nouvelle Moralité d'une pauvre fille villageoise, laquelle ayma mieux avoir la teste couppee par son pere que destre violee par son seigneur, faicte à la louange et honneur des chastes et honnestes filles, à quatre personnages. *Paris, Sim. Calvarin*, s. d. — Les Dictz de Salomon avecques les responces de Marcon, fort joyeuses (exempl. unique sur pap. de Chine. *Londres*, 1829). — Le Banquet des Chambrières faict aux Estuves, 1541, 3 part. en 1 vol. pet. in-8, mar. bl. comp. fil. tr. d. (*Bauzonnet.*)

Réimpressions gothiques fac-sim., tirées à 40 exemplaires seulement.

672. Cy sensuit lystoire de la destruction de Troye la grant, translatée de latin en françoys, mise par parsonnaiges et composée par maistre Iacques Milet, estudiant es loys en la ville Dorleans, lan mil quatre cens cinquante. — .... *Imprimée à Paris le huytième iour de may par Jehan Driart, imprimeur demourant à la rue Sainct-Jacques, à lenseigne des trois Pucelles, lan mil quatre cens quatre vingt et dix huyt* (1498), in-fol. goth. à 2 colonn. fig. sur bois, mar. violet, fil. à comp. mosaïque doublé. (*Thouvenin.*)

Édition de la plus grande rareté. Exemplaire double de la Bibliothèque royale.

673. Maistre Pierre Pathelin (attrib. à Pierre Blanchet). — *Cy finist la farce de maistre Pierre Pathelin, imprimée à Paris par Pierre le Caron, imprimeur demourant a Paris a lenseigne de la Rose, en la rue de la Juifrie ou a la grant porte du Palais.* (Sans date), in-4 goth. mar. rouge, comp. fil. mosaïque doublé de mar. vert, dent. tr. dor. (*Riche reliure, le chef-d'œuvre de Niédrée.*)

Admirable exemplaire. — Cette édition précieuse, imprimée à la fin du XVᵉ siècle, est de la plus grande rareté, et c'est, peut-être, le seul exemplaire connu dans les bibliothèques particulières.

674. La Comédie des propos, finesses, etc., de maître Pierre Patelin, *sur la copie de l'an 1560. Rouen*,

1656, p. 12, mar. r. de Tanger. (*Trautz-Bauzonnet.*)

675 LE MISTERE DE LA CONCEPTION, nativité, mariage et annonciation de la benoîte Vierge Marie, avec la Nativité de Jesuchrist et son enfance, contenant plusieurs belles matières (par Jean-Michel). *Imprimé nouuellement à Paris par la veufve feu Jehan Trepperel et Jehan Jehannot. S. d.* in-4 goth. à 2 col. fig. sur bois, mar. vert, fil. comp. tr. d. (*Duru.*)

676. LE MISTERE DE LA PASSION Nostre Seigneur Iesucrist. — *A esté imprimée a Paris ceste presente Passion par le petit Laurens pour honorable homme Jehan Petit, libraire de l'Université de Paris (vers 1500),* pet. in-fol. goth. à 2 col. fig. sur bois, mar. rouge, dent. tab. tr. dor. (*Bozérian.*)

ÉDITION FORT RARE. — Exemplaire (de Soleinne, suppl. nº 58) très-grand de marges; le titre est remonté et plusieurs feuillets raccommodés.

677. SENSUIT LA RESURRECTION de Nostre Seigneur Jesuchrist par personnaiges, comment il sapparut a ses apostres, et comment il monta es cieulx lejour de son ascension. *Nouvellement imprimée à Paris par Alain Lotrian,* 1539, pet. in-4 goth. à 2 col. fig. sur bois, mar. r. fil. doublé de mar. r. dent. tr. d. (*Kœhler.*)

Rempli de témoins.

678. LA VENGEANCE ET DESTRUCTION DE HIÉRUSALEM par personnaiges, exécutée par Vaspasien et son fils Titus, contenant en soy plusieurs croniques et hystoires romaines, tant du règne de Neron que de plusieurs autres. *On les vend à Paris par Alain Lotrian,* 1539, in-4 goth. à 2 col. mar. r. comp. fil. tr. d. (*Bauzonnet.*)

679. LE TRESEXCELLENT ET SAINCT MYSTERE DU VIEIL-TESTAMENT. *On les vend à Paris au Palays....., par Symon Colinet. — Fin du Vieil-Testament par per-*

sonnages, reveu et corrigé oultre la precedente impression, nouuellement imprimé à Paris par Jehan Réal, lan mil cinq cens quarante et deux (1542), in-fol. goth. à 2 col. fig. en bois, mar. vert russe, fil. doublé de mar. rouge, riche dentelle à petits fers, tranches ciselées. (*Belle reliure de Duru.*)

ÉDITION PRÉCIEUSE et FORT RARE. — Exemplaire réglé, rempli de témoins, et très-bien conservé, sauf quelques raccommodages insignifiants.

680. Moralité des Blasphémateurs de Dieu, à dix-sept personnages. *Paris*, 1831. — Moralité de la vendition de Joseph, à quarante-neuf personnages. *Paris*, 1835, 2 part. en 1 vol. format agenda, pap. de Holl. mar. r. dent. tr. d. (*Belle rel. de Bauzonnet.*)

Réimpressions fac-simile goth., tirées à 90 exempl., aux frais du prince d'Essling.

681. Moralité nouvelle tres fructueuse de l'Enfant de perdition qui pendit son père et tua sa mère, et comment il se désespera, à VII personnages. *Lyon, P. Rigaud*, 1608 (*Paris, Pinard*, 1833), in-8, mar. bleu, comp. fil. doublé de mar. r. dent. (*Riche rel. de Bauzonnet.*)

Réimpression figurée, tirée à 42 exemplaires, par les soins de MM. Giraud de Savine et Veinant. Un des deux exempl. IMPRIMÉS SUR PEAU DE VÉLIN.

682. SENSUYT LA UIE DE SAINCT CRISTOFLE, elegamment composée en rime françoise et par personnages, par maistre Cheualet, iadis souuerain maistre en telle compositure, nouuellement imprimée. — *Icy finist le mystere du glorieux sainct Christofle, composé par personnages et imprimé a Grenoble le uingt huit de ianvier, lan comptant a la natiuité de Nostre Seigneur, mil cinq cens trente* (1530), aux depens de maistre Anemond Amalberti, citoyen de Grenoble, in-4 à 2 col. mar. r. tr. dor. (*Anc. rel.*)

Volume INFINIMENT PRÉCIEUX ET DE LA PLUS GRANDE RARETÉ. Ce bel exemplaire provient de la bibliothèque de M. le comte de La Bédoyère. C'est à tort que l'exemplaire de la vente Soleinne avait été annoncé comme provenant de cette belle bibliothèque. Il a été acheté (1188 fr.) à la vente du prince d'Essling.

683. Le Cry et Proclamation publicque pour jouer le mistère des Actes des Apostres, en la ville de Paris. *On les vend à Paris en la boutique de Denys Janot,* 1541, in-8 goth. mar. r. comp. doublé de mar. dent. comp. tr. d. (*Bauzonnet.*)

Réimpression fac-simile tirée à quarante-deux exemplaires. Ce lui-ci est sur PEAU DE VÉLIN.

684. Le premier (et le second volume) du Triumphant mystère des Actes des Apostres, translaté fidèlement à la vérité historiale, escrite par saint Luc à Théophile (par Arnoul et Simon Greban), le tout ordonné par personnaiges. *Cy finit le neufviesme et dernier livre des Actes des Apostres, nouuellement imprimez à Paris pour Guillaume Alubut, bourgeoys et marchand de la ville de Bourges, par Nic. Couteau, demourant à Paris,* 1537, in-fol. goth. à 2 col. mar. vert russe, doublé de mar. rouge. (*Niédrée.*)

685. Le premier (et le second) volume des catholiques œuvres et actes des apôtres (par Arnoul et Simon Greban), le tout veu et corrige bien et deuement selon la vraye vérité, et joué par personnages à Paris en l'hôtel de Flandres, lan 1541. *On les vend à Paris, par Arnoul et Charles les Angeliers,* s. d. in-fol. goth. à 2 col. fig. sur bois, v. f. gauffré.

Exemplaire d'une remarquable conservation et dans sa première reliure.

686. Le Sacrifice de Abraham, à huyt personnages : cest assavoir Dieu, Misericorde, Raphael, Abraham, Sarra, Isaac, Ismael et Eliozer, nouvellement corrigé et augmenté, et joué devant le roy en lhostel de Flandres à Paris l'an MDXXXIX. *On les vend à Paris en la rue neufve Nostre Dame, à lenscigne de la Rose rouge,* 1539, pet. in-8 goth. mar. r. fil. tr. d. (*Anc. rel.*)

Édition extrêmement rare et dont la suscription nous apprend que ce myst**è**re *fut joué devant le roy, en l'hostel de Flandres, a Paris, l'an* 1539. Précieux volume, seul exemplaire connu, et dont les deux derniers feuillets ont été refaits.

687. Lyon marchant, satyre françoise sur la comparaison de Paris, Rohan, Lyon, Orléans, et sur les choses mémorables depuys lan MDXXIV, soubz allégories et énigmes, par personnages mysticques, jouée au collége de la Trinité à Lyon, 1541 (par Barthel. Aneau). *On les vend à Lyon, par Pierre de Tours*, 1542. *Paris, Pinard*, 1831, pet. in-8, mar. bl. fil. doublé de mar. r. riches comp. à petits fers. (*Belle reliure de Bauzonnet.*)

Réimpression fac-simile gothique, tirée à 42 exemplaires, par les soins de MM. Giraud et Veinant. Celui-ci est l'un des deux IMPRIMÉS SUR PEAU DE VÉLIN.

688. Le Testament de Carmentrant, à VIII personnaiges : cest assavoir Carmentrant, Archiepot, Tirelardon, Lechefroye, Caresme, Harensouret, Testedaulx, Ognions. *S. l. n. d.* pet. in-8, pap. de Holl. mar. bleu, fil. tr. d. (*Bauzonnet.*)

Réimpression figurée, faite à Paris, chez Pinard, en 1830, et tirée à quarante-deux exempl. seulement.

689. La sanglante et pitoyable tragédie de nostre sauveur et redempteur Jesus Christ, poëme mélangé de dévotes méditations, figures, complaintes, etc., par Denis Coppee, bourgeois de Huy. *Liége*, 1624, pet. in-8, v. f. fil. tr. d. (*Héring.*)

2. Depuis Jodelle jusqu'à A. Hardy (1552-1600).

690. Le Théatre des tragédies françoises. *Rouen, Raph. du Petit-Val*, 1620, pet. in-12, mar. bl. tr. d. jans. (*Niédrée.*)

Ce précieux recueil contient : Saint-Clouaud, tragédie de J. Heudon. — Cyrus triomphant, ou la Fureur d'Astiages, roy de Mede, tragédie (par Mainfray). *Rouen*, 1618. — La Rhodienne, ou la Cruauté de Solyman (par Mainfray). *Rouen*, 1621. — Pyrrhe, tragédie de J. Heudon. *Rouen*, 1620. — Les

Amours de Dalcméon et de Flore, tragédie, par Est. Bellone. *Rouen*, 1621.
— Les Amantes, ou la grande Pastorelle, enrichie de plusieurs belles et rares
inventions, et relevée d'intermèdes heroyques a l'honneur des Francoys, par
Nic. Chrestien, sieur des Croix. *Rouen*, 1613.

691. Achille, tragédie françoise de Nic. Filleul Normand, qui a esté jouée publicquement au collége d'Harcourt le 21 décembre 1563. *Paris, de l'imprimerie de Th. Richard*, 1563, in-4, mar. r. comp. doublé de mar. v. dent. tr. d. (*Thouvenin.*)

MAGNIFIQUE EXEMPLAIRE d'une pièce FORT RARE.

692. Tragédies sainctes, David combattant, David triomphant, David fugitif, par Louis Des Mazures, Tournisien. *Genève, de l'impr. de Fr. Perrin*, 1566, in-8, musique gravée, mar. vert, fil. tr. d. (*Niédrée.*)

693. Les tragédies de Robert Garnier. *Tholose, par Pierre Jagourt*, 1588, pet. in-12, portr. ajouté, mar. vert, riches comp. tr. d. (*Kœhler.*)

Édition TRÈS-RARE. Fort bel exemplaire auquel on a ajouté un joli portrait de l'auteur.

694. Hippolyte, tragédie de Rob. Garnier. *Paris, Rob. Estienne*, 1573, pet. in-8.

695. Les Œuvres et meslanges poétiques de Pierre Le Loyer, Angevin. Ensemble la comédie Nephelococugie, ou la Nuée des Cocus, non moins docte que facétieuse. *Paris, J. Poupy*, 1579, pet. in-12, mar. r. fil. tr. d. (*Bauzonnet-Trautz.*)

696. Les Comédies facécieuses de Pierre de Larivey. *Rouen et Troyes*, 1611, 2 vol. mar. vert, fil. larges dentelles, tr. dor. (*Kœhler.*)

Recueil de la plus grande rareté, surtout le deuxième volume.

697. Cléopatre, tragédie par Olenix du Mont-Sacré (Nic. de Montreux), gentilhomme du Maync, pet. in-12, mar. bleu, tr. dor. (*Janséniste Capé.*)

698. Vasthi, première tragédie de Pierre Mathieu, en laquelle, outres les tristes effects de l'orgueil et

désobéissance, est montrée la louange d'une monarchie bien ordonnée, l'office d'un bon prince et la belle harmonie d'un mariage bien accordé, avec un .petit abrégé de l'histoire des roys de Perse. *Lyon, Ben. Rigaud*, 1589, pet. in-12, mar. r. fil. comp. tr. d. dos à la rose. (*Riche rel. Niédrée.*)

Dans le même vol. : Aman, tragédie de P. Mathieu. — De la perfidie et trahison de la bienveillance des Roys dangereuse à ceux qui en abusent, etc. *Lyon*, 1589. — Clytemnestre, tragédie de P. Mathieu. — De la vengeance des injures perdurables à la postérité des offencez, et des malheureuses fins de la volupté. *Lyon*, 1589.

699. Le premier Livre du théâtre tragique de Roland Brisset, gentilhomme tourangeau. *Tours, Claude de Montr'œil*, 1589, in-4, mar. r. fil. tr. d. (*Kœhler.*)

700. Les tragédies d'Ant. de Montchrestien, sieur de Vasteville, plus une bergerie et un poeme de Suzanne. *Rouen*, 1601, pet. in-8, mar. rouge, fil. tr. dor. (*Niédrée.*)

Exemplaire bien conservé et grand de marges.

701. Esau ou le Chasseur, en forme de tragédie, nouvellement représentée au collége des Bons-Enfants de Rouen (par J. Behourt). *Rouen, Raph. du Petit-Val*, 1606, pet. in-12, m. r. tr. d. jans. (*Bauzonnet-Trautz.*)

3. Depuis A. Hardy jusqu'à Corneille (1600-1637).

702. Le Théâtre françois, contenant : le Trébuchement de Phaëton, la Mort de Roger, la Mort de Bradamante, Andromède délivrée, le Foudroyement d'Athamas et la Folie de Silène. *Paris, Paul Mansan*, 1624, in-8. vel.

Cette édition, la première qui ait été faite de ce recueil, est bien plus rare que celle imprimée l'année suivante chez Guill. Loyson.

L'auteur de la Bibliothèque du Théâtre-François paraît n'avoir connu que cette dernière. M. de Beauchamps, qui garde également le silence sur celle dont il s'agit ici, en mentionne une autre dont il n'indique point la date, qui aurait été publiée par Ribou en un vol. in-12. (*Noté manuscrite.*)

703. Répertoire du Théâtre-Français, ou recueil des tragédies et comédies restées au théâtre depuis Rotrou, avec des notices par Petitot. *Paris, impr. de Didot*, 1803, 23 vol. in-8, pap. vél. fig. avant la lettre, d.-rel. non-rogn.

704. Répertoire du Théâtre-Français, troisième ordre, par Petitot. *Paris*, 1819, 8 vol. in-8, pap. vél. br.

705. Petite Bibliothèque des Théâtres, contenant un recueil des meilleures pièces du Théâtre-François, tragique, comique, lyrique et bouffon, depuis l'origine des spectacles en France jusqu'à nos jours (par Leprince et Baudrais). *Paris*, 1784-1789, 80 vol. in-18, papier vélin, portr. v. fauve, fil. tr. dor.

Collection intéressante dont les exemplaires complets sont peu communs.

706. Recueil de pièces de théâtre (modernes), 15 vol, gr. in-8, d.-rel.

707. Le Théâtre d'Alexandre Hardy Parisien. *Paris, J. Qvesnel*, 1624, 25, 26, 28 ; 6 vol. in-8, v. fauve, fil. tr. dor. (*Niédrée.*)

BEL EXEMPLAIRE, qui contient les titres et les frontispices gravés, lesquels manquent souvent. On sait que ce livre, ainsi complet, est de la plus grande rareté.

708. Tragédie de Jeanne d'Arques, dite la Pucelle d'Orléans, native du village d'Emprenne, près Vaucouleurs, en Lorraine. *Rouen, Raph. du Petit Val.* 1606 ; pet. in-12, mar. br. tr. dor. jans. (*Bauzonnet-Trautz.*)

BEL EXEMPLAIRE d'une pièce RARISSIME.

709. Les Corrivaux de P. T. S. D. (Pierre Troterel sieur d'Aves). *Rouen, Raphaël Petit Duval*, 1612 ; cart.

Exemplaire mouillé, mais grand de marges.

710. Tragédie de sainte Agnès, par le sieur d'Aves.

Rouen, Raph. du Petit Val, 1615, pet. in-12, mar. bl. tr. dor. (Niédrée.)

711. La Céciliade, ou Martyre sanglant de sainte Cecile, patrone des musiciens, par N. Soret rhemois. Paris, P. Rezé, 1606. — Chœurs de l'histoire tragique de sainte Cecile, avec quelques airs mis en musique à quatre parties par Abr. Blondet, maître de la musique de l'église de Paris. Paris, P. Ballard, 1606, 2 part. en 1 vol. pet. in-8, v. mar.

712. Tragédies de Claude Billard, sieur de Courgenay, Bourbonnois. Paris, Fr. Huby, 1612, pet. in-8, mar. bleu, fil. tr. dor. (Niédrée.)

Avec la tragédie de *Henry-le-Grand*.

713. Les tragédies de Claude Billard, sieur de Courgenay, bourbonnois. Paris, Fr. Huby, 1629, in-8, v. ant. fil. (Petit.)

Cette édition contient la tragédie de *Henry-le-Grand*.

714. Le Triomphe de la Ligue, tragédie nouvelle par P. J. Nerée, attr. à P. Mathieu, par Beauchamps. A Leyde, 1607, pet. in-12, v. m. tr. dor.

715. Tyr et Sidon, tragédie, ou les funestes Amours de Belcar et Méliane, avec autres meslanges poétiques, par Dan. Danchères. Paris, 1608, pet. in-12, cart.

716. La Madonte du sieur Auvray, tragi-comédie. Paris, de Sommaville, 1631. — Autres œuvres poétiques du sieur Auvray. Paris, Courbé, 1631, 2 part. en 1 vol. in-8, mar. rouge, tr. dor. jans. (Trautz-Bauzonnet.)

TRÈS-BEL EXEMPLAIRE. Frontispice gravé.

717. La Dorinde, tragi-comédie du sieur Auvray. Paris, Ant. de Sommaville, 1631, in-8, cart.

718. Sidere, pastorelle, de l'invention du sieur d'Ambillou; plus les Amours de Sidere, de Pasithée.

Paris, Rob. Estienne, 1609, pet. in-8, mar. vert russe, tr. dor. jans. (*Capé.*)

Volume rare.

719. Les tragédies (Edipe, Turne, Hercule, Clotilde) et autres œuvres poétiques de Jean Prévost, advocat en la Basse-Marche. *Poictiers*, 1614, pet. in-12, vél.

720. L'Argenis, tragi-comédie du sieur Du Ryer. *Paris*, 1631, pet. in-8, vél.

721. Théâtre de Du Ryer, 9 pièces in-4, d.-rel. v. fauve.

Les Vendanges de Suresnes, comédie. *Paris, Sommaville*, 1636. — Le Cléomédon. *Paris, Sommaville*, 1637. — Lucrèce. *Paris, Sommaville*, 1638. — Saül. *Paris, Sommaville*, 1642. — Esther. *Paris, Sommaville*, 1644. — Bérénice. *Paris, Sommaville*, 1643. — Thémistocle. *Paris, Sommaville*, 1648. — Dynamis, reyne de Carie. *Paris, Sommaville*, 1653. — Anaxandre. *Paris, Sommaville*, 1655.

722. Saül, tragédie de Du Ryer. *Paris, de Sommaville*, 1642, in-4, titr. gr. v. f. fil. tr. dor. (*Niédrée.*)

723. Agimée, ou l'Amour extravagant, tragi-comédie (par Simon Bazin, dominicain). *Paris*, 1629, in-8, vél.

724. Les Folies de Cardenio, tragi-comédie, par Pichou. *Paris*, 1630, pet. in-8, d.-rel. v. f.

725. Théâtre de Baro, 6 pièces in-4, d.-rel. v. fauve.

La Parthenie, dédiée à Mademoiselle. *Paris, Sommaville*, 1642. — La Clarimonde, dédiée à la Reyne. *Paris, Sommaville*, 1643. — Le Prince fugitif. *Paris, Sommaville*, 1649. — Sainct Eustache, martyr. *Paris, Sommaville*, 1649. — Cariste, ou les Charmes de la Beauté. *Paris, Sommaville*, 1651.— Rosemonde. *Paris, Sommaville*, 1651.

726. La Généreuse Allemande, ou le Triomphe d'amour et autres œuvres, par Mareschal. *Paris, P. Rocolet*, 1631, 3 part. en 1 vol. pet. in-8, titr. gr. fig. vél. (*mouillé.*)

727. Théâtre de Mareschal, 6 pièces in-4, d.-rel. v. fauve.

Le Railleur, ou la Satyre du temps. *Paris, Quinet*, 1638. — La Cour ber-

gère, ou l'Arcadie de Philippes Sidney. *Paris, Quinet,* 1640. — Le véritable
Capitan Matamore, ou le Fanfaron. *Paris, Quinet,* 1640. — Le Mauzolée, *Paris, Quinet,* 1642. — Le Dictateur romain. *Paris, Quinet,* 1646. — Le Thyeste
de Monléon. *Paris, Guillemot.*

728. Tragi-comédie pastorale, où les amours d'Astrée et de Celadon sont meslées à celles de Diane de Silvandre et de Paris, avec les inconstances d'Hilas, par Rayssiguier. *Paris, P. David,* 1632, pet. in-8, vél.

729. La Silvanire, ou la Morte vive de Mairet, tragi-comédie pastorale. *Paris, Fr. Targe,* 1631. — Autres œuvres lyriques de Mairet. *Paris,* 1631, 2 part. en 1 vol. in-4, titr. gr. portr. fig. de Michel Lasne, mar. rouge, tr. dor. jans. (*Duru.*)

730. Théâtre de Jean Mairet, 7 pièces in-4, d.-rel. v. fauve.

La Sophonisbe. *Paris, Rocolet,* 1635. — La Virginie. *Paris, P. Rocolet,* 1635. — Les Galanteries du duc d'Ossonne, vice-roy de Naples. *Paris, Rocolet,* 1636. — Le Marc-Antoine, ou la Cléopatre. *Paris, Sommaville,* 1637. — Le Grand et dernier Solyman, ou la Mort de Mustapha. *Paris, Courbé,* 1639. — Le Roland furieux. *Paris, Courbé,* 1640. — L'Athenaïs. *Paris, L. de Bréquigny,* 1642.

731. Ligdamon et Lydias, ou la Ressemblance, comédie par M. de Scudery. *Paris,* 1631, in-8, front. gravé, non-rel.

732. Le Prince déguisé, tragi-comédie par M. de Scudery. *Paris,* 1636, in-8, front. gravé par Van Lochom, non-rel.

733. Le Fils supposé, comédie par Scudéry. *Paris, Courbé,* 1636, in-8, titr. gr. non-rel.

734. Théâtre de Rotrou. *Paris,* 1631-1654, 37 pièces in-4. (*Les quatre premières remontées.*)

L'Hypochondriaque, ou le Mort amoureux, 1631. — Cléagénor et Doristée, 1634. — La Bague de l'Oubly, 1635. — La Diane, 1635. — Les Occasions perdues, 1633. — La Célimène, 1636. — Hercule mourant, 1636. — L'Heureuse Constance, 1636. — Les Ménechmes, 1636. — Agésilan de Colchos, 1637. — La Céliane, 1637. — Clorinde, 1637. — Le Filandre, 1637. — L'Innocente Infidélité, 1637. — L'Heureux Naufrage, 1637. — La Pèlerine amou-

reuse, 1637. — Amélie, 1638. — Les Sosies, 1638. - La Belle Alphrède,
1639. — Les Deux Pucelles, 1639 (in-12, rem. in-4, manq. le titre). — Laure
persécutée, 1639. — Antigone, 1639. — Les Captifs, 1640. —Cridante, 1640.
— Iphygénie, 1641. — Clarice, ou l'Amour constant, 1643. — Le Bélisaire,
1644. — Célie, 1646. — Dom Bernard de Cabrere, 1647. — La Sœur, 1647.
— Le Véritable Saint-Genest, 1647. — Venceslas, 1648. — Cosroès, 1649.
— La Naissance d'Hercule, 1650. — Dom Lope de Cardonne, 1652. — Flo-
rimonde, 1654 (manq. le titre). — La Célimène de Rotrou, accommodée au
théâtre sous le nom d'Amarillis, par Tristan, 1653.

735. OEuvres de Rotrou. *Paris*, 1820, 4 vol. in-8, br.

736. Venceslas, tragi-comédie de Rotrou. *Suivant la
copie imprimée à Paris (Elzevir, à la Sphère)*,
1648, pet. in-12, mar. r. fil. tr. dor. (*Niédrée.*)

737. Venceslas, tragi-comédie de Rotrou. *Paris, Ant.
Sommaville*, 1648. — Le Fils désadvoué, ou le
Jugement de Théodoric, roy d'Italie, tragi-comédie de Guérin. *Paris, Sommaville*, 1642. — An-
dromire, tragi-comédie de Scudéry. *Paris, Sommaville*, 1641. — Le Gardien de soy-mesme, comédie
de Scarron. *Paris, Sommaville*, 1651. — L'Escolier de Salamanque, ou les généreux Ennemis, tragi-
comédie de Scarron, dédiée à Mademoiselle. *Paris,
Sommaville*, 1655, pet. in-12, mar. r. fil. tr. dor.
(*Anc. rel.*)

Joli recueil en première reliure, qui a conservé ces pièces intactes.

738. Les Sosies, comédie (par Rotrou). *Paris, Cl.
Barbin*, 1668, pet. in-12, mar. bl. à comp. fil. tr.
dor. (*Niédrée.*)

Bel exemplaire de l'ÉDITION ORIGINALE.

739. Pandoste ou la Princesse malheureuse, tragédie
en prose par le sieur De la Serre. *S. L. imprimé
par l'autheur*, 1631, pet. in-8, v. m. gr. de marge.

740. Le Pyrame, tragédie en prose par le sieur De
la Serre. *Lyon, J. Aymé Candy*, 1633, pet. in-8,
vél.

741. Thomas Morus, ou le Triomphe de la foi et de

la constance, tragédie en prose par De la Serre. *Paris, Courbé*, 1642, in-4, d.-rel. v. f.

742. Thésée ou le Prince reconnu, tragi-comédie en prose (par De la Serre). *Paris, Sommaville*, 1644, in-4, d.-rel. v. f.

743. Panthée, tragédie (par Durval). *Paris, Besongne*, 1639, in-4, d.-rel. v. f.

744. Théâtre du sieur de Richemont Banchereau. 2 part. in-8, non-rel.

L'Espérance glorieuse, tragi-comédie, par le sieur de Richemont (Banchereau). *Paris*, 1632.

La préface, où l'on trouve quelques détails sur l'auteur, est de M. de la Martinière Brossard, gentilhomme vendômois. Le volume est terminé par des poésies.

Les Passions égarées, ou le Roman du temps, tragi-comédie. *Paris*, 1632.

745. La seconde partie des élégies de Frenicle. *Paris*, 1627, in-8, n.-rel.

746. L'entretien des illustres bergers, par N. Frenicle. *A Paris, J. Dugast, à l'Olivier de Rob. Estienne*, 1633, front. grav. — Palémon, fable bocagere et pastorale de N. Frenicle. — La Niobé de N. Frenicle, 1632, en 2 vol. in-8, v. éc. fil. tr. dor. (*Anc. rel.*)

Très-bel exemplaire de Soleinne, en GRAND PAPIER, et contenant deux jolis portraits qui manquent quelquefois.

747. Le Torrismon du Tasse, tragédie, par Dalibray. *Paris*, 1636, in-4, d.-rel. v. f.

748. Le Soliman, tragi-comédie (par Dalibray). *Paris, Quinet*, 1637, in-4, d.-rel. v. f.

749. Les Pescheurs illustres (par P. de Marcassus). *Paris*, 1648, in-4, d.-rel. v.

750. Théâtre de Fr. Le Metel, sieur de Bois-Robert, 7 pièces in-4, d.-rel. v. fauve.

Les Deux Alcandres, dédiés à M. de Palleteau par le sieur De Bonair. *Paris, De Sommaville*, 1640. — La Belle Lisimène. *Paris, Quinet*, 1642. — La Belle Palène, *Paris, Quinet*, 1642. — Les Deux Semblables. *Paris, Quinet*, 1642. — Le Couronnement de Darie. *Paris, Quinet*, 1642. — La Folle Gageure, ou les Divertissements de la comtesse de Pembroc. *Paris, Courbé,* 1658. — Les trois Orontes. *Paris, Courbé,* 1653.

751. Le Matois Mary, ou la Courtizanne attrapée, comédie en prose, imitée d'un livre espagnol (par A. G. de Salax Barbadillo) et appropriée aux pratiques de Paris. *Paris, Billaine,* 1634, in-8, v. f. fil. tr. dor.

752. Théâtre de Guérin de Bouscal, 5 pièces in-4, d.-rel. v. fauve.

La Mort de Brute et de Porcie, ou la Vengeance de la Mort de César. *Paris, Quinet,* 1637. — L'Amant libéral. *Paris, Quinet,* 1637. — La Mort d'Agis. *Paris, Sommaville,* 1642. — Le Fils désadvoué, ou le Jugement de Théodoric, roy d'Italie. *Paris, Sommaville,* 1642. (Édition originale.) — Le Prince retably. *Paris, Sommaville,* 1647.

753. L'Hospital des fous, tragi-comédie de Beys. *Paris, Quinet,* 1636, in-4, d.-rel. v. f.

754. Céline, ou les Frères rivaux, tragi-comédie de Beys. *Paris, Touss. Quinet,* 1637, in-4, d.-rel. v. f.

755. Les illustres Fous, comédie de Beys. *Paris, De Varennes,* 1653, in-4, d.-rel. v. f.

756. Théâtre d'Isaac de Bensserade, 4 pièces in-4, d.-rel. v. fauve.

Iphis et Jante, comédie. *Paris, Sommaville,* 1637. — La Mort d'Achille et la Dispute de ses armes. *Paris, Sommaville,* 1637. (Sur le titre on remarque la signature de l'auteur.) — Gustaphe, ou l'Heureuse Ambition. *Paris, Sommaville,* 1637. — La Pucelle d'Orléans, tragédie (par l'abbé d'Aubignac, mise en vers par Bensserade). *Paris, Sommaville,* 1642.

757. Théâtre de Jean Desmarets, 4 pièces in-4, d.-rel. v. fauve.

Aspasie, comédie. *Paris, Camusat,* 1636. — Les Visionnaires, comédie. *Paris, Camusat,* 1637. (Édition originale.) — Scipion, tragi-comédie. *Paris,* 1639. — Roxane, *Paris, Legras,* 1640.

4. Depuis Corneille jusqu'à Voltaire (1637-1718).

758. OEuvres de P. Corneille, 1645, pet. in-12, cart.

Premier volume d'une édition précieuse; il contient : Melite, Clitandre, la Vefve, la Galerie dv Palais, la Svivante, la Place Royalle, Medée, l'Il ·

lusion comique; Théodore, 1646; Héraclius, 1647. Il est incomplet-des pages 260 à 264.

759. Le Théâtre de P. Corneille, *suivant la copie imprimée à Paris (Holl. Elzevier)*, 1663-1664, 3 vol. pet. in-12, titr. gr. v. br.

760. Le Théâtre de T. Corneille revu et corrigé par l'autheur. *A Rouen et se vend à Paris, Th. Jolly.* 1664; 4 vol. in-8, fig. de F. Chauveau. — Poëmes dramatiques de P. Corneille, *imprimés à Rouen et se vendent à Paris*, 1661, 2 vol. in-8, fig. ensemble 6 vol. reliés uniformément, mar. rouge, fil. comp. tr. dor. (*Anc. rel.*)

ÉDITION ORIGINALE. Très-bel exemplaire de la meilleure conservation possible, et dans sa première reliure du temps.

761. LE THÉÂTRE DE P. CORNEILLE, *suivant la copic imprimée à Paris (Holl. Elzevier)*, 1664-1666, 5 vol. — Œuvres diverses de P. Corneille, *Amst.* 1740, 1 vol. — Les tragédies et comédies de Th. Corneille, *suivant la copie imprimée à Paris (Hollande Elzevier)*, 1665-1678, 5 vol. — Le Festin de Pierre, nouveau prologue et nouveaux divertissements pour la tragédie de Circé. — Bradamante, tragédie, 3 part. en 1 vol. *s. l. n. d.* ensemble 12 vol. pet. in-12, titr. gr. portr. fig. mar. bl. jans. tr. dor. (*Duru.*)

Collection des Œuvres de Pierre et Thomas Corneille, en éditions elzeviriennes. Cet exemplaire est complet. On a ajouté à Thomas Corneille les figures gravées par Romain de Hooghe.

762. Le Théâtre de P. Corneille. *Paris, G. de Luyne,* 1664, 2 vol. in-fol. front. gr. mar. rouge, fil. tr. dor. (*Niédrée.*)

Édition originale, *reveve et corrigée par lavthevr.* — BEL EXEMPLAIRE.

763. Corneille, 9 pièces in-4, titr. grav.

Savoir: Horace, tragédie. *Paris, Courbé,* 1641. — Cinna, ou la Clémence d'Auguste, tragédie. *Paris, Quinet, 1643.* — La Mort de Pompée, tragédie. *Paris, Sommaville,* 1644. — Le Menteur, comédie. *Paris,* 1644. — La suite du Menteur. *Paris,* 1645. — Théodore, vierge et martyre, tragédie chrestienne. *Paris, Quinet*, 1646. — Rodogune, princesse des Parthes, tragédie. *Paris, Quinet*, 1647. — Polyeucte, martyr, tragédie. *Paris, Sommaville*, 1648. — Nicomède, tragédie. *Rouen, L. Maurry*, 1651. (Éditions originales.)

764. Melite ou les Fausses Lettres, 1633. — La Galerie du palais ou l'Amie rivale, 1637. — La Place royalle ou l'Amour extravagant, 1637. — Médée, 1639. — L'Illusion comique, 1639, in-4, rel.

Pièces originales de Corneille. Recueil malheureusement mouillé et rogné à la lettre.

765. Les fautes remarquées en la tragi-comédie du Cid. *A Paris, aux despens de l'autheur*, 1637, pet. in-8, v. f. fil. tr. dor. (*Niédrée*.)

766. Observations sur le Cid. *A Paris, aux despens de l'autheur*, 1637, pet. in-8, v. f. fil. tr. dor. (*Purgold.*)

767. Recueil de Mayret, in-8, v. f. fil. tr. dor. (*Bauzonnet.*)

Épistre familière du sieur Mayret au sieur Corneille, sur la tragi-comédie du Cid. *Paris*, 1637. — Le jugement du Cid, composé par un bourgeois de Paris. — L'amy du Cid à Claveret. *Paris*, 1637. — Trois pièces en 1 vol. pet. in-8, v. f. fil. tr. d. (*Purgold.*)
Ce volume est précédé d'une note autographe signée de L. Aimé-Martin.

768. Recueil *id.* 1 vol. pet. in-8, v. f. (*Bauzonnet.*)

Lettre apologétique du sieur Corneille, contenant sa Responce aux observations faites par Scudery sur le Cid, 1637. — Lettre de M. de Scudery à l'illustre Académie. *Paris, Sommaville*, 1637. — La Preuve des passages alleguez dans les observations sur le Cid, par Scudery. *Paris*, 1627. — Lettre à *** sous le nom d'Ariste. — Le souhait du Cid en faveur de Scudéry ; une paire de lunettes pour faire mieux ses obervations, 1637. — L'Incognu et véritable amy de MM. de Scudery et Corneille, 1637.

709. Recueil de pièces sur le Cid en 1 vol. pet. in-8, v. fauve, fil. tr. dor. (*Bauzonnet.*)

Lettre du sieur Claveret au sieur Corneille soy disant autheur du Cid. *Paris*, 1637. — L'Amy du Cid à Claveret. *Paris*, 1637. — Réponse de *** à *** sous le nom d'Ariste, 1637. — Lettre pour M. Corneille contre les mots de la lettre sous le nom d'Ariste. — Lettre de Balzac à M. de Scudery, sur ses observations du Cid, et la responce de Scudery à Balzac. *Pa-*

ris, *Courbé*, 1638. — Discours à Cliton sur les observations du Cid, avec un Traicté de la disposition du poëme dramatique et de la prétendue règle des vingt-quatre heures.

770. Les sentiments de l'Académie française sur la tragi-comédie du Cid. *Paris. J. Camusat*, 1638, in-12, v. f. fil. tr. dor. (*Bauzonnet-Trautz.*)

771. OEdipe, tragédie par P. Corneille. *Imprimée à Rouen, et se vend à Paris chez Courbé*, 1659, pet. in-12, v. br. 5e édit.

772. L'Ecuyer, ou les Faux Nobles mis au billon, comédie du temps, dédiée aux vrais nobles de France par De Claveret. *Paris*, 1665, pet. in-12, vél.

773. Théâtre de La Calprenède, 7 pièces in-4, v. f.

La Mort de Mitridate, tragédie. *Paris, Sommaville*, 1637. — Bradamante, id. 1637. — Le Clarionte, ou le Sacrifice sanglant, 1637. — Jeanne reyne d'Angleterre, 1638, pet. in-12, vélin (Rare.) — Le Comte d'Essex. *Paris*, 1650. — Édouard, 1640. — Phalante, id. 1642.

774. Théâtre de Fr. Tristan l'Hermite, de l'Académie française, 7 pièces in-4, d.-rel. v. fauve.

La Mariane. *Paris, Courbé*, 1637. — Idem, 1639. — Panthée, 1639. — La Folie du Sage. *Paris, Quinet*, 1645. — La Mort de Sénèque, 1645. — La Mort de Chrispe, ou les Malheurs domestiques. *Paris, Besongne*, 1645. — Le Parasite, *Courbé*, 1645.

775. Alizon, comédie (par L. C. Discret), dédiée cy-devant aux jeunes veuves et aux vieilles filles, et à présent aux beurrières de Paris. *Paris, J. Guignard*, 1664, pet. in-12, d.-rel. v. f.

Curieuses figures.

776. Théâtre de Desfontaines, 8 pièces in-4, d.-rel. v. fauve.

Eurimédon, ou l'Illustre Pirate, tragi-comédie. *Paris, Sommaville*. 1637. — Orphise, ou la Beauté persécutée, 1638. — Hermogène, *Quinet*, 1639. — Le Prince Hermogène, 1642. — Perside, *Quinet*, 1644. — Le Martyre de saint Eustache, *id.* 1643. — Alcidiane, ou les Quatre Rivaux, *id.* 1647. — L'Illustre Comédien, ou le Martyre de saint Genest. *Paris, Besongne*, 1646.

777. Bellissante ou la Fidélité reconnue, tragi-comé-

die (par Desfontaines). *Paris, P. Lamy*, 1648, in-4,
d.-rel. v. f.

778. Théâtre d'Urbain Chevreau, de Loudun, 6 pièces   *23   50*
in-4, d.-rel. v. fauve.

L'Innocent exilé (sous le pseudonyme de Provais). *Paris, Sommaville*, 1640.
— L'Avocat duppé, comédie, histoire véritable. *Paris, Quinet*, 1642. — La
Suite et le Mariage du Cid. *Paris, Quinet*, 1638. — Les Deux Amis. *Paris,
Courbé*, 1638. — Coriolan. *Paris, Courbé*, 1638. — Les Véritables Frères ri-
vaux (par Bary, attribuée à Chevreau). *Paris, Courbé*, 1641.

779. La Grande Journée des machines ou le Mariage   *3   50*
d'Orphée et d'Euridice (par Chapoton). *Paris,
Quinet*, 1648, in-4, titr. gr. d.-rel. v. f.

780. Théâtre d'Ant. Le Métel, sieur d'Ouville,   *29   50*
9 pièces in-4, d.-rel. v. fauve.

Les Trahisons d'Arbiran. *Paris, Courbé*, 1638. — L'Esprit follet. *Paris,
Quinet*, 1642. — Les Fausses Vérités. *Paris, Quinet*, 1643. — Les Morts vivants. *Paris, Besongne*, 1646. — Aymer sans savoir qui. *Paris, Besongne*,
1647. — Jodelet astrologue. *Paris, Besongne*, 1646. — Jodelet astrologue. *Paris, Besongne*, 1647. — La Coifeuse à la mode. *Paris, Quinet*, 1647. — Les
Soupçons sur les apparences. *Paris, Quinet*, 1650.

La plus rare de ces pièces difficiles à rassembler, *les Morts vivants*, s'y
trouve.

781. Le Docteur amoureux, comédie (par Levert).   *3 - 75*
Paris, Courbé, 1638, in-4, d.-rel. v. f.

782. Ouverture du théâtre de la grande salle du
Palais-Cardinal : Mirame, tragi-comédie (signée   *30*
Desmarets, mais du cardin. de Richelieu). *Paris*,
1641, pet. in-fol. titr. grav. et fig. de La Bella,
v. br.

783. Hercule furieux, tragédie (par De Nouvelon).   *3   50*
Paris, Quinet, 1639, in-4, d.-rel. v. f.

784. La Comédie des Tuilleries, par les cinq autheurs.   *15*
Paris, Courbé, 1638, in-4, d.-rel. v. ant.

Bois-Robert, P. Corneille, Rotrou, Colletet et Lestoile. Le prologue de
Desmarets est une description intéressante du jardin des Tuileries.

785. La Cheute de Phaeton, tragédie par De Vozelle   *3   50*

(frère de Tristan l'Hermite). *Paris, Besongne,* 1639, in-4, d.-rel. v. f.

786. Marie Stuard reyne d'Ecosse, tragédie de Regnault. *Paris, Touss. Quinet,* 1639, pet. in-12, titr. gr. mar. bl. tr. dor. (*Niédrée.*)

Avec une figure qui manque souvent.

787. Théâtre complet de Sallebray, 4 pièces in-4, d.-rel. v. fauve.

Le Jugement de Paris et le ravissement d'Helene. *Paris, Quinet,* 1639. — La Troade. *Paris, Quinet,* 1640, titr. gr. — La Belle Egyptienne. *Paris, Sommaville,* 1642. — L'Amante ennemie. *Paris, Sommaville,* 1642.

788. L'Ambassadeur d'Affrique, comédie par le sieur Du Perche. *Moulins,* 1666, in-12, non rel.

789. Théâtre complet de Gillet de la Tessonnerie, 9 pièces in-4, d.-rel. v. fauve.

La Belle Quixaire. *Paris, Quinet,* 1642. — La Belle Policritte, représentée par la trouppe royale. *Paris, Quinet,* 1643. — Le Triomphe des cinq passions. *Paris, Quinet,* 1642. — L'Art de régner ou le Sage Gouverneur. *Paris, Quinet,* 1645. — Le Grand Sigismondi, prince polonois. *Paris, Quinet,* 1649. — La Mort de Valentinian et d'Isidore. *Paris, Quinet,* 1648. — La Comédie de Francion. *Paris, Quinet,* 1642. — Le Desniaisé. *Paris, Quinet,* 1648. — La Mort du Grand Promedon ou l'exil de Nerée. *Paris, Quinet,* 1645.

790. L'Inceste supposé, tragi-comédie (par de La Caze). *Paris, Quinet,* 1640, in-4, d.-rel. v. f. — Cammane, tragédie (par de La Caze). *Paris, Sommaville,* 1641, in-4, d.-rel. v. f.

Cette dernière pièce est rare.

791. La Juste Vangeance, tragi-comédie. *Paris, Courbé,* 1641, in-4, d.-rel. v. f.

792. L'Injustice punie, tragédie de Du Teil. *Paris, Sommaville,* 1641, in-4, d.-rel. v. f.

Rare.

793. Le Grand Timoléon de Corinthe, tragi-comédie par le sieur De Saint-Germain. *Paris, Quinet,* 1641, in-4, d.-rel. v. f.

794. Théâtre de Gabriel Gilbert, Parisien, 5 pièces *35*
in-4, d.-rel. v. fauve.

Marguerite de France. *Paris, Courbé*, 1641. — Telephonte, représenté par les deux trouppes royalles. *Paris, Quinet*, 1642. — Rodogune. *Paris, Quinet*, 1646. — Semiramis, représentée par la troupe royale. *Paris, Courbé*, 1647. — Hypolite ou le Garçon insensible. *Paris, Courbé*, 1647.

795. Chresphonte ou le Retour des Héraclides dans le *3   50*
Peloponèse, tragi-comédie par Gilbert. *Paris, G. de
Luyne*, 1659, in-12, d.-rel. v. f. tr. dor. (*Niédrée.*)

Édition originale.

796. Arie et Petus, ou les Amours de Néron, tragédie *3*
par Gilbert. *Paris, Guill. de Luyne*, 1660, pet. in-12,
d.-rel. v. f. (*Niédrée.*)

Édition originale.

797. Les Amours d'Ovide, pastorale héroïque par *3*
Gilbert. *Paris, Et. Loyson*, 1663, pet. in-12, d.-rel.
v. f. tr. dor. (*Niédrée.*)

Édition originale.

798. Les Amours d'Angélique et de Médor, tragi-co- *12   50*
médie par Gilbert. *Paris, Guill. de Luyne*, 1664, pet.
in-12, mar. gr. fil. tr. dor. (*Bauzonnet-Trautz.*)

Édition originale.

799. Les Intrigues amoureuses, comédie par Gilbert. *6*
Paris, Gabr. Quinet, 1667, pet. in-12, d.-rel. v. f.
tr. dor. (*Niédrée.*)

Édition originale.

800. Le Martyre de sainte Catherine, tragédie (par *9*
d'Aubignac). *Sur la copie imprimée à Caen chez
Elzéar Mangeant*, 1650, in-4, v. f. fil. tr. dor. (*Bauzonnet-Trautz.*)

801. Cyminde ou les deux Victimes, tragi-comédie, *4*
et autres œuvres poétiques par Colletet. *Paris,
Courbé*, 1642, in-4, d.-rel. v. f.

802. Le Grand Sélim, ou le Couronnement tragique, *1   50* tragédie (par Fr. Le Vayer). *Paris, De Sercy*, 1645, in-4, d.-rel. v. f.

803. La Comédie des académistes, pour la réformation de la langue françoise, pièce comique, avec le roole des presentations faites aux grands iours de ladite Academie (par Des Cavenets, attrib. à Saint-Evremont). *Imprimé l'an de la réforme 1643, s. l. n. d.* pet. in-8, v. f. fil. tr. dor. (*Niédrée.*)

804. La Belle Esclave, tragi-comédie de M. De l'Estoille. *A Paris, de l'impr. des nouveaux caractères de Moreau*, 1643, in-4, fig. v. f. fil.

805. L'Intrigue des filous, comédie (par De Lestoile). *Suivant la copie imprimée à Paris (Elzev., à la Sphère)*, 1649, pet. in-12, mar. r. fil. tr. dor. (*Niédrée.*)

Joli exemplaire d'une pièce rare.

806. Roxelane, tragi-comédie (par Desmares). *Paris, Sommaville*, 1643, in-4, d.-rel. v. f.

807. Alinde, tragédie par De La Mesnardière. *Paris, De Sommaville*, 1643, in-4, vél.

808. Théâtre de De Brosse, 3 pièces in-4, d.-rel. v. fauve.

La Stratonice ou le Malade d'amour. *Paris, Sommaville*, 1644. — Les Innocens coupables. *Paris, Sommaville*, 1645. — Le Turne de Virgile. *Paris, De Sercy*, 1647.

809. Théâtre de Jean Magnon, 5 pièces in-4, d.-rel. v. fauve.

Artaxerxe. *Paris, Besongne*, 1645. — Josaphat. *Paris, Quinet*, 1647. — Le Mariage d'Oroondate et de Statira, ou la Conclusion de Cassandre. *Paris, Quinet*, 1649. — Le Grand Tamerlan et Bajazet. *Paris, Quinet*, 1648. — Jeanne de Naples. *Paris*, 1656.

810. Zenobie reyne de Palmire, tragédie par Magnon. *Paris*, 1660, pet. in-12, d.-rel. v. f. tr. dor. (*Niédrée.*)

811. La Virginie romaine, tragédie de Le Clerc. *Paris, Quinet*, 1645, in-4, titr. gr. d.-rel. v. f.

812. Les Boutades du Capitan Matamore et ses comédies (par Scarron). *Paris, Touss. Quinet*, 1647, in-4, d.-rel. v. f.

813. Perselide ou la Constance d'amour, tragi-comédie par D. L. T. *Paris, Courbé*, 1646, in-4, dem.-rel. v. f.

814. Théâtre de Claude Boyer, 5 pièces in-4, d.-rel. v. fauve.

La Porcie romaine. *Paris, Courbé*, 1646. — La Sœur généreuse. *Paris, Courbé*, 1647. — Porus ou la Générosité d'Alexandre. *Paris, Quinet*, 1648. — Tyridate. *Paris, Quinet*, 1649. — Ulysse dans l'isle de Circé ou Euriloche foudroyé. *Paris, Quinet*, 1650.

815. Clotilde, tragédie par Boyer. *Paris, Ch. De Sercy*, 1659, pet. in-12, br. non rogn.

816. Le Jeune Marius, tragédie par Boyer. *Paris, Gabr. Quinet*, 1670, pet. in-12.

817. Judith, tragédie, par Boyer, de l'Acad. françoise. *Paris, Mich. Brunet*, 1695, in-12, mar. bl. tr. dor. jans. (*Niédrée.*)

Première édition.

818. La Mort d'Asdrubal, tragédie du sieur De Montfleury, comédien de la troupe royale. *Paris, Quinet*, 1647, in-4, d.-rel. v. f.

819. La Mort de Roxane, tragédie (par J. M. S.) *Paris, Courbé*, 1648, in-4, d.-rel. v. f.

820. La Victime d'Estat ou la Mort de Plautius Silvanus, preteur romain, tragédie (par Le Royer, sieur De Prades). *Paris, J. De La Coste*, 1649, in-4, titr. gr. d.-rel. v. f.

821. Le Baron de la Crasse, comédie représentée sur le théâtre royal de l'hôtel de Bourgogne (par

Raymond Poisson). *Paris, G. De Luyne*, 1664, pet. in-12, fig. vél.

Dans le même volume : *Le Zigzag, petite comédie*, avec une figure (*mouillures*).

822. La Comtesse malade, comédie (par Raymond Poisson), représentée sur le théâtre de l'hostel de Bourgogne. *Paris*, 1673, pet. in-12, v. br. (*Une piqûre dans la marge.*)

823. Théâtre de Montauban. *Paris, Guill. De Luyne*, 1653-54, 5 part. en 1 vol. pet. in-12, v. m.

Éditions originales, savoir : Zenobie, reyne d'Arménie, tragédie. — Les Charmes de Félicie, tirés de Diane de Montemajor. — Seleucus, tragi-comédie héroyque. — Le Comte de Hollande, tragi-comédie. — Indégonde, tragédie.

824. Soliman ou l'Esclave généreuse, tragédie (par Jacquelin). *Paris, De Sercy*, 1653, in-4, d.-rel. v. f.

825. Pièces de théâtre de M. De La Fontaine. *La Haye, Moetjens*, 1702, pet. in-12, mar. br. tr. dor. jans. (*Duru.*)

Volume RARE, contenant : Pénélope, ou le Retour d'Ulysse de la guerre de Troye, 1701. — Le Florentin, comédie, 1701. — Ragotin, ou le Roman comique, 1701. — Je vous prends sans verd, comédie. — Le duc de Montmouth, tragédie.

826. L'Eunuque, comédie (par J. De La Fontaine). *Paris, Aug. Courbé*, 1654, in-4, mar. rouge, fil. tr. dor. (*Duru.*)

TRÈS-BEL EXEMPLAIRE, provenant de la vente Valkenaer, où il a été acheté 110 fr. Il a été depuis restauré et élégamment relié.

827. Le Feint Alcibiade, tragi-comédie (par Quinault). *Paris, Courbé*, 1661, pet. in-12, br.

828. Le Riche mécontent ou le Noble imaginaire, comédie représentée sur le théâtre royal de l'hostel de Bourgogne (par Chappuzeau). *Paris, Loyson*, 1662, pet. in-12, vél. (*Taché, mais gr. de marge.*)

829. L'Avare duppé ou l'Homme de paille, comédie

(par Sam. Chapuzeau). *Paris, G. de Luyne*, 1663, pet. in-12, d.-rel. v. f.

830. La Nouvelle Stratonice, comédie (par L. Du Fayot). *Paris, Ch. de Sercy*, 1657, pet. in-12, v. m.

MOLIÈRE.

831. Les Oevvres de Monsieur Moliere. *Paris, Gvill. De Lvyne*, 1666, 2 vol. in-12, mar. rouge, fil. à comp. petits fers, tr. dor. (*Trautz-Bauzonnet.*)

PREMIÈRE ÉDITION du Théâtre de Molière en corps d'ouvrage et avec pagination suivie. Les frontispices, gravés par F. Chauveau, représentent Molière et sa femme. — CHARMANT EXEMPLAIRE.

832. Les OEuvres de M. De Molière. *Paris, Denys Thierry et Claude Barbin*, 1674, 7 vol. in-12, v. br.

Cette édition est la première de toutes où les OEuvres de Molière, publiées de son vivant, aient été recueillies avec une pagination suivie. La pièce de *Don Juan* ne s'y trouve point; elle ne se trouve point non plus dans le recueil de 1666 (ci-dessus). *Don Juan* fut joué en 1665. — Exemplaire trèsbien conservé de cette édition précieuse.

833. Les OEuvres de M. Molière. *Amsterd. J. le Jeune (Elzevir, à la Sphère)*, 1675, 6 vol. pet. in-12, vél.

Édition Elzévir, dont toutes les pièces sont de bonne date, et varient de 1675 à 1679. Le 6ᵉ volume comprend les *OEuvres posthumes*, imprimées en 1684.

834. — de la même édition. 4 vol.

Tomes I, III, IV, V séparés ; toutes les pièces sont de bonne date.

835. — de la même édition. 3 vol.

Tome Iᵉʳ, incomplet de la pièce : *Sqanarelle, ou le Coou imaginaire*, — t. IV et t. V, toutes ces pièces de bonne date.

836. Les OEuvres de M. Molière. *Amsterd., Jacq. le Jeune (à la Sphère)*, 1679, 5 vol. in-12.

Deuxième édition elzevirienne rare et recherchée.

837. — même édition, 1679 ; les tomes I, II, IV, V séparés.

838. LES ŒUVRES DE M. DE MOLIÈRE, revues, corrigées et augmentées (par Vinot et La Grange), enrichies de figures en taille-douce (de T. Brissard et Sauvé). *Paris, Denys Thierry, Claude Barbin et Pierre Trabouillet*, 1682, 8 vol. in-12, mar. bleu, fil. doublé de mar. rouge, dent. tr. dor. (*Armoiries de M. de La Reynie, Bauzonnet.*)

EXEMPLAIRE UNIQUE. « Ce précieux exemplaire est celui de M. DE LA REYNIE, lieutenant général de police à l'époque où fut publiée cette édition. C'est sans doute à ce titre que cet exemplaire ne reçut aucun des nombreux cartons qui furent exigés pour l'édition, et si mystérieusement exécutés par l'éditeur. » On peut lire sur ce *célèbre exemplaire*, provenant de M. de Soleinne, la note intéressante qui se trouve au catalogue de sa bibliothèque, rédigé par le bibliophile Jacob.

Par un hasard inespéré, M. A. B. a pu y ajouter un carton pour la scène première (acte premier) de *la Comtesse d'Escarbagnas*.

839. La même édition, 8 vol. in-12, mar. rouge, fil. à comp. tr. dor. (*Duru.*)

SUPERBE EXEMPLAIRE, très-grand de marges, et ne contenant pas les cartons qui se trouvent dans l'exemplaire qui précède.

840. Les Œuvres de M. Molière. *Amsterd., Jacques le Jeune (à la Sphère)*, 1684, 6 vol. pet. in-12, vélin.

Cette édition contient les *Œuvres posthumes*, volume qui complète les éditions elzeviriennes de 1675 et 1679.

841. Les Œuvres de M. Molière, édit. nouvelle, enrichie de figures en taille-douce, et augmentée des œuvres posthumes. *Amsterdam, Weistein*, 1691, 6 vol. pet. in-12, mar. bleu, fil. tr. dor. (*Kœhler.*)

Exemplaire de M. Aimé-Martin, qui l'avait fait relier en y insérant la plus jolie des figures gravées par Punt, en 1758, d'après Boucher. (Bonnes épreuves.)

842. Les Œuvres de M. de Molière. *Paris*, 1718, 8 vol. in-12, v. br.

843. Les Œuvres de M. de Molière, nouvelle édition, revue, corrigée et augmentée d'une nouvelle vie de l'auteur et de la Princesse d'Élide, tout en vers, telle qu'elle se joue à présent, imprimée, pour la première fois, *à La Haye*, 1725, 4 vol. pet. in-12, portr. et fig. mar. vert, fil. NON ROGNÉ. (*Duru.*)

FORT JOLI EXEMPLAIRE de cette édition recherchée pour la *Vie de l'auteur*, qui ne se trouve point ailleurs.

844. Œuvres de Molière, avec un Commentaire, un Discours préliminaire et une vie de Molière, par Auger. *Paris, Desoër*, 1819, 9 vol. gr. in-8, portr. fig. veau fauve, fil. tr. d. (*Bauzonnet-Trautz.*)

MAGNIFIQUE EXEMPLAIRE EN GRAND PAPIER VÉLIN, figures avant la lettre.

845. Œuvres de Molière, précédées d'une Notice sur sa vie et ses ouvrages, par Sainte-Beuve, vign. par Tony Johannot. *Paris*, 1835, 2 vol. gr. in-8, portr. fig. mar. bl. fil. tr. d. (*Bauzonnet.*)

TRÈS-BEL EXEMPLAIRE SUR PAPIER DE CHINE.

846. Œuvres de Molière, avec les notes de tous les commentateurs, édition publiée par Aimé-Martin. *Paris, Lefèvre*, 1837, 4 vol. gr. in-8, portr. mar. r. dos orné, fil. tr. d. (*Kœhler.*)

Bel exemplaire en GRAND PAPIER VÉLIN.

847. Les Œuvres de Molière. *Paris, Lefèvre*, 1846, 6 vol. gr. in-8, veau fauve, fil. tr. dor. (*Nié-drée.*)

L'un des 20 exemplaires en papier de Hollande.

848. Œuvres complètes de Molière, édition *vario-rum. Paris*, 1852, 3 vol. in-12, d.-rel. v.

---

849. L'Estovrdy ov les Contre-Temps, comédie représentée sur le théâtre du Palais-Royal, par J.-

B. P. Molière. *Paris, Gabriel Qvinet,* 1663, in-12.

ÉDITION ORIGINALE. — Bel exemplaire.
Cinq feuillets préliminaires (titre, dédicace signée *Barbin ;* acteurs), 117 pages ; le privilége se trouve au verso du dernier feuillet.

850. **Dépit amovrevx, comédie représentée svr le théâtre du Palais-Royal, par J.-B. P. Molière.** *Paris, Gabriel Qvinet,* 1663, in-12.

ÉDITION ORIGINALE. — Bel exemplaire.
Quatre feuillets prélimin. (titre, dédicace, privilége, rôle des acteurs), 135 pages.

851. **Les Precievses ridicvles, comédie representée au Petit-Bourbon.** *Paris, Clavde Barbin,* 1660, in-12.

ÉDITION ORIGINALE. — Quatre feuillets prélimin. (titre, préface, rôle des personnages), 135 pages finissant au recto ; le verso est occupé par le privilége. Il manque un feuillet comprenant les pages 63-64.

852. **Sganarelle ou le Cocu imaginaire, comédie (par Molière (** *suivant la copie imprimée à Paris (Elzevir).* 1662, pet. in-12, mar. citr. fil. tr. d. (*Bauzonnet-Trautz.*)

Délicieuse plaquette.

853. **L'Escole des Maris, comedie de J.-B. P. Molière, représentée sur le théâtre du Palais-Royal.** *Paris, Charles de Sercy,* 1661, in-12.

Figure gravée ; cinq feuillets prélimin. (titre, dédicace au duc d'Orléans, et rôle des acteurs), 65 pages finissant au recto ; plus, au verso de la 65e page, le privilége, qui comprend encore deux autres pages.

854. **Les Faschevx, comédie de J.-B. P. Molière, représentée sur le théâtre du Palais-Royal.** *Paris, chez Gvill. de Lvine,* 1662, in-12.

Titre et dédicace, six feuillets ; un avant-propos sans intitulé (les premiers mots sont : *Jamais entreprise au théâtre...*), un *Prologue* en vers et le rôle des personnages, cinq feuillets ; plus, 76 pages à la fin. Il doit se trouver encore un feuillet contenant le privilége, mais qui manque dans cet exemplaire, du reste un peu court et taché.

855. **L'Escole des Femmes, comedie, par J.-B. P.**

Molière. *A Paris, Jean Gvignard le fils*, 1663, in-12.

ÉDITION ORIGINALE. — Très-bel exemplaire, avec témoins.
Six feuillets prélimin. (frontispice gravé par F. Chauveau, titre, dédicace à *Madame*, préface, privilége et rôle des personnages), 93 pages. — Les corrections indiquées dans le catalogue Soleinne s'y trouvent.

856. La Critique de l'Escole des Femmes, comédie par J.-B. P. Molière. *Paris, Charles de Sercy*, 1663, in-12, d.-rel.

ÉDITION ORIGINALE. — Bel exemplaire.
Cinq feuillets prélimin. (titre, dédicace à la reine-mère, privilége, rôle des personnages), 117 pages.

857. Zelinde, comédie, ou la Véritable Critique de de l'Escole des Femmes (attrib. à de Visé, qui peut y avoir eu part, mais elle est de Villiers), 1663, pet. in-12, m. rouge, tr. dor. (*Trautz-Bauzonnet.*)

858. Les Plaisirs de l'Isle enchantée ov la Princesse d'Elide, comédie de M. Molière. *Paris, J. Guignard*, 1668, in-12.

859. Les Plaisirs de l'Isle enchantée, comédie mes-lée de danse et de musique, ballet du palais d'Al-cine et autres fêtes galantes faites par le roy à Ver-sailles le 7 may MDCLXIV (par Molière). *Paris, Imprim. royale*, 1673. — Les Divertissemens de Versailles donnez par le roy à toute sa cour, au retour de la conquête de la Franche-Comté, en MDCLXXIV. *Paris, Imprim. royale*, 1676, 2 p. en 1 vol. in-fol. fig. v. br. (*Aux armes.*)

860. Le Mariage forcé, comédie, par J.-B. P. de Mo-lière. *Paris, Jean Ribov*, 1668, in-12.

ÉDITION ORIGINALE. — Deux feuillets prélimin. (titre, privilége , rôle des personn), 91 pages. Le catalogue Soleinne indique une figure que nous n'a-vons pas ici.

861. Le Festin de Pierre, comédie, par Molière. *Amst.* 1683, pet. in-12, titr. gr. mar. bleu, fil. tr. d. (*Kœhler.*)

BEL EXEMPLAIRE.

862. Observations sur une comédie de Molière, intitulée le Festin de Pierre, par de Rochemont. *Paris, N. Pépingué,* 1665, pet. in-12, mar. bl. fil. tr. d. (*Kœhler.*)

Bel exemplaire d'un volume qui contient, en outre, une autre pièce non moins rare, intitulée : *Lettre sur les observations d'une comédie du sieur Molière, intitulée : Le Festin de Pierre.*

863. L'Amovr medecin, comedie, par J.-B. P. Molière. *Paris, Nicolas Le Gras,* 1666, in-12.

Édition originale. — Cinq feuillets préliminaires (titre, *Av Lectevr,* privilége, rôle des personnages), 95 pages.

864. L'Amovr medecin, comedie, par J.-B. P. Molière. *Paris,* 1669, in-12.

Deuxième édition originale ; 64 pages.

865. Le Misantrope. comedie, par J.-B. P. de Molière, *Paris, Jean Ribov,* 1667, in-12.

Figure gravée, et onze feuillets prélimin. (titre, le Libraire au Lecteur, Lettre écrite sur la comédie du *Misantrope,* privilége et rôle des acteurs), et 84 pages.

866. Le Misantrope, comédie, par Molière. *Paris,* 1778, in-8, d.-rel. v. violet.

On y a joint, extrait du *Journal des Débats,* un article de M. Jules Janin sur cet exemplaire du *Misantrope.*

867. Le Medecin malgré luy, comédie, par J.-B. P. de Molière. *Paris, Jean Ribov,* 1667, in-12.

Figure gravée, deux feuillets prélimin. (titre, privilége et rôle des acteurs), et 152 pages.

868. Le Sicilien ov l'Amovr peintre, comédie, par J.-B. P. de Molière. *Paris, Jean Ribov,* 1668, in-12.

Édition originale. — Très-bel exemplaire, broché, non rogné.
Deux feuillets prélimin. (titre et rôle des acteurs), 81 pages, et 2 feuillets pour le privilége, qui est suivi d'un autre feuillet entièrement blanc.

869. Le Tartvffe ov l'Impostevr, comédie, par J.-B. P. de Molière. *Imprimé aux despens de l'autheur, et* *se vend à Paris, Jean Ribov*, 1669, in-12, cuir de Russie.

ÉDITION ORIGINALE. — Dix feuillets prélimin. (titre, préface, privilége et rôle des acteurs), et 96 pages. — Le privilége est : *Achevé d'imprimer, pour la première fois, le 23 mars 1669.*

870. Le Tartvffe ov l'Impostevr, comédie, par J.-B. P. de Molière. *Paris, Jean Ribov*, 1669, in-12.

DEUXIÈME ÉDITION ORIGINALE.

Douze feuillets prélimin. non chiffrés (contenant un frontispice gravé, le titre, la préface, *le Libraire av Lecteur*, PREMIER PLACET *presenté av Roy svr la comedie dv Tartuffe*, SECOND PLACET *presenté av Roy dans son camp deuant la ville de Lisle en Flandre*, TROISIÈME PLACET, privilége et rôle des personnages), 96 pages. — Le privilége : *Acheué d'imprimer le 6 juin* 1669.

871. L'Impostevr ou le Tartvffe, comédie, par J.-B. P. de Molière, *sur l'imprimé à Paris, Jean Ribov,* 1669, in-12, parch.

Contrefaçon de l'édition originale.

872. Lettre sur la comédie de l'Imposteur, 1667, in-12, d.-rel.

ÉDITION ORIGINALE TRÈS-RARE d'une pièce curieuse.

873. La Critique du Tartvffe, comédie. *Paris, Gabriel Qvinet,* 1670, in-12, vél.

874. Amphitryon, comédie, par J.-B. P. de Molière. *Paris, Jean Ribov,* 1668, in-12.

ÉDITION ORIGINALE. — Quatre feuillets prélimin. (titre, dédicace *à Monseigneur le Prince*, privilége, rôle des acteurs), 88 pages.

875. Amphitryon, comédie, par J.-B. P. de Molière. *Paris, Jean Ribov,* 1668, in-12.

Contrefaçon de l'édition originale. Elle est imprimée en plus petits caractères, et elle ne comprend que 83 pages. Le fleuron qui se trouve sur le titre contient dans un petit écusson les lettres A F, au lieu d'une M dans l'édition originale. — Fort bel exemplaire avec témoins.

876. L'Avare, comédie, par J.-B. P. Molière. *Paris, Jean Ribov,* 1669, in-12, cuir de Russie.

ÉDITION ORIGINALE. — Deux feuillets prélimin. (titre, privilége, acteurs), 150 pages.

877. L'Avare, comédie, par J.-B. P. Molière. *Paris,
Jean Ribov*, 1669, in-12.

Contrefaçon de l'édition originale, imprimée en plus petits caractères. —
128 pages.

878. George Dandin, ov le Mary confondv, comédie,
par J.-B. P. de Molière. *Paris, Jean Ribov*, 1669,
in-12.

ÉDITION ORIGINALE. — Bel exemplaire.
Deux feuillets prélimin. (titre, privilége, acteurs), 155 pages.

879. Monsieur de Povrceavgnac, comédie faite à
Chambord pour le diuertissement du roy, par J.-B.
P. Molière, *Jean Ribov*, 1670, in-12.

Quatre feuillets prélimin. (titre, privilége, rôle des acteurs, ouverture), et
36 pages.

880. Le Bovrgeois gentilhomme, comédie-ballet faite
à Chambord pour le diuertissement du roy, par I.-
B. P. Molière. *Et se vend pour l'autheur, à Paris,
Pierre Le Monnier*, 1671, in-12.

Deux feuillets prélimin. (contenant le titre, le privilége et le rôle des acteurs), et 164 pages.

881. Les Fourberies de Scapin, comédie, par J.-B.
P. Molière. *Et se vend pour l'autheur, à Paris, Pierre
Le Monnier*, 1671, in-12.

ÉDITION ORIGINALE. — Deux feuillets prélimin. (titre, rôle des acteurs),
125 pages, plus deux feuillets pour le privilége, qui comprend 4 pages.

882. Psiché, tragédie-ballet, par J.-B. P. Molière (avec
Quinault et P. Corneille). *Et se vend pour l'autheur,
à Paris, Pierre Le Monnier*, 1671, in-12.

ÉDITION ORIGINALE. — Deux feuillets prélimin. (titre, *le Libraire av Lectevr*, acteurs), 90 pages et le privilége, un feuillet dont le verso est blanc.

883. Les Femmes scavantes, comédie, par J.-B. P.
Molière. *Et se vend pour l'autheur, à Paris, au Palais et chez Pierre Promé*, 1672, in-12, m.

ÉDITION ORIGINALE. — Bel exemplaire.
Deux feuillets prélimin. (titre, privilége, rôle des acteurs), 92 pages.

884. Le Malade imaginaire, comédie meslée de musique et de dance, par M. de Molière. *Cologne, Jean Sambix*, 1674, in-12, 2 ff. et 126 pages.

885. Deux pièces inédites de Molière. *Paris*, 1819, in-8, veau fauve, fil. tr. d. (*Niédrée*.)

886. Elomire hypocondre, ou les Medecins vengez, par Le Boulanger de Chalussay. *Paris, Ch. de Sercy*, 1670, pet. in-12, mar. br. fil. tr. d. (*Trautz-Bauzonnet.*)

Bel exemplaire, qui contient une figure gravée assez curieuse, et qui manque presque toujours.

887. L'Ombre de Molière, comédie (par Brécourt). *Paris, Henry Loyson*, 1674, in-12, vél.

ÉDITION ORIGINALE. — Bel exemplaire.

888. Les Fragments de Molière, comédie (par de Champeslé). *Paris, Jean Ribou*, 1682, in-12, vél.

Edition originale, rare.

889. Myrtil et Melicerte, pastorale héroïque (par Guérin). *Paris, Pierre Trabouillet*, 1699, in-12.

890. La Vie de Molière (par De Grimarest). *Paris*, 1705. — Addition à la Vie de Molière (par De Grimarest), contenant une Réponse à la critique que l'on en a faite. *Paris, P. Ribou*, 1706, in-12, portr. mar. r. fil. tr. d. (*Bauzonnet-Trautz.*)

891. Vie de Molière, avec des jugements sur ses ouvrages. *Paris*, 1739, in-12, mar. et fil. tr. d. (*Bauzonnet-Trautz.*)

892. Les Intrigues de Molière et celles de sa femme (par Mme Boudin, comédienne), *s. l. n. d.* in-12 de 88 pages, mar. bleu, fil. tr. d. (*Bauzonnet.*)

Bel exemplaire d'un opuscule rare.

893. Histoire des intrigues amoureuses de Molière

et celles de sa femme (par Mme Boudin). *Sur l'imprimé à Paris*, 1688, in-12, v. f. fil. tr. d. (*Vogel.*)

Cette édition contient, de plus que la précédente, le passage relatif aux amours du duc de Bellegarde et du comédien Baron.

894. Théâtre de Dorimond, 5 pièces in-12.

L'Escole des Cocus ou la Précaution inutile. *Paris, Gabr. Quinet*, 1661. — L'Inconstance punie. *Paris, J. Ribou*, 1661. — La Femme industrieuse. *Paris, Quinet*, 1661. — L'Amant de sa femme. *Paris, Gabr. Quinet*, 1661. — La Comédie de la comédie, et les Amours de Trapolin. *Paris, J. Ribou*, 1662.

895. Les Sœurs jalouses, ou l'Escharpe et le Brasselet, comédie, par Lambert. *Paris, de Sercy*, 1661, pet. in-12, cart. (*Édit. origin.*)

896. Le Festin de Pierre ou le Fils criminel, tragicomédie, traduite de l'italien par le sieur de Villiers. *Paris, de Sercy*, 1660, pet. in-12, v. f. fil. tr. d. (*Niédrée.*)

Édition originale, dédiée à *M. de Corneille, a ses heures perduës.*

897. Les Ramoneurs, comédie, par de Villiers, représentée sur le théâtre royal de l'Hostel de Bourgogne. *Paris de Sercy*, 1662, pet. in-12, vél.

898. Ostorius, tragédie (par l'abbé de Pure). *Paris*, 1659, in-12, v. m.

899. La Feinte Mort de Jodelet, comédie (par Brécourt). *Paris, J. Guignard*, 1660, pet. in-12.

900. La Nopce de village, comédie (par Marcoureau, sieur de Brécourt). *Paris*, 1666, pet. in-12, d.-rel. v. f.

Première édition, ornée de deux figures originales.

901. Le Jaloux invisible, comédie représentée sur le théâtre royal de l'Hostel de Bourgogne, par le sieur de Brecourt. *Paris*, 1666, pet. in-12, vél.

On trouve à la page 45 un trio italien burlesque composé par le sieur Cambert, maître de musique de feu la Reine-mère.

902. Recueil des pièces d'Ant. Beaudeau, sieur de

Somaise, sur la comédie des *Précieuses ridicules,*
par Molière, pet. in-12, v. f. fil. t. dor. (*Niédrée.*)

Les Précieuses ridicules, comédie représentée au Petit-Bourbon. *Jouxte
la copie imprimée à Paris, chez Cl. Barbin,* 1660. — Récit en prose et en
vers de la farce des Précieuses. *Paris, G. de Luyne,* 1660. — Le Procez des
Pretieuses, en vers burlesques, comédie. *Paris, J. Ribou,* 1660. — Les véritables Pretieuses, comédie. *Paris, J. Ribou,* 1660. — Le Grand Dictionnaire
des Pretieuses, ou la Clef de la langue des ruelles. *Paris, J. Ribou,* 1660.

903. Les Précieuses ridicules, comédie représentée
au Petit-Bourbon, nouvellement mise en vers (par
de Somaize). *Paris, J. Ribou,* 1660, pet. in-12,
mar. r. fil. tr. d. (*Duru.*)

Joli exemplaire de l'ÉDITION ORIGINALE, dédiée à *mademoiselle Marie de
Manciny.*

904. Les Œuvres de Ant.-Jacob Montfleury, contenant ses pièces de théâtre représentées par la
troupe des comédiens du Roy. *Amst.,* 1697-1698,
2 vol. pet. in-12, titr. gr. fig. mar. r. fil. tr. d.
(*Bauzonnet-Trautz.*)

905. Théâtre de Boursault. *Paris,* 1746, 2 vol. in-12,
v. fil. (*Simier.*)

906. Le Médecin volant, comédie, par Boursault.
Paris, N. Pépingué, 1665, in-12, d.-rel. mar. bl. n.
rogné.

907. Le Mort vivant, comédie, par le sieur Boursault, dédiée à M. le duc de Guise. *Paris,* 1662, in-12,
d.-rel. mar. non rogn. *prem. édit.*

908. Le Portrait du peintre, ou la contre-critique
de l'Escole des Femmes, comédie représentée sur
le Théâtre Royal de l'hostel de Bourgogne, par
Boursault. *Paris, de Sercy,* 1663, pet. in-12, d.-rel.
v. f.

Édition originale.

909. La Satire des satires, comédie, par Boursault.
Paris, J. Ribou, 1669, in-12, d.-rel. v. f.

Édition originale.

910. Les Mots à la mode, petite comédie, augmentée de quantité de vers qui n'ont pas été dits sur le théâtre (par Boursault). *Paris*, 1694, in-12, vél.

Première édition ; quelques taches.

911. La Cocue imaginaire (par Fr. Doneau), comédie. *Suivant la copie imprimée à Paris (Elzevir)*, 1662, pet. in-12, mar. r. fil. tr. d. (*Trautz-Bauzonnet.*)

Charmant exemplaire d'une pièce très-rare.

912. Champagne le coeffeur, comédie représentée sur le théâtre du Marais (par Boucher). *Paris, de Sercy*, 1663, pet. in-12, v. m.

913. Le Cercle des femmes sçavantes, dédié à la comtesse de Fiesque (par de La Forge). *Paris, Loyson*, 1663, pet. in-12, vél.

RACINE.

914. (OEuvres de J. Racine. *Amsterdam, Wolfang*, 1678), 10 vol. pet. in-12, mar. vert, fil. à comp. tr. dor. (*Thouvenin.*)

Édition Elzévir de Racine. Ces pièces sont toutes de bonnes dates (1678) et reliées séparément.

915. Les OEuvres de Racine. *Paris, Cl. Barbin*, 1697, 2 vol. in-12, mar. rouge, fil. tr. dor. (*Niédrée.*)

Fort bel exemplaire. Dernière édition publiée du vivant de l'auteur et revue par lui.

916. OEuvres de Racine, édition augmentée de pièces et de remarques (par d'Olivet, Desfontaines, Racine fils). *Amsterdam, Arkstée et Merkus*, 1750, 3 vol. in-12, mar. bleu, non rogné. (*Bauzonnet-Trautz.*)

Superbe exemplaire de cette édition estimée et rare. Les figures ont été gravées par Tanjé, d'après Boulogne : épreuves choisies avec soin.

917. OEuvres de Jean Racine. *Paris, impr. de Didot*, 1784, 3 vol. pet. in-8, pap. vél. cart. n. rogné.

De la collection du Dauphin.

918. OEuvres de J. Racine. *Paris*, 1840, in-12, d.-rel. v. f.

919. Les OEuvres de Racine, publiées par Aimé Martin. *Paris, Lefèvre*, 1845, 7 vol. gr. in-8, pap. vél. veau fauve, fil. tr. d. (*Niédrée.*)

Dernière édition publiée par M. Aimé Martin. Cet exemplaire contient la musique d'Esther.

920. La Thébayde, ou les Frères ennemis, tragédie par Racine. *Paris, Gabr. Quinet*, 1664, in-12, mar. bl. comp. tr. dor. (*Niédrée.*)

ÉDITION ORIGINALE.

921. La Thébayde, ov les Frères ennemis, tragédie (par Racine). *Paris, Glavde* (sic) *Barbin*, 1664, in-12, v. br. (*Armoiries.*)

ÉDITION ORIGINALE. La même que la précédente, mais contenant de plus le privilége.

922. Alexandre-le-Grand, tragédie (par Racine). *Paris, Pierre Trobouvilet*, 1666, in-12.

ÉDITION ORIGINALE. — La dédicace au Roy, indiquée dans le catalogue Soleinne, ne se trouve pas ici ; les préliminaires n'ont que huit feuillets.

923. Andromaque, tragédie (par Racine). *Paris, Théod. Girard*, 1668, in-12, mar. bl. comp. tr. d. (*Niédrée.*)

ÉDITION ORIGINALE.

924. Les Plaideurs, comédie (par Racine). *Paris, Cl. Barbin*, 1669, in-12, mar. bl. comp. tr. d. (*Niédrée.*)

ÉDITION ORIGINALE.

925. Britannicus, tragédie (par Racine). *Paris, Cl. Barbin*, 1670, in-12, mar. bl. comp. tr. d. (*Niédrée.*)

ÉDITION ORIGINALE.

926. Bérénice, tragédie, par Racine. *Paris, Cl. Barbin*, 1671, in-12, mar. bl. à comp. tr. d. (*Niédrée.*)

Édition originale.

927. Bajazet, tragédie, par Racine. *Et se vend pour l'autheur, à Paris, chez Pl. Le Monnier*, 1672, in-12, mar. bl. comp. tr. d. (*Niédrée.*)

Édition originale.

928. Mithridate, tragédie, par Racine. *Paris, Cl. Barbin*, 1673, in-12, mar. r. comp. tr. dor. (*Niédrée.*)

Édition originale.

929. Iphigénie, tragédie, par Racine. *Paris, Cl. Barbin*, 1675, in-12, mar. bl. comp. tr. dor. (*Niédrée.*)

Édition originale.

930. Remarques sur les Iphigénies de Racine et de Coras. *S. l.* 1675, pet. in-12, v. f. fil. tr. d. (*Niédrée.*)

931. Phèdre et Hippolyte, tragédie, par Racine. *Paris, Cl. Barbin*, 1677, in-12, fig. mar. bl. comp. tr. d. (*Niédrée.*)

Édition originale. Figure de Séb. Leclerc, d'après Ch. Lebrun.

932. Esther, tragédie tirée de l'Écriture sainte, par Racine. *Paris, D. Thierry*, 1689, in-12, fig. mar. bl. comp. tr. d. (*Niédrée.*)

Édition originale. Figure de Séb. Leclerc.

933. Athalie, tragédie tirée de l'Écriture sainte (par Racine). *Paris, Den. Thierry*, 1692, in-12, mar. bl. comp. tr. dor. (*Niédrée.*)

Édition originale. Figure de Séb. Leclerc.

934. Esther, tragédie tirée de l'Écriture sainte (par Racine). *Paris, Den. Thierry*, 1689. — Chœurs de la tragédie d'Esther, avec la musique composée par J.-B. Moreau. *Paris, Den. Thierry*, 1689. — Athalie, tragédie tirée de l'Écriture sainte (par Racine). *Paris Cl. Barbin*, 1691, 3 part. en 1 vol. in-4, fig. mar. r. fil. comp. mors de mar. tr. dor. (*Muller.*)

935. Esther et Athalie, tragédies tirées de l'Écriture sainte, par Racine. *Suivant la copie imprimée à Paris (Elzevir)*, 1689 et 1691, 2 vol. pet. in-12, titr. gr. mar. br. comp. fil. tr. d. (*Muller.*)

636. Théâtre de Doneau de Visé. *Paris*, 2 vol. in-12, v. f.

Contenant : Les Amours de Vénus et d'Adonis. *Cl. Barbin*, 1670. — La Devineresse, ou Mme Jobin. *P. Ribou*, 1713. — Les Intrigues de la Loterie, 1670. — Le Gentilhomme Guespin, 1670. Le Mariage de Bacchus et d'Ariane, 1672. — Les Dames vangées, 1695. — La Mère coquette, ou les Amans brouillés.

937. L'Embarras de Godard, ou l'Accouchée, comédie représentée sur le théâtre du Palais-Royal (par Donneau de Visé). *Paris, J. Ribou*, 1668, in-12, mar. rouge, janséniste.

938. Le Gentilhomme guespin, comédie (par Donneau de Visé). *Paris, Th. Jolly*, 1670, pet. in-12, vél.

939. Les Intrigues de la lotterie, comédie (par Donneau de Visé). *Paris, Th. Jolly*, 1670, pet. in-12, vél.

940. Les Amours du Soleil, tragédie en machines (par Donneau de Visé), représentée sur le théâtre du Marais. *Paris, Cl. Barbin*, 1671, in-12, v. br.

941. La Devineresse, ou les faux Enchantements, comédie (par T. Corneille et de Visé). *Paris, Blageart*, 1680, pet. in-12, v. br.

942. La Comète, comédie (par Donneau de Visé). *Paris, Blageart*, 1681, pet. in-12, cart.

943. Les Dames vangées, ou la Dupe de soy-mesme,

comédie (par de Visé et T. Corneille). *Paris, Mich. Brunet*, 1695, pet. in-12, d.-rel. v. f.

944. Les Qui pro quo, ou le Valet etourdy, comédie, par le sieur Rosimond. *Paris, P. Bienfait*, 1663, pet. in-12, d.-rel.

945. Geneviève, ou l'Innocence reconnue, tragédie chrestienne (par Fr. d'Avre). *Paris, Et. Loyson*, 1669, pet. in-12, d.-rel. v. fig.

On trouve en tête de ce volume une gravure divisée en deux compartiments, et représentant en même temps une scène de la tragédie de *Dipne*, infante d'Irlande, et de celle de Geneviève.

946. Théâtre de Noël le Breton, sieur de Hauteroche. *Paris*, 1772, 3 vol. in-12, veau, fil. (*Simier.*)

947. Le Soupé mal apresté, comédie du sieur de Hauteroche. *Paris, Gabr. Quinet*, 1670, pet. in-12, d.-rel. v.

Édition originale.

948. Le Parisien, comédie (par de Champmeslé). *Paris, J. Ribou*, 1683, pet. in-12, vél.

949. Les OEuvres de Pradon, *suivant la copie imprimée à Paris. Amst.*, 1695, pet. in-12, titr. gr. fig. mar. vert, fil. tr. d. (*Niédrée.*)

Édition elzevirienne.
Le titre général porte la date de 1695, mais voici celle de chaque pièce : Pirame et Thysbé, 1695. — Phèdre et Hippolyte, 1679. — Tamerlan, 1679. — La Troade, 1679. — Statira, 1680. — Regulus, 1678. Frontispice et figures gravés par Schooncbeck.

950. Regulus, tragédie, par Pradon. *Paris*, 1688, pet. in-12, vél. *or.*

951. Anne de Bretagne, reine de France, tragédie, par Ferrier. *Paris, J. Ribou*, 1679, pet. in-12, mar. r. fil. tr. d. (*Anc. rel.*)

952. Les Plaintes du Palais, ou la Chicane des plaideurs, comédie (par Denis). *Paris, Loyson*, 1679, in-12, v. m. *or.*

953. Genseric, tragédie (par Mme Deshoulières). *Paris, Cl. Barbin*, 1680, pet. in-12, v. br.

954. La Rapinière, ou l'Intéressé, comédie, par de Barquebois (Jacq. Robbé), avec les vers retranchez. *Paris*, 1683, pet. in-12, v. m.

955. La Foire de Bezons, comédie, par Dancourt. *Paris*, 1696, in-12, musiq. notée, v. f. fil. tr. d. (*Bauzonnet-Trautz.*)

Édition originale.

956. Philippin sentinelle, comédie, par Desevigny. *Rouen, Besongne*, pet. in-12, v. m. Quelques taches.

Rare.

957. L'Homme à bonne fortune, comédie (par Baron). *Paris*, 1686, pet. in-12, d.-rel. v. f. (*Niédrée.*)

Édition originale.

958. La Coquette et la fausse Prude, comédie, par Baron. *Paris, Th. Guillain*, 1687, pet. in-12, vél. (*Légère mouillure.*)

959. La Mort de Néron, tragédie, par Prechantré. *Paris, P. Ribou*, 1703, pet. in-12, v. f. fil. tr. d. (*Bauzonnet-Trautz.*)

Relié sur brochure.

960. Le Chevalier joueur, comédie en prose (par Dufresny). *Paris, Christ. Ballard*, 1697, pet. in-12, d.-rel. v. f.

961. La Coquette de village, ou le Lot supposé, comédie, par Dufresny. *Paris, P. Ribou*, 1715, in-12, d.-rel. v. f.

962. Le Joueur, comédie en vers (par Regnard). *Paris*, 1697, in-12, v. f. fil. tr. d. (*Niédrée.*)

Édition originale.

963. Les Folies amoureuses (par Regnard). *Paris, P. Ribou*, 1694, in-12, fig. v. br.

964. Les Menechmes, comédie, par Regnard. *Paris, P. Ribou*, 1706, in-12, br. rogn.

Première édition.

965. Le Légataire universel, comédie (par Regnard). *Paris P. Ribou*, 1708, in-12, fig. mar. r. fil. tr. d. (*Duru.*)

Bel exemplaire.

966. Œuvres de Le Grand, comédien du Roy. *Paris*, 1770, 4 vol. in-12, veau, fil. musique. (*Simier.*)

967. La Femme fille et veuve, comédie, par Le Grand. *Paris*, *P. Ribou*, 1707, pet. in-12, d.-rel. v. f.

968. Cartouche, ou les Voleurs, comédie, par Le Grand. *Paris*, 1721, pet. in.12, v. f. fil. tr. d. (*Niédrée.*)

969. Arrie et Pétus, tragédie, par Mme Barbier, 1702, in-12, vél.

970. Œuvres complètes de Crébillon. *Paris*, 1785, 3 vol. in-8, mar. bl. dent. doubl. de tabis, dent. mors de mar. tr. d. (*Bozérian.*)

Très-bel exemplaire, orné d'une bonne épreuve du portrait gravé par Tiquet, de la suite des figures de Marillier avant la lettre, et de celle de Peyron, aussi avant la lettre.

971. Le Franc Bourgeois, comédie, par de Valentin. *Bruxelles*, 1706, in-12, fig. de Harrewyn, v. rac. fil.

972. Turcaret, comédie, par Le Sage. *S. l. suivant la copie de Paris*, s. d. pet. in-12, m. r. fil. tr. d. (*Niédrée.*)

973. Molière le Critique et Mercure aux prises avec les philosophes, comédie. *En Hollande*, 1709, in-12, v. br.

Violente satire contre les philosophes, et contre Bayle en particulier.

974. Les Moines, comédie en musique, composée

par les RR. PP. Jésuites, et représentée en leur
maison de récréation de Mont-Louis devant le P.
L. C. (le Père La Chaise), par les jeunes de leur société. *Berghopsom*, 1709, in-12 , v. fil. NON ROGNÉ.
(*Niédrée.*)

975. OEuvres de Destouches, de l'Acad. françoyse.
Amsterd. et Leipzig, Arkstée et Merkus, 1755, 5 vol.
pet. in-12, portr. fig. mar. rouge, fil. (*Bauzonnet-
Trautz.*)

CHARMANT EXEMPLAIRE RÉGLÉ et NON ROGNÉ. Chaque pièce est accompagnée d'une figure dessinée par AARTMAN et gravée par FRITZCH. Cette jolie
suite, composée dans le même genre que celle de *Punt* pour le *Molière*, se
trouve ici en excellentes épreuves.

976. OEuvres dramatiques de Destouches. *Paris,
imprimerie de Crapelet*, 1822, 6 vol. gr. in-8, portr.
cart. n. rogn.

977. Joseph, tragédie tirée de l'Écriture sainte, par
l'abbé Genest. *Paris*, 1771, in-8, fig. mar. rouge,
tr. dor. (*Anc. rel.*)

ÉDITION ORIGINALE. On sait que cette pièce a été jouée primitivement
chez le prince de Conty et chez le duc du Maine. Elle est dédiée à la duchesse du Maine, qui remplissait un des rôles principaux.

5. Depuis Voltaire jusqu'à nos jours (1718-1850).

978. OEdipe, tragédie par Voltaire. *Paris, P. Ribou,*
1719, in-8, mar. r. tr. dor. (*Duru.*)

ÉDITION ORIGINALE. Ce volume contient en outre : Lettres écrites par
l'auteur, qui contiennent la Critique de l'OEdipe de Sophocle, de celui de
Corneille et du sien. — Lettre critique sur la nouvelle tragédie d'OEdipe,
1719. — Lettre à Voltaire sur la nouvelle tragédie, 1719. — Critique de
l'OEdipe de Voltaire, par Le G***, 1719. — Apologie de la nouvelle tragédie d'OEdipe, par Mannory, 1719. — Réponse à l'Apologie, par M. M***,
1719. — Lettre d'un Gentilhomme suédois sur OEdipe, 1719. — Réfutation
de la Lettre du Gentilhomme suédois, 1719. — Lettre d'un Abbé à un Gentilhomme de province, sur le stile et les pensées de la nouvelle OEdipe, 1719.
— Le Journal satirique intercepté, ou Apologie de Voltaire, par le sieur
Bourguignon, 1719. — Apologie de Sophocle, ou Remarques sur la troisième
Lettre critique de Voltaire, 1719.

13

979. **Mandrin**, comédie nouvelle en cinq actes et en prose (attrib. à Voltaire). *Londres*, 1755, in-12, v. f. fil. tr. dor. (*Niédrée.*)

980. **Théâtre du Père Bougeant.** 1731-1732, 1 vol. pet. in-8, mar. r. fil. tr. dor.

« Ce recueil de comédies, d'un jésuite célèbre, est de la plus grande rareté quand le Saint déniché s'y trouve. » (*Note aut. du marquis du Roure sur la garde.*)

Contenant : La Femme docteur, ou la Théologie tombée en quenouille. *La Haye*, 1731. — La critique de la Femme docteur. *Londres*, 1731. — Le Saint déniché, ou la Banqueroute des marchands de miracles, 1732. — Arlequin esprit-follet, 1732. — Les Quakers françois, ou les nouveaux Trembleurs. *Utrecht*, 1732. — Le nouveau Tarquin (1730). — Apologie de Cartouche, ou le Scélérat sans reproche, par la grâce du P. Quesnel.

981. **OEuvres de Nivelle De La Chaussée.** *Paris*, 1777, 5 vol. pet. in-12, v. fil. (*Simier.*)

982. **Edouard III**, tragédie de Gresset. *La Haye* (*à la Sphère*), 1740, pet. in-12, d.-rel. v. f. (*Niédrée.*)

983. **Recueil des comédies et ballets représentés sur le théâtre des petits appartements, de 1747 à 1749**; 4 vol. in-8, titr. gr. v. fauve, fil. tr. dor. (*Aux armes de madame de Pompadour.*)

984. **OEuvres choisies de Desmahis.** *Paris, P. Didot*, 1813, in-12, mar. r. dent. (*Purgold.*)

Imprimé sur VÉLIN.

985. **Théâtre de Collé.** 4 vol. in-8, v. m.

Dupuis et Des Ronais, 1763. — Le Rossignol, ou le Mariage secret ,1764. — Le Galant escroc, 1767. — L'Isle sonnante, 1768.

986. **La Partie de Chasse de Henri IV**, comédie par Collé. *Paris*, 1766, in-8, fig. de Gravelot, v. m.

987. **Théâtre de Beaumarchais.** 5 vol. in-8, broch. non rognés.

Premières éditions des pièces suivantes : Eugénie , drame , 1767. — Les Deux Amis, ou le Négociant de Lyon, 1770. — Le Barbier de Séville, 1775. — Le Mariage de Figaro, 1785. — Tarare, 1787.

988. **La Folle Journée ou le mariage de Figaro,**

comédie par De Beaumarchais. *De l'imprimerie de la Société littéraire typographique,* 1785, gr. in-8, fig. v. vert, fil. (*Kœhler.*)

989. Théâtre de N. E. Restif De La Bretonne. *Londres,* 1770-1786, 6 vol. in-12, d.-rel. v. f.

990. Théâtre complet de Mercier. *Amst.* 1778, 4 vol. in-8, fig. br.

991. Quatre pièces de théâtre, savoir :

Arlequin roi dans la Lune, comédie, 1786. — Arlequin journaliste, 1797. — Les Fourberies monacales. — Le Pape allant en guerre.

992. Théâtre révolutionnaire, 30 pièces in-8, dont :

La Journée des Dupes, 1790. — La Journée du Vatican, ou le Mariage du Pape, 1790. — Les Portefeuilles, comédie, par Collot-d'Herbois, 1791. — Le Branle des Capucins, ou le Mille et unième tour de Marie-Antoinette. *A Saint-Cloud, de l'imprimerie des Clairs-Voyants, cul-de-sac des Recherches,* 1791. — A qui sera pendu le premier, 1791. — Les intrigues de Mme de Staël. — Le ci-devant Noble, comédie, par Mercier, 1792. — Le Gâteau des Rois, 1792. — La France régénérée, par Chaussard, 1792. — La Papesse Jeanne, par de Fauconpret, 1793. — L'Ami du Peuple, ou les Intrigants démasqués, comédie, par Camille Saint-Aubin, 1793. — L'Ami des Loix, par Laya, 1793. — Les Émigrés aux Terres australes, 1794. — A bas la Calotte, ou les Déprêtrisés, comédie, 1794. — Les Salpêtriers républicains, 1794. — Le Modéré, comédie, par Dugazon, an II. — Le Jugement dernier des Rois, par Sylv. Maréchal, an II. — L'Intérieur d'un Ménage républicain, par Chastenet, an II. — Les Crimes de la Noblesse. — Les Peuples et les Rois. — La Mort de Robespierre (annot. et changements manuscrits). — La Clubomanie. — Le Souper des Jacobins. — La Chasse aux Monstres, menus plaisirs du Peuple françois; etc., etc.

993. Pièces de théâtre politiques et autres, 5 pièces in-8.

La Manie des Trônes, ou les Rois et les Reines de contrebande, par J. V. (du Midi), 1816. — Haguenier, ou l'Habit de Cour (par Ant. Berenger), 1818. — L'Émigré en 1794, 1820. Le Courrier de Naples, 1822. — Poulailler, 1827.

994. Bastido et Jaussioni, ou les Criminels de Tortosa, tragi-comédie. *Liége,* 1818, in-8, d.-rel. v. f.

995. Comédies historiques par Népomucène Lemercier. *Paris,* 1828, in-8, d.-rel. v.

996. Pièces de théâtre, 5 brochures in-8.

Cartouche, par Théodore N. et Arnaud Ov., 1827. — Mandrin, par Benjamin A. et Ét. Arago, 1827. — Cartouche et Mandrin, par Dartois et Dupin, 1827. — Desrues, 1828. — Mingrat, par Paul, 1831.

997. Théâtre choisi de G. de Pixérécourt, précédé d'une introduction par Ch. Nodier. *Nancy*, 1843, 4 vol. in-8, portr. v. f. fil.

998. Théâtre de madame Ancelot. *Paris*, 1841, in-12, d.-rel. v. f.

999. OEuvres dramatiques de M. de La Ville de Mirmont. *Paris*, 1846, 4 vol. in-8, d.-rel. mar. vert, tr. dor.

1000. Théâtre de Casimir Delavigne. *Paris*, 1840, 3 vol. in-12, d.-rel. v. f.

1001. Comédies et proverbes, par Alfred de Musset. *Paris*, 1840, in-12, d.-rel. v. f.

1002. Les Burgraves, trilogie par Victor Hugo. *Paris*, 1843, in-8, br. (*Avec envoi d'auteur.*)

6. Opéras et Ballets; ancien Théâtre Italien; petits théâtres de Paris.

1003. Histoire du Théâtre de l'Académie royale de Musique en France, depuis son établissement jusqu'à présent (composée par Travenol et Gilbert, publ. par Durey de Noinville). *Paris*, 1757, 2 vol. in-8, mar. vert, fil. tr. dor. (*Aux armes de la duchesse de Choiseul-Grammont.*)

1004. Règlement pour l'Opéra de Paris, avec des notes historiques (par Meusnier de Querlon, précédé du *Point de vue de l'opéra*, par Bernis). *A Utopie, chez Thom. Morus*, 1743, in-12, titr. gr. mar. vert, tr. dor. (*Niédrée.*)

1005. Ballets, opéra et autres ouvrages lyriques, par ordre chronologique, depuis leur origine, avec une

table des ouvrages et des auteurs. *Paris*, 1760, in-8,
tiré in-4, veau fauve, fil. tr. dor. (*Niédrée.*)

1006. Recueil des plus excellents ballets de ce temps.
Paris, Touss. Du Bray, 1612, in-8, v. f. fil. tr. dor.
(*Niédrée.*)

BEL EXEMPLAIRE d'un vol. rare. On y remarque : *Le Ballet du Courtisan*
(où figurent les métiers de Paris, avec la description de leurs *œuvres.—Ballet
des Matrones. — Ballet des Singes. — Ballet des Gentilhommes champêtres
habillez à l'antique. — La Foyre de Saint-Germain. — Ballet comique de
la Royne.*

1007. Ballet comique de la Royne, faict aux nopces
de M. le Duc de Joyeuse et mademoyselle de Vaude-
mont, sa sœur, par Balthasar de Beaujoyeulx. *Paris,
Rob. Ballart*, 1582, in-4, fig. et musiq. v. f. fil. tr.
dor. (*Niédrée.*)

1008. Ballet de Mgr le Duc de Vandosme, dancé luy
douziesme en la ville de Paris, dans la grande salle
de la maison royalle du Louvre, puis en celle de
l'Arsenac (*sic*,) le 17 et 18 janvier 1610. *Paris,
I. De Heuqueville*, s. d. in-8, v. f. fil. tr. dor. (*Niédrée.*)

1009. Le Balet des Quolibets, dansé au Louvre et à la
Maison de Ville, par Monseigneur frère du Roy, le
4 janv. 1626. Composé par le sieur De Sigongnes.
Paris, Courbé, 1627, pet. in-8.

On y trouve des personnages assez bizarres, comme le Niais de Normandie ; le Lanternier, le Maistre d'Hôtel des Escabelles, le Capitaine Riflan-
douilles, etc.

1010. Les Pygmées, tragi-comédie ornée de musique, entrées de balet, de machines et de changements de théâtre. *Paris, Ch Ballard*, 1676, in-4,
d.-rel. m.

1011. L'Impromptu de Neuilly, divertissement en un
acte, hommage à Sa Majesté l'Impératrice, paroles
de M. De Chazet, musique de Spontini, représenté à
Malmaison le 18 mars 1807. *Paris*, 1807, in-4, dos
et coins de cuir de Russie, non rogn. (*Bauzonnet.*)

1012. Le Théâtre Italien de Gherardi. *Paris*, 1700, 6 vol. in-12, titr. gr. fig. v. f.

1013. Nouveau Théâtre italien, composé par Biancollelli. *Anvers*, 1713, in-12, front. gr. mar. bleu, tr. sup. dor. non rogn. (*Thompson.*)

1014. La Vie de Scaramouche, par le sieur Angelo Constantini, comédien du roy sous le nom de Mezetin. *Paris*, 1698, in-12, v. f. fil. tr. dor. (*Simier.*)

Avec la figure de Scaramouche gravée par Bonnart; on lit ce quatrain au-dessous :

> Cet illustre comédien
> Atteignit de son art l'agréable manière;
> Il fut le maître de Molière,
> Et la nature fut le sien.

1015. Théâtre de Sédaine, 23 pièces in-8.

Éditions originales, savoir : Le Jardinier et son Seigneur, opéra-comique, 1761. — Le Roi et le Fermier, comédie, 1762. — Le Magnifique, comédie, 1763. — Rose et Colas, comédie, 1764. — L'Amour perdu et retrouvé, 1764. — Le Philosophe sans le savoir, comédie, 1766. — L'Huître et les Plaideurs, opéra-comique, 1767. — Les Sabots, opéra-comique, 1768. — Le Directeur, drame, 1769. — On ne s'avise jamais de tout, opéra-comique, 1769.— Thémire, pastorale, 1770. — Le Faucon, opéra-comique, 1772.— Aucassin et Nicolette, comédie, 1779. — Félix, ou l'Enfant trouvé, comédie, 1786. — Richard Cœur-de-Lion, comédie, 1786. — Le Comte d'Albert, drame, 1787. — La Gageure imprévue, comédie, 1788.

1016. Mémoires pour servir à l'histoire des spectacles de la foire (par les frères Parfaict). *Paris*, 1743, 2 vol. in-12, front. gr. fil. tr. dor. (*Bauzonnet-(Trautz.)*)

On trouve le *Catalogue alphabétique des auteurs qui ont travaillé pour les principaux spectacles forains, avec les titres des pièces qu'ils y ont données.*

1017. Histoire des petits théâtres de Paris, par Brazier. *Paris*, 1838, 2 tom. en 1 vol. in-18, d.-rel. v. bl.

1018. Théâtre des boulevards, ou recueil de parades. *A Mahon*, 1756, 3 vol. in-12, fig. v. f. fil. (*Kœhler.*)

1019. Debureau, histoire du théâtre à quatre sous, pour faire suite à l'histoire du Théâtre français

(par J. Janin). *Paris*, 1832, 1 vol. in-12, fig. sur
bois, mar. bl. fil. tr. dor. (*Bauzonnet.*)

IMPRIMÉ SUR VÉLIN. On lit sur le faux titre : « *Exemplaire unique sur
peau de vélin, destiné à la bibliothèque de M. Armand Bertin.* »

1020. Histoire des marionnettes en Europe, depuis
l'antiquité jusqu'à nos jours, par Ch. Magnin. *Paris*, 1852, gr. in-8, br. (*Envoi d'auteur.*)

7. Pièces non représentées. — Pièces historico-satiriques.

1021. Théâtre de société. *La Haye*, 1777, 3 vol. in-
12, v. fil. tr. dor. (*Musique notée.*)

1022. Arlequin, comédien aux Champs-Elysées, nouvelle historique, allégorique et comique (par Bor-
delon). *Paris*, 1694, in-12, fig. vél.

1023. Tragédies pour rire. 1 vol, in-8, fig. et mus.
éc. fil. tr. dor.

Contenant : Combat à mort, ou Mort héroïque de Propret, tragédie comme
les autres, ni pour rire ni pour pleurer. *Imprimée à la campagne. S. d.*
— La Pétarade, ou Polichinel auteur. *S. l.* 1750. — La Mort du Bœuf-Gras,
tragédie comique, par Taconet. *Paris*, 1767. — Les Deux Biscuits, tragédie (par Grandval le fils). *Astracan*, 1752. — Agathe, ou la Chaste Princesse, tragédie, par M. G... — L'Eunuque, ou la Fidèle Infidélité, parade.
Montmartre, 1750.

1024. Théâtre de Clara Gazul, suivi de la Jaquerie,
scènes féodales, et de la famille Carvajal, par P. Mérimée. *Paris*, 1842, in-12, d.-rel. v.

1025. Comédie du Pape malade et tirant à la fin,
traduite de vulgaire Arabic en bon roman et entel-
ligible, par Thrasibule Phenice (par Théod. do
Bèze). *S. l.* 1562, in-16, mar. vert, fil. tr. dor.
(*Trautz-Bauzonnet.*)

« Où ses regrets et complaintes sont au vif exprimés, et les entreprises
et machinations qu'il fait avec Satan et ses suppots pour maintenir son siége
apostatique et empescher le cours de l'Evangile sont cathegoriquement descouvertes. »
Petit volume de la plus grande rareté.

1026. Nouvelles Amours de Louis-le-Grand, comédie. *Paris, Ant. Brunet*, 1696, pet. in-12, fig. mar. r. tr. dor. (*Lortic.*)

1027. La Fontange bernée, comédie nouvelle. *Paris*, 1696, pet. in-12, titr. gr. v. fil. tr. dor.

1028. L'Autrichienne en goguettes ou l'Orgie royale, opéra-proverbe, composé par un garde du corps et publié depuis la liberté de la presse, et mis en musique par la reine. *S. l.* 1789, in-8, mar. bl. fil. non rogn.

1029. Putiphar ou les Passions à l'hôpital, drame pour un théâtre de société. *Paris (Genève)*, 1796, in-8, mar. rouge, jans.

Pièce dirigée contre Mme de Staël.

1030. La Faculté vengée, comédie (par De La Metrie). *Paris*, 1617. — Madame Engueule ou les Accords poissards, comédie-parade. *A Congo*, 1754. — Le Tremblement de terre de Lisbonne, tragédie de M. André, perruquier. 1755. — L'Oracle ou le Muphti rasé, tragi-heroï-politico-comique. *Constantinople*, 1757. — La Comtesse, comi-parade. *Londres*, 1765. — Monsieur Cassandre ou les Effets de l'amour et du vert de gris, drame par L. Doucet. *Amst.* 1775, fig. — Jane Gray, tragédie. *Paris*, 1790. — L'Esprit des mœurs au XVIIIe siècle ou la petite Maison, proverbe par M. d'Unsiterma (Mérard Saint-Just). *A Lampsaque*, 1790. — Les Thermopyles, tragédie de circonstance. *Paris, impr. de Didot*, 1791.

4. POÈTES DRAMATIQUES ÉTRANGERS.

1031. La Comédie des Supposez de Louys Arioste, en italien et en françoys (traduit par J.-P. de Mesme). *Paris, Estienne Groulleau*, 1552, pet. in-8, v. gr. fil. tr. dor.

1032. Les Nopses d'Antilésine, comédie nouvelle,
par le pasteur Monapolitain, et traduite par le pasteur Philandre. *Paris, Saugrin*, 1604, pet. in-12,
v. f. (*Aux armes de Bullion, sieur de Bonnelles.*)

1033. L'Amynte, pastorale (du Tasse), traduction
nouvelle. *Paris, Quinet*, 1638, in-4, d.-rel. v. f.

1034. La Philis de Scire, imitée de l'italien (par
S. Ducros). *Paris, Courbé*, 1647, in-4, d.-rel.
v. f.

1035. Théâtre et poésies d'Alex. Manzoni, trad. par
Ant. De Latour. *Paris*, 1841, in-12, d.-rel. v. f.

1036. Chefs-d'œuvre du théâtre espagnol, par Damas-Hinard. *Paris*, 1841, 3 vol. in-12, d.-rel. v. f.

1037. Théâtre de Lope de Véga, traduit en français
par Damas-Hinard. *Paris*, 1850, 2 vol. in-12, d.-
rel. v. f.

1038. Celestine, en laquelle est traicté des deceptions
des serviteurs envers leurs maitres, et des maquerelles envers les amoureux, translaté d'ytalien en
françois. *On les vend à Paris en la boutique de Galiot du Pré*, 1527, in-8 goth. fig. sur bois, mar.
brun, fil. tr. dor. (*Thouvenin.*)

1039. La Célestine, tragi-comédie de Calixte et Mé-
libée, publ. par Germond de Lavigne. *Paris*, 1841,
in-12, d.-rel. v. f.

1040. Lays of the minnesingers or german troubadours of the twelfth and thirteenth centuries. *London*, 1825, pet. in-8, fig. v. f. fil. tr. dor. (*Niédrée.*)

1041. OEuvres dramatiques de Schiller, traduction
de M. de Barante. *Paris*, 1834, 6 vol. in-8, v. f. fil.
(*Niédrée.*)

Exemplaire en papier vélin.

1042. Théâtre de Schiller, traduction nouvelle par
Marmier. *Paris*, 1840, 2 vol. in-12, d.-rel. v. f.

1043. Théâtre de Goethe, trad. par Marmier. *Paris,* 1839, in-12, pap. vél. d.-rel. v. f. (*Kœhler.*)

1044. Le Faust de Goethe, traduction complète avec des notes par Henri Blaze. *Paris,* 1840, in-12, d.-rel. v.

1045. Faust de Goëthe, suivi du second Faust, choix de ballades et poésies, trad. par Gérard. *Paris,* 1840, in-12, d.-rel. v.

1046. The history of English dramatic poetry to the time of Shakspeare, and annals of the Stage to the restoration, by J. Payne Collier. *London,* 1831, 4 vol. in-8, pap. vél. v. f. fil. tr. dor. (*Bauzonnet.*)

1047. Ancient mysteries described, especially the english miracle plays, founded on apocryphal New Testament story extant amongs the unpublished manuscripts in the British museum, by W. Hone. *London,* 1823, in-8, fig. v. f. fil. tr. dor. (*Niédrée.*)

1048. Ludus Coventriae, a collection of mysteries, formerly represented at Coventry on the feastos Corpus Christi, edited by Orchard Halliwell. *London,* 1841, gr. in-12, pap. vél. cart. en toile, non rogn.

1049. A select collection of Old Plays, with additionnal notes and corrections, by the lathe Isaac Reed, Octav. Gilchrist, and the editor. *London,* 1825, 12 vol. in-8, d.-rel. mar. vert, n. rogn. (*Kœhler.*)

1050. The old English drama, a selection of plays from the old English dramatists. *London,* 1825, 2 vol. in-8, d.-rel. mar. (*Simier.*)

1051. The London Stage, a collection of the most reputed tragedies, comedies, operas, melodrames, farces and interludes. *London,* 1825, 4 vol. gr. in-8, portr. fig. sur bois, d.-rel. v.

1052. Kynge Johan a play by John Bale, edited by

J. Payne, from the ms. of the author in the library of his grace the Duke of Devonshire. *London*, 1838, pet. in-4, cart. en toile angl.

Publication de la *Camden Society*.

SHAKSPEARE.

1053. The plays of William Shakspeare, with notes by Samuel Johnson and George Steevens. *Basil*, 1800, 23 vol. in-8, d.-rel. v. ant.

1054. The poems of William Shakspeare. *London*, *Wil. Pickering*, 1825, in-8, d.-rel. mar.

1055. The Works of William Shakspeare, by Payne Collier. *London*, 1844, 8 vol. gr. in-8, cuir de Russie, fil. tr. dor. (*Niédrée*.)

Très-bel exemplaire en papier vélin.

1056. The complete Works of Shakspeare. *Paris*, *Baudry*, 1845, 9 vol. in-8, d.-rel. v. bl.

1057. The pictorial edition of the Works of Shakspeare, edited by Ch. Knight. *London*, 7 vol. gr. in-8, vign. cart. en toile angl. n. rogn.

1058. OEuvres complètes de Shakspeare, traduites de l'anglais par Letourneur, édition revue et corrigée par Guizot. *Paris*, 1821, 13 vol, in-8. portr. d.-rel. v.

1059. OEuvres complètes de Shakspeare, traduites par Benj. Laroche. *Paris*, 1843, 7 vol. in-12, portr. d. rel. v. f.

Figures anglaises ajoutées.

1060. The first edition of the tragedy of Hamlet, by Will. Shakspeare. *London*, 1603, in-8, d.-rel. cuir de Russie.

Réimpression faite à Londres, par Payne, en 1825.

1061. An Appendix to Shakspeare's dramatic works. *Leipzig,* 1826, gr. in-8, portr. d.-rel.

« The life of the author by Aug. Skottowe; his miscellaneous poems; a critical glossary. »

1062. Commentaries on the historical plays of Shakspeare, by Thom. Peregrine Courtenay. *London,* 1840, 2 vol. pet. in-8, pap. vél. cart. en toile angl.

1063. Characters of Shakspeare, Plays by Will. Hazlitt. *Boston,* 1818, in-8, cart. n. rogn.

1064. Shakspeare's Library, a collection of the romances, novels, poems and histories, used by Shakespeare as the foundation of his dramas with introductory notices, by Payne Collier. *London, Th. Rodd,* 2 vol. in-8, cart. en toile angl.

1065. William Shakspeare, a biography by Ch. Knight. *London,* 1843, gr. in-8, titr. gr. fig. cart. en toile gaufr. non rogn.

1066. Essai biographique et littéraire sur Shakspeare par Villemain, in-8, mar. rouge, fil. doré en tête, non rogné. (*Niédrée.*)

Exemplaire en PAPIER VÉLIN, avec envoi d'auteur.

1067. Memorials of Shakspeare, or, a Sketches of his character and genius, by various Writers, now first collected ; with a prefatory and concluding essay, and notes by Nathan Drake. *London,* 1828, gr. in-8, d.-rel. v.

1068. Shakspeare and his times, by Nathan Drake. *London,* 1817, 2 vol. in-4, portr. v. marbr. fil.

« Including the Biography of the Poet; criticims on his genius and writings; a new chronology of his plays ; a disquisition on the object of his sonnets; and a history of the manners, customs and amusements, superstitions, poetry, and elegant literature of his age. »

1069. Shakspeare and his friends; or the Golden age of merry England. *Paris,* 1838, in-8, d.-rel. v.

1070. Shakspeare and his friends; or the Goldenage of merry England. *London*, 1838, 3 vol. pet. in-8, d.-rel. toile angl. — *4 75*

1071. The Youth of Shakspeare, by the author of Shakspeare and his friends. *Paris*, 1839, in-8, d.-rel. v. — *3 50*

1072. The Youth of Shakspeare, by the author of Shakspeare and his friends. *London, Newman*, 1846, 3 vol. in-12, papier vélin, d.-rel. mar. orange. (*Trautz-Bauzonnet*.) — *24*

1073. Citation and examination of Will. Shakspeare, Euseby treen Joseph Carnaly and silas gough Clerk before te worshipful sir Thomas Lucy Knight touching deer-stealing on the 19 th day of september in 1582. *London*, 1834, in-12, v. fauve, fil. (*Trautz-Bauzonnet*.) — *10*

1074. Shaksperiana, catalogue of all the books, pamphlets, etc., relating to Shakspeare. *London*, 1827, in-8, v. f. fil. tr. dor. 3 portraits. — *4*

Publications de la Shakespeare Society.

1075. Patient Grissil, a comedy by Thom. Dekker, H. Chettle an W. Haughton, reprinted from the Black letter edition of 1603. *London*, 1841, gr. in-8, cart. en toile angl. — *3 50*

1076. The Debate betwen pride and Lowliness, by Fran. Thynn. with and introduction and notes by J. Payne Collier. *London*, 1841, gr. in-8, cart. en toile angl. — *1 50*

1077. The School of abuse, containaing a pleasant invective against poets, pipers, players, jesters, etc., by Steph. Gosson. *London*, 1841, gr. in-8, cart. en toile angl. — *1 50*

1078. Fools and jesters, with a reprint of Robert Armin's nest of ninnies, 1608, with an introduction and notes. *London*, 1842, gr. in-8, cart. en toile angl.

1079. Extracts from the accounts of the revels at court, in the reigns of queen Elizabeth and king James I, by Peter Cunningham. *London*, 1842, gr. in-8, cart. en toile angl.

1080. Pierce Penniles's supplication to the Devil, by Thom. Nash. from the first edition of 1592, with an introduction and notes by J. Payne Collier. *London*, 1842, gr. in-8, cart. en toile angl.

1081. The first and second parts of King Edward IV histories, by Thom. Heywood, with an introduction and notes, by barron Field. *London*, 1842, gr. in-8, cart. en toile angl.

1082. Timon, a play now first printed, edited by Alex. Dyce. *London*, 1842, gr. in-8, cart. en toile angl.

———

1083. The Works of Christ. Marlowe. *London, Pickering*, 1826, 3 vol. pet. in-8, pap. vergé, d.-rel. v.

1084. The dramatic Works of Rob. Greene, to which are added his poems, with some account of the author and notes, by Alex. Dyce. *London, Pickering*, 1831, 2 vol. pet. in-8, d.-rel. m. vert, n. rogn. (*Kœhler.*)

1085. The dramatic Works of John Ford, with notes critical and explanatory, by W. Gifford. *London, Murray*, 1827, 2 vol. gr. in-8, d.-rel. v.

1086. The Works of Beaumont and Fletcher, with an introduction by George Darley. *London*, 1840, 2 vol. gr. in-8, portr. cart. en toile angl.

1087. The Works of Ben Jonson, with notes critical and explanatory, and a biographical memoir, by Gifford. *London*, 1816, 9 vol. in-8, portr. d.-rel. v.

La meilleure édition de ce poëte, contemporain de Shakspeare.

1088. The plays of Philip Massinger, with notes critical by W. Gifford. *London*, 1805, 4 vol. in-8, portr. d.-rel. dos et coins de m. bl. (*Duru.*)

1089. The Works of John Webster, now first collected, with some account of the author and notes, by Alex. Dice. *London, Pickering*, 1830, 4 vol. pet. in-8, d-rel. m. vert, non rogn. (*Kœhler.*)

1090. Philotus, a comedy, represented from the edition of Robert Charteris (by John Whitefoord Makenzie). *Edinburgh, printed by Bannatyne-Club*, 1835, in-4, pap. de Holl. d.-rel.

Réimpression tirée à quelques exemplaires, et dédiée au *Bannatyne-Club*.

1091. Scanderberg, or love and liberty, a tragedy, written by the late Thom. Wincop. *London*, 1747, in-8, v. f. fil. tr. dor. (*Niédrée.*)

Ce volume contient aussi : A compleat List of all the English dramatic poets, and of all the plays ever printed in the English language, to the present year 1747.

1092. Don Carlos, or Persecution, a tragedy by Lord John Russel. *London*, 1822, in-8, d.-rel. v. fauve.

1093. The plays and poems of Shirley, now first collected and chronologically arranged, and the text carefully collated and restored; with occasional notes biographical and critical, by Will. Gifford; to wich is prefixed, some account of the life of Shirley and his writtings by the rev. Alexander Dyce. *London, Murray*, 1833, 6 vol. in-8, portr. d.-rel. mar. non rogné. (*Bauzonnet.*)

1094. The Works of Thom. Middleton, now first col-

lected with some account of the author, and notes
by Alex. Dyce. *London*, 1840, 5 vol. gr. in-8,
portr. d.-rel. dos et coins de mar. r. (*Duru.*)

1095.　The dramatic Works of Wycherley, Congreve,
Vanbrugh and Farquhar, with and critical notices
by Leigh Hunt. *London*, 1840, gr. in-8, portr. cart.
en toile.

1096.　The Works of William Congreve, consisting
of his plays and poems. *Birmingham, Baskerville,*
1761, 3 vol. in-8, portr. mar. rouge, fil. tr. dor.
(*Anc. rel.*)

> Belle édition, ornée de figures gravées par C. Grignion, d'après F. Hay-
> man. Exempl. lavé et réglé.

1097.　OEuvres complètes de Richard-Brinsley Sheridan, trad. nouvelle par Benj. Laroche. *Paris*, 1841,
in-12, d.-rel. v. f.

1098.　La Reconnaissance de Sacountala, drame san-
scrit et pracrif de Calidasa, publié pour la première fois en original, avec une traduction française et des notes par Chézy. *Paris*, 1830, gr. in-4,
v. f. fil. comp.

V. FICTIONS EN PROSE.

1. FABLES ET APOLOGUES (en prose et en vers).

1099.　Esope en belle humeur, ou dernière traduction
et augmentation de ses Fables, en prose et en vers.
Amst. (à la Sphère), 1690, pet. in-12, titr. gr. fig.
dans le texte, mar. vert, fil. tr. d. (*Thouvenin.*)

1100.　Phædri fabularum Æsopiarum libri V, notis
perpetuis illustrati, et cum integris aliorum obser-
vationibus in lucem editi a Joh. Laurentio. *Amstel.*

J. Janssonius a Waesberge, 1667, in-8, fig. mar. r.
fil. tr. dor. *(Boyet.)*

Aux armes de Hallée, chevalier de Saint-Michel et secrétaire du Roi. La
vente de sa bibliothèque a eu lieu en 1742.

La figure de la p. 276, qui est souvent gâtée, est intacte dans cet exemplaire.

1101. Fables inédites des XIIe, XIIIe et XIVe siècles,
et Fables de Lafontaine, rapprochées de celles de
tous les auteurs qui avaient, avant lui, traité les
mêmes sujets, par A. Robert. *Paris*, 1825, 2 vol.
-in-8, mar. rouge, dent. tr. dor. *(Rel. angl.)*

Exempl. en PAPIER VÉLIN, et dont tous les fac-simile, au nombre de 85,
sont enluminés en or et en couleur, semblables aux originaux.

1102. Esbattement moral des animaux. *Anvers, chez
Philippe Galle*, 1578, in-4 réglé, mar. vert, fil.
comp. tr. dor. (*Kœhler.*)

Recueil de fables, orné de fort jolies gravures.

1103. FABLES CHOISIES, mises en vers par M. de Lafontaine. *Paris D. Thierry et Cl. Barbin*, 1668,
in-4, mar. vert, comp. dent. fil. tr. dor. fig. de
Chauveau. *(Bauzonnet-Trautz.)*

Édition ORIGINALE. Fort BEL EXEMPLAIRE.

1104. Fables choisies, mises en vers par M. de La
Fontaine, et par lui revues et corrigées et augmentées. *Paris, Thierry et Cl. Barbin*, 1678-79, 4 vol.
in-8, préparés pour la reliure.

Exemplaire grand de marges.

1105 Poëme du Quinquina et autres ouvrages en
vers de M. de La Fontaine. *Paris, D. Thierry et
Cl. Barbin*, 1682, in-12, v. br.

PREMIÈRE ÉDITION Outre ce poëme, le volume renferme la Matrone
d'Éphèse, Belphégor, et les opéras de Galatée et Daphné, qui parurent également ici pour la première fois.

1106. Les Œuvres posthumes de M. de La Fontaine
(publ. par Mad^{me} Ulrich). *Paris, J. Pohier*, 1696,
in-12, mar. bleu, tr. dor. *janséniste. (Duru.)*

Ce volume renferme sept nouvelles Fables, le conte du Quiproquo, et autres pièces inédites, en vers et en prose.

1107. FABLES CHOISIES, mises en vers par J. de La Fontaine. *Paris*, 1754, 4 vol. gr. in-fol. mar. r. riches et larges dentelles, tr. dor. (*Riche et belle rel. ancienne.*)

TRÈS-BEL EXEMPLAIRE EN PAPIER DE HOLLANDE; fig. d'Oudry en premières épreuves. AUX armes du Mis de Coislin.

1108. Fables de Lafontaine, avec les figures gravées par Simon et Coiny. *Paris*, *Didot*, 1787, 6 vol. in-18, mar. bleu, fil. tr. dor. (*Trautz-Bauzonnet.*)

Charmante édition, avec une figure pour chaque fable. DÉLICIEUX EXEMPLAIRE, dont les épreuves ont été choisies avec grand soin.

1109. Fables de Lafontaine, imprimées pour l'éducation du Dauphin. *Paris*, *Didot*, 1788, gr. in-4, pap. vél. d.-rel. non rogn.

1110. Fables de Lafontaine, illustrées par Grandville. *Paris*, 1838, 2 vol. gr. in-8, mar. vert, fil. tr. dor. (*Kœhler.*)

TRÈS-BEL EXEMPLAIRE EN PAPIER DE HOLLANDE, avec les figures sur papier de Chine.

1111. Fables de J. Lafontaine, édition variorum, publ. par Ch. Louandre, accompagnée d'une notice Ste-Beuve. *Paris*, 1851, in-12, portr. d.-rel. v. ant.

1112. Essai sur les fables indiennes et sur leur introduction en Europe, par Loiseleur-Deslongchamps, suivi du roman des *Sept Sages de Rome*, en prose, publié, pour la première fois, par Leroux de Lincy. *Paris*, 1838, in-8, *fac-simile*, d.-rel. v. fauve.

Exempl. en PAPIER VÉLIN, tiré à vingt exemplaires.

1113. Le premier livre des Narrations fabuleuses, avec les discours de la Vérité et l'histoire d'icelle, trad. par G. G. (trad. de Palæphate par Guillaume Gueroult), où sont ajoutées aucunes œuvres poétiques du traducteur. *Lyon*, *Rob. Granjon*, 1558, in-4, mar. bleu, fil. tr. dor. (*Bauzonnet-Trautz.*)

LIVRE RARE, imprimé en caractères de civilité. Bel exemplaire.

2. ROMANS, CONTES ET NOUVELLES.

A. *Romans grecs et latins.*

1114. Collection des romans grecs, traduits en français, avec des notes, par Courier, Larcher et autres hellénistes. *Paris, imprim. de Didot, 1822,* 12 vol. in-16, pap. vél. v. f. fil. tr. dor. (*Bauzonnet-Trautz.*)

CHARMANT EXEMPLAIRE EN PAPIER GRAND-RAISIN VÉLIN, figures avant la lettre.

Cette jolie collection, publiée par les soins de M. Merlin, se compose ainsi : Aventures d'amour de Parthénius, 1 vol. — Amours de Théagènes et de Chariclée, 4 vol. — Amours de Daphnis et Chloé, 1 vol. — Amours de Chéréas et Callirrhoé, 2 vol. — Habrocome et Antia, 1 vol. — La Luciade, ou l'Ane de Luclus de Patras, 1 vol. — Amours de Rhodante et Dosiclès, 1 vol. — Aventures d'Hysminié et Hysminias, 1 vol.

1115. Daphnis et Chloé, Théagènes et Chariclée, la Luciade, l'Eubéenne ou le Chasseur. *Paris, 1841,* in-12, d.-rel. v. (*Kœhler.*)

1116. Les Amours pastorales de Daphnis et Chloé (traduites du grec de Longus, par Amyot), *S. l.* 1718, in-12, titr. gr. fig. du Régent, v. bl. comp. fil. tr. dor. (*Niédrée.*)

Édition du *Régent,* avec la figure des petits pieds.

1117. Les Amours pastorales de Daphnis et Chloé, traduites du grec de Longus, par Amyot. *Paris, Didot,* 1800, gr. in-4, pap. vél. fig. de Prudhon, avant la lettre, cart. non rogn.

1118. Les Amours de Théagène et Chariclée, histoire éthiopique d'Héliodore, traduction nouvelle (par Jacq. Amyot). *Paris, Sam. Thiboust,* 1623, in-8, titr. gr. fig. mar. or. fil. tr. d. (*Bauzonnet-Trautz.*)

TRÈS-BEL EXEMPLAIRE de cette édition rare, ornée d'un frontispice et de figures délicieusement gravés par Michel Lasne.

1119. Les Métamorphoses, ou l'Asne d'or de L. Apu
lée, philosophe platonique, œuure d'excellente in
uention et singulière doctrine (de la traduction d
sieur de Montlyard). *Paris, Samuel Thiboust*, 1623
in-8, veau fauve, fil. tr. dor. (*Bauzonnet-Trautz*.)

Exemplaire de toute beauté d'un volume que font rechercher les figure
de Crispin de Pas.

B. *Romans français.*

1. Romans de Chevalerie.

1120. Nouvelle Bibliothèque bleue, ou Légendes po
pulaires de la France, précédées d'une introduc
tion par Ch. Nodier, et accompagnées de notes pa
Leroux de Lincy. *Paris*, 1842, in-12, d.-rel. v. f

Exemplaire en papier de Hollande.

1121. Le Livre des Légendes, par Leroux de Lincy
Paris, 1836, in-8, d.-rel. v. f. tr. d. (*Kœhler*.)

1122. Roland, ou la Chevalerie, par Delécluze. *Paris*
1845, 2 vol. in-8, d.-rel. v. (*Niédrée*.)

1123. GYRON LE COURTOYS, avecques la devis
des armes de tous les chevaliers de la Table-Ronde
Imprimé à Paris pour Ant. Verard. S. d. in-fol. goth
à 2 col. fig. sur bois, mar. vert, fil. tr. d. (*Niédrée*.

PREMIÈRE ET FORT RARE ÉDITION d'un roman écrit au commencement d
XIIIe siècle.

1124. Histoire des hauts et chevaleureux faictz d'ar
mes du prince Meliadus, dit le Cheualier de la Croix
le tout mis en françois par le cheualier du Clergé
humble orateur. *Paris, Nic. Bonfons*, 1584, in-4
fig. en bois, lettr. rondes, mar. rouge, fil. tr. dor
(*Niédrée*.)

Jolie et rare édition.

1125. TRISTAN, cheualier de la Table-Ronde, nou
uellement imprimé à Paris. — *Cy fine le second et*

dernier volume..... imprimé a Paris pour Anthoine Vérard (vers 1500), in-fol. goth. mar. rouge, fil. comp. tr. dor. (*Bauzonnet.*)

ÉDITION FORT RARE d'un des meilleurs romans de chevalerie que nous ayons. Magnifique exemplaire très-grand de marges.

1126. The History of the valiant knight Arthur of Little Britain, a romance of Chivalry, originaly translated from the french by John Bourchier, lord Berners. *London,* 1814, in-4, mar. viol. comp. fil. tr. d. doublé de mar. rich. comp. (*Thompson.*)

Édition publiée par les soins de M. Utterson, avec un grand nombre de planches coloriées représentant les miniatures des manuscrits originaux.

1127. CLÉRIADUS. Cy commence le livre de messire Cleriadus, filz au conte Desture, et de Meliadice, fille au roy Dengleterre. *On les vend à Paris, chez Pierre Sergent, s. d.,* pet. in-4, goth. mar. r. fil. tr. d. (*Niédrée.*)

BEL EXEMPLAIRE d'un roman recherché.

Romans des douze Pairs et Romans de Geste (*Voyez* aux Collections).

1128. TURPIN. CHRONIQUE DE TURPIN. *Paris, Sylvestre,* 1835, pet. in-4 goth. à 2 col. mar. rouge, fil. tr. dor. (*Trautz-Bauzonnet.*)

Un des deux exempl. imprimés sur PEAU DE VÉLIN. Réimpression de l'édition de 1527.

1129. THESEUS DE COULOGNE, HYSTOIRE TRES RECREATIUE, traictant des faicts et gestes du noble et vaillant cheualier Theseus de Coulogne..... — *Imprimé à Paris, lan mil cinq centz trente quatro, par Anthoine Bonnemere, pour Jehan Longis et Vincent Certenas.....* 2 tom. en 1 vol. in-fol. goth. cuir de Russie, fil. tr. dor. (*Rel. angl.*)

Édition la plus recherchée, et fort rare. — Superbe exemplaire rempli de témoins, et parfaitement conservé.

L'exemplaire du prince d'Essling, semblable à celui-ci, a été acheté 695 fr. par le Musée britannique.

1130. (Histoire du chevalier Pontheus et de la belle Sydoine, en allemand), 1548, in-fol. mar. bleu, fil. dent. tr. dor. (*Duru.*)

Édition recherchée, et ornée de 44 figures gravées sur bois d'une manière très-remarquable. Quelques-unes portent le monogramme par Hans Shaufelein. — Superbe exemplaire, avec témoins.

1131. AMADIS. Les livres I à XII d'Amadis de Gaule, trad. d'espagnol en françoys (par Nic. de Herberay, Gilles Boileau, Cl. Colet, J. Gohorry, G. Aubert de Poitiers). *Paris, Vincent Sertenas, Est. Groulleau et Jehan Longis*, 1540-56, 12 part. in-fol. fig. en bois, v. br.

Première édition, TRÈS-RARE, des douze premiers livres des Amadis, en français, les seuls qui aient été imprimés dans ce format.

1132. Histoire du tres vaillant et redouté Dom Flores de Grece, surnommé le chevalier des Cygnes, second fils d'Esplandian, empereur de Constantinople, mise en françoys par le Sr Des Essars Nicolas de Herberay. *Paris, Galiot du Pré*, 1573, pet. in-8, mar. r. fil. tr. d. (*Niédrée.*)

1133. FAICTZ DE VIRGILE. Cy commence les faictz merveilleux de Virgile. — *Nouvellement imprimés à Paris par Jehan Trepperel... (sans date)*, in-4 goth. mar. rouge de Tanger, doublé de mar. dent. (*Bauzonnet-Trautz.*)

CHARMANT EXEMPL. d'une édition FORT RARE et la plus ancienne connue de cet opuscule singulier.

1134. CUEUR DACIER. La plaisante et amoureuse histoire du cheuallier Doré, et de la pucelle surnomme Cueur Dacier. — *Cy fine la tresioyeuse, plaisante, recréatiue et amoureuse histoire des faictz, gestes, triumphes et prouesses du noble et vaillant le gentil chevalier Dore et de la gente pucelle la belle Neronnes, surnommée Cueur Dacier, nouvellement imprimée*, 1542, in-8, lettr. rondes, mar. rouge,

fil. doublé de mar. bleu, fil. dent. à la rose, tr. dor.
(*Trautz-Bauzonnet.*)

Volume de la plus grande rareté (orné de trente-neuf figures sur bois).
L'exemplaire du prince d'Essling était incomplet de 3 feuillets.— Celui-
ci est bien conservé, sauf un léger raccommodage.

1135. CLAMADES. Lhystoyre et cronicque du noble
et vaillant Clamades, filz du roy Despaign, et de la
belle Cleremonde, fille du roy Carnuant (tr. de
l'espagnol par Ph. Camus). — *Imprimé par Michel
Le Noir, à Paris* (sans date), in-4 goth. fig. en bois,
mar. vert, fil. à comp. petits fers, tr. dor. (*Bauzonnet.*)

Édition fort rare. — Il y avait sur les marges de cet exemplaire une
piqûre qui a été habilement restaurée.

1136. L'Histoire de Palanus, comte de Lyon, mise
en lumière par Alf. de Terrebasse. *Lyon, Perrin,*
1833, gr. in-8, pap. de Hollande, cart. en toile, n.
rogn.

1137. L'Hystoire et plaisante Cronicque du petit
Jehan de Saintré, par J. Marie Guichard. *Paris,*
1843, in-12, d.-rel. v.

1138. SYPERIS. Lhystoire plaisante et récréatiue,
faisant mention des prouesses et vaillances du noble
Syperis de Vinevaulx, et de ses dix-sept fils. *Nouvellement imprimé à Paris par Nicolas Chrestien* (sans
date), in-4 goth. à 2 col. mar. rouge, fil. tr. dor.
(*Trautz-Bauzonnet.*)

Petit roman très-rare ; il provient de la vente R. Heber, où il fut payé
56 liv. 10 sch. (915 fr.). Nous ajouterons que, malgré trois éditions men-
tionnées au *Manuel* (IV, 294), nous n'en connaissons qu'un autre exemplaire (*Paris, à l'enseigne Saint-Nycolas*), qui se trouve à la Bibliothèque
impériale de Paris. Celui-ci a appartenu au prince d'Essling.

1139. PARIS ET LA BELLE VYENNE. — *Imprimé
à Lyon, sur le Rosne, pres Nostre Dame de Confort,
par Claude Nourry, lan mil ccccc et xx* (1520), in-4
goth. mar. bleu, comp. fil. tr. dor. (*Bauzonnet.*)

Ce roman est traduit du provençal en français par Pierre de la Sippade.

1140. LE LIURE DU IOUUENCEL, traictant de diuerses matieres bellicques et munitions, tant pour assieger forteresses que duire gens au faict de guerre. *On les vent a Paris en la grant rue Sainct Jacques, par Phelippe Le Noir,* 1529, in-4 goth. mar. vert, fil. tr. dor. (*Bauzonnet.*)

Livre de toute rareté, et orné d'un grand nombre de très-curieuses figures gravées sur bois. — Cet exemplaire est d'une conservation irréprochable.

1141. MÉLUSINE, nouuellement corrigée et imprimée a Paris par Pierre Le Caron. — *Cy finist lystoire de Melusine, nouuellement imprimée à Paris par Pierre Le Caron demourant en la rue de la Juyric, a lenseiyne de la Rose* (sans date), in-fol. goth. fil. en bois, mar. r. de Tanger, fil. tr. dor. (*Bauzonnet-Trautz.*)

Édition de la fin du XVe siècle, précieuse et fort rare. Exemplaire grand de marges, avec piqûres de vers, mais raccommodées avec grand soin.

1142. La belle Maguelonne (avec l'histoire de Pierre, filz du conte de Prouence). — *Imprimé à Rouen par Richard Goupil pour Michel Angiers à Caen, pour Jehan Macé à Rennes, et pour Richard Macé, demourant à Rouen* (sans date), in-4 goth. mar. vert, dent. tr. dor. (*Bauzonnet.*)

Volume fort RARE et bien conservé.

1143. L'histoire de Pierre de Provence et de la belle Maguelonne. *Anvers,* 1560, in-4, lettr. rondes, mar. rouge, fil. tr. dor. (*Trautz-Bauzonnet.*)

Édition très-rare d'un roman dont toutes les éditions anciennes sont recherchées. FORT BEL EXEMPLAIRE réglé.

1144. La terrible et merueilleuse Vie de Robert le Diable. — *Nouuellement imprimée a Paris pour Nicolas Bonfons* (sans date), pet. in-4 goth. mar. bleu, à comp. tr. dor. (*Kœhler.*)

Un des volumes rares de la collection des romans de chevalerie.

2. Romans en prose poétique.

1145. Les Amours de Psyché et de Cupidon (et Adonis, poëme), par M. de La Fontaine. *Paris, Cl. Barbin*, 1669, in-8, mar. citr. fil. tr. dor. (*Bradel.*)

ÉDITION ORIGINALE. Le poëme d'Adonis, qui se trouve à la suite du roman, est également de la première édition. SUPERBE EXEMPLAIRE.

1146. Les Amours de Psyché et de Cupidon, par de La Fontaine. *Paris, Cl. Barbin*, 1669, pet. in-8, v. f. fil. tr. d. (*Kœhler.*)

ÉDITION ORIGINALE. L'exemplaire est bien conservé, mais moins grand de marges que le précédent.

1147. Les Amours de Psyché et de Cupidon, avec le poème d'Adonis, par La Fontaine. *Paris, Didot jeune*, an III, in-4, pap. vélin, mar. rouge, fig. de Moreau et portrait de Lafontaine.

1148. TÉLÉMAQUE. Suite du IVe livre de l'Odyssée d'Homère, ou les Avantures de Télémaque, fils d'Ulysse. (par Fénelon). *Paris, veuve Claude Barbin*, 1699, 208 pag. — Seconde partie des Avantures de Télémaque, s. l., 1699, 330 pag. — Troisième partie, s. l., 1699, 204 pag. — Quatrième partie, s. l., 1699, 215 pag. — Cinquième partie, s. l., 1699, 308 pag. — Les Loix du roy Minos, ou continuation du IVe livre des Avantures de Télémaque. *Amst.*, 1716, 272 pag. — Sophronime, ou les Avantures d'Aristonoüs, s. l. n. d., 82 pag. — Suite du IVe livre de l'Odyssée d'Homère, ou les Avantures de Télémaque. *Paris, veuve Barbin*, 1699, 208 pag. ensemble, 8 vol. in-12, mar. r. tr. d. jans. (*Bauzonnet-Trautz.*)

ÉDITION ORIGINALE, COMPLÈTE, DE LA PLUS GRANDE RARETÉ. On peut lire sur cette édition des détails fort intéressants dans le *Dictionnaire des Anonymes*, par Barbier, n° 17,304, et dans la *Description raisonnée d'une jolie collection de livres*, par Ch. Nodier, 1844, page 315. — TRÈS-BEL EXEMPLAIRE.

1149. Les Aventures de Télémaque, fils d'Ulysse, par messire Franç. de Salignac de la Mothe-Fénelon. *Londres, R. Dosdley*, 1738, 2 vol. in-8, fig. mar. vert, dent. doubl. de tabis, tr. dor. (*Bozérian.*)

Édition rare, ornée des figures de Bernard Picart, réduites de format in-8. Dans un petit écusson, à l'intérieur, se trouvent ces lettres : M. D. B. (Mme de Bure.)

1150. Les Aventures de Télémaque, par Fénelon. *De l'imprimerie de Monsieur*, 1735, 2 vol. gr. in-4, pap. vél. fig. dos et coins de mar. n. rogn. (*Kœhler.*)

Très-bel exemplaire, auquel on a ajouté un portrait de Fénelon par Vivien, un portrait de Louis XV enfant, et la suite des figures de Bernard Picart.

1151. Les Aventures de Télémaque, par Fénelon. *Paris, imprimerie de Monsieur*, 1785, 2 vol. gr. in-4, pap. vél. fig. mar. rouge, fil. dent. doublé de tabis, tr. dor. (*Bradel.*)

On a ajouté à cet exemplaire les deux portraits de Fénelon gravés par Drevet et Saint-Aubin (le premier, ancienne épreuve ; le second, avant la lettre) ; les figures gravées par Tilliard, d'après Monnet, avant la lettre, et les gravures de Bernard Picart, pour l'édition de Hollande, 1734. — Acheté 275 fr. à la dernière vente Debure (décembre 1853).

1152. Les Aventures de Télémaque, par de Fénelon, nouvelle édition, avec des notes géographiques et littéraires (publiée par Lefèvre). *Paris, Techener*, 1853, 2 vol. gr. in-8, fig. à mi-page, br.

Un des VINGT exemplaires tirés SUR PAPIER DE HOLLANDE.

1153. Critique des Aventures de Télémaque. *Cologne, chez les héritiers de Pierre Marteau*, 1700 (*à la Sphère*), 2 vol. pet. in-12, front. gr. v. f. fil. tr. d. (*Bauzonnet-Trautz.*)

1154. La Telemacomanie, ou la censure et critique du roman intitulé les Avantures de Télémaque. *A Eleuterople*, 1700, in-12, v. br. à comp. fil. tr. d.

3. Romans de différents genres.

1155. LE VIOLIER DES HISTOIRES ROMAINES, moralisez sur les nobles gestes, faictz vertueux et anciennes cronicques de toutes nations de gens, fort recreatif et moral. — *Imprimé pour Denis Ianot, lan mil cinq cens xxix* (1529), in-4 goth. mar. olive, fil. à comp. dent. mosaïque, petits fers, tr. dor.(*Kœhler.*)

Bel exemplaire d'un livre fort rare.

1156. PANTAGRUEL. Les horribles et espouenta-bles faitz et prouesses du tres renommé Panta-gruel...... composés nouuellement par maistre Alcofribas Masier. M.DXXXIII, pet. in-8 goth. mar. rouge, fil. à comp. dorures à petits fers, tr. dor. (*Niédrée.*)

Édition PRÉCIEUSE et FORT RARE. A la fin se trouve la *Pantagrueline prognostican* pour l'an 1533. Voir pour plus de détails les *Recherches sur les éditions originales de Rabelais, par J.-Ch. Brunet*, 1852 (page 56). C'est sur cet exemplaire, LE SEUL CONNU, qu'a été faite la description de M. Brunet. — Sauf quelques réparations insignifiantes, la conservation in-térieure est parfaite.

1157. PANTAGRUEL. TIERS LIVRE...... *Paris, Ch. We-chel,* 1546, in-8, mar. rouge, doublé de mar. vert, dent. à petits fers, tr. dor. (*Trautz-Bauzonnet.*)

ÉDITION ORIGINALE du IIIe livre. Cet exemplaire, qui provient de M. Wal-kenaer, est, nous croyons, LE SEUL CONNU dans les bibliothèques parti-culières. Il y a quelques feuillets rallongés avec habileté.

1158. PANTAGRUEL. LE QVART LIVRE..... *Paris, Mich. Fezandat,* 1558, in-8, mar. rouge, doublé de mar. vert, dent. à pet. fers, tr. dor. (*Trautz-Bauzonnet.*)

ÉDITION ORIGINALE tres-rare du IVe livre.

1159. LE QVART-LIVRE des faicts et dictz héroïques du bon Pantagruel, composé par Francoys Rabe-lais, avec une briefue déclaration d'aucunes dic-tions plus obscures contenues en cedict liure. Nou-uellement reueu et corrigé, par ledict autheur, pour la deuxiesme édition. (Sans lieu) 1553, pet.

in-8, lettr. rondes, mar. vert, doublé de mar. rouge, dentelles, tr. dor. (*Duru.*)

TRÈS-BEL EXEMPLAIRE d'une édition précieuse et FORT RARE, la deuxième du IVe livre, donnée par Rabelais.

1160. Les Œuvres de François Rabelais (*Holl. Elzevir, à la Sphère*), 1663, 2 vol. pet. in-12, mar. grenat, à comp. doublé de mar. rouge, dentelles, tr. dor. (*Lortic.*)

FORT JOLI EXEMPLAIRE, grand de marges. Belle reliure.

1161. Œuvres de Rabelais, avec des remarques historiques et critiques par Le Duchat. *Amst.* 1741, 3 vol. gr. in-4, portr. fig. de B. Picart, cuir de Russ. fil. tr. dor. anc. rel.

SUPERBE EXEMPLAIRE, en GRAND PAPIER.

1162. Les Œuvres de Rabelais, *Paris, Desoer,* 1820, 3 vol. in-18, fig. en bois, mar. rouge, fil. tr. dor. (*Niédrée.*)

1163. Œuvres de Rabelais, édition variorum, augmentée de pièces inédites, des Songes drolatiques de Pantagruel, des remarques de Le Duchat, de Voltaire, de Ginguené etc., et d'un nouveau commentaire par Esmengard et Eloi Johanneau. *Paris, Dalibon,* 1823, 9 vol. gr. in-8, portr. fig. d.-rel. v. non rogn.

Exemplaire en grand papier vélin. Les figures sur Chine, avant la lettre.

1164. Œuvres de Rabelais. *Paris, Janet* (impr. de Jules Didot), 1823, 3 vol. gr. in-8, v. ant. fil. (*Bauzonnet.*)

Exemplaire en GRAND PAPIER VÉLIN.

1165. Œuvres de F. Rabelais, nouvelle édition par L. Jacob, bibliophile. *Paris,* 1851, in-12, d.-rel. v. f.

1166. Notices sur deux anciens romans intitulés les Chroniques de Gargantua (par Ch. Brunet). *Paris,*

1834, gr. in-8, pap. vél. d.-rel. v. f. n. rogn.
(*Bauzonnet.*)

Tiré à 60 exemplaires.

1167. Recherches bibliographiques et critiques sur
les éditions originales des cinq livres de Rabelais,
par Ch. Brunet. *Paris*, 1852, gr. in-8, br.

Exemplaire en GRAND PAPIER VÉLIN.

1168. Histoire de la vie de Tiel Wlespiègle, contenant ses faits et finesses, ses aventures et les grandes fortunes qu'il a eues, ne s'étant jamais laissé
tromper par personne aucune. Nouv. trad. de l'allemand. *Amsterdam, N. Chevalier*, 1702, pet. in-12,
fig. mar. bleu, fil. tr. dor. (*Duru.*)

1169. L'ASTRÉE de messire Honoré d'Urfé. *Imprimé
à Rouen, et se vend à Paris, Aug. Courbé*, 1647,
5 vol. in-8, fig. et portr. mar. rouge, tr. dor.
(*Kœhler.*)

TRÈS-BEL EXEMPLAIRE, grand de marges, et complet; il a été parfaitement lavé et encollé avant la reliure. Cette opération est un grand avan-
tage pour ce livre et quelques autres du même genre, dont le papier est
mauvais et spongieux.

1170. La vraye histoire comique de Francion, par
Nic. du Moulinet, sieur du Parc. *Leyde*, 1668, 2 vol.
pet. in-12, m. vert, tr. dor. (*Niédrée.*)

Édition elzevirienne.

1171. Le Romant satyrique de Jean de Lannel, seigneur du Chaintreau et du Chambort. *Paris, Touss.
du Bray*, 1624, pet. in-8, mar. grenat, fil. tr. dor.
(*Bauzonnet-Trautz.*)

Très-bel exemplaire d'un livre rarement dans une bonne condition.

1172. Histoire indienne d'Anaxandre et d'Orazie, par
de Bois-Robert. *Paris*, 1629, in-8, v. f. fil.

1173. Le Gascon extravagant, histoire comique. *Paris, Besongne*, 1639, pet. in-8, v. ant. fil. (*Kœhler.*)

1174. Histoire des amours de Lysandre et de Caliste (par Daudiguier). *Amsterdam, Jean de Ravestein,* 1663, pet. in-12, titr. gr. fig. mar. r. tr. dor. jans. (*Lortic.*)

Édition elzevirienne ornée de jolies figures. BEL EXEMPLAIRE.

1175. Artamène ou le grand Cyrus, par M. De Scudéry. *Paris, Aug. Courbé,* 1649, 3 gros vol. in-8, vél.

Édition ORIGINALE, ornée de figures de Chauveau et du portrait de la duchesse de Longueville (superbe épreuve), gravé par N. Regnesson; véritable chef-d'œuvre.

1176. CLÉLIE, histoire romaine, par M. De Scudéry. *Paris, Aug. Courbé,* 1656, 10 tom. en 5 gros vol. pet. in-8, portr. fig. mar. vert, dent. tr. dor. (*Bauzonnet-Trautz.*)

MAGNIFIQUE EXEMPLAIRE, dont le dos et les plats sont entièrement parsemés de fleurs de lys. Il contient la carte de Tendre (qui manque souvent), les figures de Chauveau et le portrait de Mlle de Longueville, à laquelle l'ouvrage est dédié. — Cet exemplaire, peut-être unique par sa condition et la richesse de sa reliure, a été parfaitement lavé et encollé.

1177. Le Romant comique de M. Scarron. *Paris, Toussaint Quinet,* 1651, 2 vol. in-8, veau fauve, fil. dent. tr. dor. (*Bauzonnet.*)

BEL EXEMPLAIRE de l'ÉDITION ORIGINALE, avec le curieux frontispice gravé qui manque quelquefois.

1178. Le Roman bourgeois, ouvrage comique (par Ant. Furetière). *Paris, Cl. Barbin,* 1666, in-8, veau fauve, fil. (*Bauzonnet.*)

ÉDITION ORIGINALE. Très-bel exemplaire NON ROGNÉ.

1179. Le Roman bourgeois, par feu M. de Furetière. *Nancy,* 1713, in-12, fig. maroq. grenat. tr. dor (*Bauzonnet-Trautz.*)

1180. La fausse Clélie, histoire française, galante et comique (par Subligny). *Amsterdam, à la Sphère,* 1672, pet. in-12, mar. bleu, fil. tr. dor. (*Duru.*)

Frontispice de Romain de Hooghe.

1181. La Princesse de Montpensier (par Mme de Lafayette). *Paris, De Sercy*, 1662, pet. in-12, v. f.
dent. tr. dor. (*Bauzonnet.*)

Joli exemplaire de l'édition originale.

1182. Marie Stuart, nouvelle historique (par de Bois-
Guilbert). *Paris, Louis Billaine*, 1675, 3 vol. in-12,
mar. de Tanger, tr. dor. (*Bauzonnet-Trautz.*)

1183. L'Enfant gâté ou le Débauché de la Haye, dé-
taillant les principales fourberies de notre temps.
A Delft, 1682, 2 part. en 1 vol. pet. in-12, titr. gr.
fig. mar. bl. fil. tr. dor. (*Duru.*)

1184. OEuvres choisies de Le Sage et de l'abbé Prévost. *Amst.* 1783, 54 vol. in-8, pap. de Holl. portr.
fig. d.-rel. v. ant. (*Kœhler.*)

1185. Histoire de Gil Blas de Santillane (par Lesage),
dernière édition, revue et corrigée. *Paris*, 1747,
4 vol. in-12, fig. mar. rouge, fil. tr. dor. (*Duru.*)

Édition originale.

1186. Histoire de Gil Blas de Santillane, par Le Sage.
Paris, imprimerie de Didot, an III, 4 vol. gr. in-8,
pap. vél. d.-rel. mar. non rogné.

Avec double suite de figures eaux-fortes et avant la lettre.

1187. Histoire de Gil Blas de Santillane, par Le Sage,
vignettes de J. Gigoux. *Paris*, 1835, gr. in-8, fig.
mar. r. fil. comp. tr. dor. (*Belle rel. de Kœhler.*)

Magnifique exemplaire imprimé sur papier de Chine, et auquel on a
ajouté la suite des vignettes anglaises sur Chine par Smirke.

1188. Histoire de Gil Blas de Santillane par Lesage.
Paris, 1841, in 12, pap. vélin, d.-rel. v. (*Kœhler.*)

1189. Le Diable boiteux, par Le Sage, illustré par
Tony Johannot, précédé d'une notice sur Lesage
par Jules Janin. *Paris*, 1840, gr. in-8, fig. d.-rel.
dos et coins de mar. vert, tr. dor. (*Trautz-Bauzonnet.*)

1190. Histoire du chevalier des Grieux et de Manon Lescaut (par l'abbé Prévost). *Amst.* 1753, 2 vol. in-12, fig. de Gravelot, mar. r. fil. tr. dor. (*Kœhler.*)

Édition recherchée.

1191. Histoire de Manon Lescaut et du chevalier des Grieux, par l'abbé Prévost. *Paris, impr. de Didot,* 1797, 2 vol. in-18, pap. vél. fig. avant la lettre, mar. vert, fil. dos à la rose, tr. dor. (*Niédrée.*)

Très-joli exemplaire, auquel on a ajouté un portrait de l'abbé Prévost, par Ficquet.

1192. Histoire de Manon Lescaut, par l'abbé Prévost, nouvelle édition avec une notice par Sainte-Beuve. *Paris,* 1839, in-12, d.-rel. v. vert.

1193. Histoire de Manon Lescaut, par l'abbé Prévost, illustrée par Tony Johannot. *Paris, Bourdin,* gr. in-8, fig. sur Ch. dos et coins de mar. bl. tr. dor. (*Bauzonnet-Trautz.*)

1194. Daïra, histoire (orientale par Le Riche de la Popelinière, fermier général). *Paris, impr. de Simon,* 1760, gr. in-8, mar. rouge, fil. tr. dor. (*Anc. rel.*)

Édition imprimée pour l'auteur, et dont il n'a été tiré qu'un petit nombre d'exempl. Voir BRUNET, *Manuel,* t. II. Celui-ci a fait partie de la Bibliothèque du comte de Carvoisin.

1195. Collection complète des œuvres de Crébillon le fils. *Londres,* 1779, 7 vol. in-12, v. f. fil. tr. dor. (*Thouvenin.*)

Exemplaire avec une très-élégante reliure.

1196. La Vie de Marianne, par De Marivaux. *Londres (Cazin),* 1782, 4 vol. pet. in-12, fig. v. f. fil. tr. dor. (*Muller.*)

1197. La Vie de Marianne, par Marivaux, avec une notice par Jules Janin. *Paris,* 1842, in-12, d.-rel. v. f.

1198. Émile ou de l'Education, — Julie ou la nouvelle Héloïse, par J.-J. Rousseau. *Paris*, 1845, 2 vol. in-12, d.-rel.

1199. Lettres de deux Amants habitans d'une petite ville aux pied des Alpes, recueillies et publiées par J.-J. Rousseau (ou la nouvelle Héloïse). *Amst.* 1761, 6 vol. in-12, fig. de Gravelot, v. m. (*Aux armes de Mirabeau.*)

Édition originale recherchée.

1200. Romans et contes de Voltaire. *Bouillon, aux dépens de la Société typographique*, 1778, 3 vol. in-8, portr. mar. brun, tr. dor. jans. (*Duru.*)

Très-bel exemplaire, avec la suite de figures de Monnet, avant la lettre.

1201. Candide ou l'Optimisme (par Voltaire). *S. l.* 1759, in-12, mar. r. fil. tr. dor. (*Niédrée.*)

Édition originale.

1202. La Princesse de Babylone. *S. l.* 1768, in-8, mar. bl. tr. dor. jans. (*Duru.*)

1203. Angola, histoire indienne, ouvrage sans vraisemblance (par le Cheval^r de la Morlière). *Agra*, 1778, 2 vol. pet. in-12, mar. citron, fil. tr. dor. (*Niédrée.*)

1204. La Vie de mon Père (par Rétif de la Bretonne). *Neufchâtel*, 1779, 2 part. en 1 vol. in-12, fig. mar. bl. tr. dor. jans. (*Niédrée.*)

1205. Les Contemporaines ou les Aventures des plus jolies femmes de l'âge présent (par Rétif de la Bretonne). *Leipsick*, 1780, 42 tom. en 21 vol. in-12, fig. d.-rel. v. f. tr. dor. dos riche. (*Niédrée.*)

Très-bel exemplaire.

1206. Le Paysan et la Paysanne pervertis ou les Dangers de la ville, par Rétif de la Bretonne. *La Haye*, 1784, 8 vol. in-12, fig. v. bl. fil. (*Kœhler.*)

1207. LES LIAISONS DANGEREUSES, lettres recueillies dans une société (par Chanderlos de La Clos). *Londres (Paris)*, 1796, 2 vol. in-8, pap. vél. mar. bleu, fil. à comp. tr. dor. (*Kœhler.*)

Exemplaire UNIQUE de PIXÉRÉCOURT, avec les figures avant la lettre et eaux-fortes (rares), et orné des 14 DESSINS ORIGINAUX de Monnet et de Mlle Gérard.

1208. Paul et Virginie, par Bernardin de Saint-Pierre. *Paris, Curmer,* 1838, gr. in-8, pap. vél. portr. fig. sur Chine, br.

1209. Delphine, de Staël. — Corinne ou l'Italie, par Mme de Staël, préface par Sainte-Beuve. *Paris,* 1839, 2 vol. in-12, d.-rel. v.

1210. Corinne ou l'Italie, par la baronne de Staël. *Paris,* 1841, 2 vol. gr. in-8, dos et coins de mar. bl. (*Edit. illustrée.*)

1211. Vathek translated from the original french. *London,* 1823, in-8, fig. d.-rel. v. n. rogn.

1212. Emile, fragmens par Emile de Girardin, préface par le vic. de Chateaubriand. *Paris,* 1828, in-8, d.-rel. v.

1213. Adolphe, anecdote trouvée dans les papiers d'un inconnu par Benj. Constant. *Paris,* 1839, in-12, d.-rel. v.

1214. Obermann, par de Senancour, préface par G. Sand. *Paris,* 1840, in-12, d.-rel. v. f. (*Kœhler.*)

1215. Ourika, — Edouard, par la duchesse de Duras, précédés d'une notice par G. Duplessis. *Paris,* 1851, in-12, d.-rel. v. f.

1216. Histoire du Roi de Bohême et de ses sept châteaux (par Ch. Nodier). *Paris,* 1830, gr. in-8, vign. mar. viol. fil. tr. dor. (*Bauzonnet.*)

Livre très-rare. Exemplaire sur papier de Chine.

1217. Chroniques françoises de Jacq. Gondàr Clerc,

publ. par F. Michel, suivies de recherches sur le style, par Ch. Nodier. (*Paris, impr. de Firmin Didot*, vers 1825), pet. in-8 goth. rel. en vélin bl. dorures, dent. tr. dor. dans un étui.

Exemplaire en PAPIER VÉLIN, et dont les initiales et les figures sont rehaussées d'or et de couleur à la manière des manuscrits anciens.

1218. Œuvres de George Sand. *Paris*, 1842, 15 vol. in-12, d.-rel. v.

1219. Notre-Dame de Paris, par Victor Hugo. *Paris, Perrotin*, 1844, gr. in-8, dos et coins de mar. r. (*Trautz-Bauzonnet.*)

EXEMPLAIRE avec figures sur Chine.

1220. Raphaël, pages de la vingtième année, par De Lamartine. *Paris*, 1849, in-8, br.

1221. Œuvres d'Eugène Sue. *Paris, Gosselin*, 8 vol. in-12, d.-rel. v. f. (*Kœhler.*)

Contenant : la Salamandre ; Arthur ; Romans maritimes ; la Vigie de Koat-Ven ; la Cucaratcha.

1222. Les Mystères de Paris, par Eug. Sue. *Paris*, 1844, 3 vol. gr. in-8, d.-rel. mar. grenat, coins. (*Bauzonnet-Trautz.*)

Exempl. en PAPIER VÉLIN FORT.

1223. Le Juif errant, par Eug. Sue, illustr. par Gavarni. *Paris*, 1845, 4 vol. gr. in-8, fig. et vign. cart. en toile, tr. dor. riche reliure.

1224. Les Mémoires du Diable, par Frédéric Soulié. *Paris*, 1840, 3 vol. in-12, d.-rel. v. f.

1225. Gabrielle, par Mᵐᵉ Ancelot. *Paris*, 1840, in-12, d.-rel. v. f. (*Kœhler.*)

1226. Stello, par Alfred de Vigny. *Paris*, 1841, in-12, d.-rel. v. f. (*Kœhler.*)

Avec envoi d'auteur signé.

1227. La Confession (par Jules Janin). *Paris*, 1830,

2 tom. en 1 vol. in-12, fig. mar viol. fil. n. rogn. (*Kœhler.*)

Exemplaire sur papier de Chine.

1228. La Religieuse de Toulouse, par J. Janin. *Paris,* 1840, 2 vol. gr. in-8, dos et coins de mar. brun, tr. sup. dor. non rogn. (*Trautz-Bauzonnet.*)

Très-bel exemplaire en grand papier de Hollande, avec lettre aut. d'envoi de l'auteur.

1229. Le Chemin de Traverse, par Jules Janin. *Paris,* 1841, in-8, d.-rel. mar. bl. (*Duru.*)

1230. L'Ane Mort, par Jules Janin, édition illustrée par Tony Johannot. *Paris, E. Bourdin,* 1842, gr. in-8, d.-rel. mar. tr. dor. (*Trautz-Bauzonnet.*)

Un des rares exemplaires imprimés sur papier de Chine.

1231. Le Maçon, mœurs populaires, par Michel Raymond. *Paris,* 1840, 2 tom. en 1 vol. in-12, pap. vél. fig. d.-rel. v.

1232. Picciola, par Saintine, précédé de recherches sur l'emploi du temps dans les prisons, par Paul Lacroix. *Paris,* 1840, in-12, d.-rel. v. f.

1233. Caliste ou Lettres écrites de Lausanne, roman par Mme de Charrière, avec une notice par Sainte-Beuve. *Paris,* 1845, in-12, d.-rel. v. f.

1234. Le Rouge et le Noir, chronique du XIXe siècle, par Stendhal. *Paris,* 1846, in-12, d.-rel. v.

1235. Romans, contes et nouvelles, par Delécluze. *Paris,* 1843, in-12, d.-rel. v. f. (*Envoi d'auteur.*)

1236. Marie ou l'Esclavage aux Etats-Unis, tableau de mœurs américaines, par Gust. de Beaumont. *Paris,* 1840, in-12, d.-rel. v. f.

1237. Histoire du Prince Rupert, tirée de ses mémoires, par John. Coindet. *Paris,* 1851, in-12, d.-rel. v.

1238. Scènes de la Bohème, par H. Murger. *Paris,* 1851, in-12, d.-rel. v. f.

1239. Les Trois Mousquetaires. — Vingt Ans après. — Le Vicomte de Bragelonne, par Alex. Dumas. *Paris,* 1853, 6 vol. gr. in-8, fig. br.

1240. Galanteries des rois de France, depuis le commencement de la monarchie, par H. Sauval. *Suivant la copie imprimée à Paris,* 1738, 2 vol. in-12, front. gr. fig. mar. r. fil. tr. d. (*Kœhler.*)

1241. Histoire amoureuse des Gaules (par Bussy Rabutin). *Leide,* pet. vol. in-12, mar. bleu, tr. dor. (*Trautz-Bauzonnet.*)

1242. Histoire amoureuse des Gaules, par Bussi Rabutin. *A l'Hopital des Foux, chés l'auteur,* 1666, pet. in-12, mar. rouge, tr. dor. (*Duru.*)

1243. Amours des dames illustres de notre siècle. *Cologne, Jean Le Blanc,* 1680, pet. in-12, titr. gr. fig. mar. vert, fil. tr. d. (*Duru.*)

Dans le même volume : *Le Passe-temps royal, ou les Amours de mademoiselle de Fontange.* Fort joli exemplaire relié sur brochure.

1244. La France galante, ou Histoires amoureuses de la cour. *Cologne, P. Marteau (à la Sphère),* 1688, pet. in-12, mar. bleu, fil. tr. d. (*Duru.*)

1245. Les Conquestes amoureuses du grand Alcandre dans les Pays-Bas, avec les intrigues de sa cour. *Cologne, P. Bernard,* 1685, pet. in-12, mar. r. tr. d. jans. (*Duru.*)

1246. La Cassette ouverte de l'illustre Créole, ou les Amours de mad. de Maintenon. *A Villefranche,* 1690, pet. in-12. mar. gr. fil. tr. d.

1247. Le Passe-Temps royal de Versailles, ou les Amours secrètes de Mme de Maintenon, sur de nouveaux Mémoires très-curieux. *Cologne, P. Marteau,* 1706, pet. in-12, titr. gr. mar. rouge, fil. tr. d. (*Duru.*)

Exemplaire curieux par sa provenance. Il a fait partie de la bibliothèque

de Huet, évêque d'Avranches; les armoiries de ce prélat ont été conservées dans la doublure de la reliure, et il se trouve sur le titre une ligne autographe de sa main.

1248. **Scarron aparu à Mme de Maintenon, et les re-
proches qu'il lui fait sur ses amours avec Louis-le-
Grand.** *Cologne (à la Sphère), chez Jean Le Blanc,*
1694, in-12, fig. mar. rouge, NON ROGNÉ. (*Duru.*)

TRÈS-BEL EXEMPLAIRE.

1249. **Tombeau des Amours de Louis-le-Grand et ses
dernières galanteries.** *Cologne*, 1695, in-12, mar.
grenat. NON ROGNÉ. (*Bauzonnet-Trautz.*)

BEL EXEMPLAIRE. Le frontispice gravé représente Mme de Maintenon
et Louis XIV repoussant les Amours. On lit au bas :

Adieu, trop aimables Amours,
Qui avez sçu me charmer si tendrement.
Ha! je ne sens plus pour vous
L'ardeur qui me touchait si vivement.

1250. **Histoire des Amours de Grégoire VII, du cardinal de Richelieu, de la princesse de Condé et de
la marquise d'Urfé.** *Cologne, P. le Jeune*, 1700,
pet. in-12, mar. r. fil. tr. d. (*Kœhler.*)

1251. **Histoire des Amours du maréchal de Boufflers,
jusqu'à son mariage avec Mlle de Grammont.** *Paris*, 1696, pet. in-12, mar. r. fil. tr. dor. (*Kœhler.*)

1252. **Histoire secrète de la reine Zarah et des Zara-
ziens, ou la Duchesse de Malboroug démasquée,
avec la clef pour l'intelligence de cette histoire.**
S. l. imprimé dans le royaume d'Albigion, 1712,
pet. in-12, mar. r. fil. non rogn. (*Thompson.*)

5. Romans féeries et Voyages imaginaires.

1253. **Le Cabinet des Fées, ou Collection choisie des
contes des fées et autres contes merveilleux.** *Amst.*
1785, 41 vol. in-8, fig. v. rac.

1254. **HISTOIRES OU CONTES DU TEMPS PASSÉ, avec des**

moralités (par Ch. Perrault). *Paris, Cl. Barbin,* 1697, in-12, mar. rouge doublé de mar. vert, dentelle à petits fers, tr. dor. (*Trautz-Bauzonnet.*)

ÉDITION ORIGINALE TRÈS-RARE des *Contes des Fées* de Ch. Perrault. — Très-bel exemplaire. Le frontispice gravé, qui manquait, a été reproduit avec une rare perfection.

1255. Les Illustres Fées, contes galans dediez aux dames. *Paris,* 1709, in-12, mar. rouge, tr. d. jans. (*Duru.*)

1256. Voyages imaginaires, romanesques, merveilleux, allégoriques, amusans et critiques, suivis des songes et visions et romans cabalistiques. *Amst.* 1787, 39 vol. in-8, fig. de Marillier, v. rac.

6. Contes et Nouvelles

1257. LES CENT NOUUELLES NOUUELLES. — *Cy finissent les Cent Nouuelles nouuelles, composées et récitées par nouuelles gens depuis naguerres et imprimées à Paris le xxiii iour de décembre mil cccclxxxvi, par Anth. Vérard* (1486), pet. in-fol. goth. mar. rouge, comp. tr. dor. (*Bauzonnet-Trautz.*)

PREMIÈRE ÉDITION, FORT RARE et précieuse. Le dernier feuillet refait. Cet exempl., l'un des deux seuls connus dans les bibliothèques particulières, a quelques raccommodages.

1258. Les Cent Nouvelles nouvelles. *Cologne,* 1701, 2 vol. pet. in-8, mar. bleu, fil. tr. dor. dorures à petits fers. (*Niédrée, armoiries de M. de Coislin.*)

TRÈS BEL EXEMPLAIRE, fig. de Romain de Hooge.

1259. Les Cent Nouvelles nouvelles, édition publiée par Le Roux de Lincy. *Paris,* 1841, 2 vol. in-12, d.-rel. v. f.

1260. BONAVENTURE DES PERIERS. Recueil des OEuvres de feu Bonaventure Des Periers (donné par Ant. du

Moulin). *Lyon, de Tournes*, 1544, in-8, petits fers, mar. rouge de Tanger, tr. dor. comp. (*Bauzonnet-Trautz.*)

Bel exempl. d'un livre RARE.

1261. Les nouvelles Récréations et joyeux Devis de Bonaventure Desperiers. *Lyon, Rob. Granjon*, 1558, pet. in-4, mar. vert. (*Rel. angl.*)

Édition fort rare, la première de ces contes ; elle est imprimée en caractères dits de *Civilité.*

1262. Les nouvelles Récréations et joyeux Devis de feu Bonaventure Des Periers. *Lyon, Rouille*, 1561, pet. in-4, mar. chocol. fil. tr. dor. (*Trautz-Bauzonnet.*)

Très-bel exemplaire d'une édition recherchée.

1263. Les Contes ou les nouvelles Récréations et joyeux Devis de Bonaventure Des Periers, publiés par P. Lacroix et Ch. Nodier. *Paris*, 1841, pet. in-8, mar. r. fil. tr. d. (*Kœhler.*)

Exemplaire en papier de Hollande.

1264. Les Contes ou les nouvelles Récréations et joyeux Devis de Bonaventure Des Periers, revues et augmentées par P.-L. Jacob, bibliophile, et une notice littéraire par Ch. Nodier. *Paris*, 1841, in-12, d.-rel. v. bl.

1265. L'HEPTAMERON DES NOUVELLES de Marguerite de Valois, royne de Navarre, remis en son ordre par Claude Gruget. *Paris, Vinc. Sertenas*, 1559, in-4, mar. rouge, fil. doublé de mar. bleu, large dent. tr. d. (*Kœhler.*)

SUPERBE EXEMPLAIRE.

1266. Contes et Nouvelles de Marguerite de Valois, reine de Navarre. *Paris*, 1740, 2 vol. pet. in-8, fig. à mi-pag. mar. vert, fil. (*Trautz-Bauzonnet.*)

MAGNIFIQUE EXEMPLAIRE, NON ROGNÉ.

1267. Heptameron françois, nouvelles de Marguerite, reine de Navarre. *Berne*, 1780, 3 vol. in-8, pap. de Holl., fig. de Freudenberg, culs-de-lampe et vignettes, mar. bleu, fil. tr. dor. (*Niédrée.*)

Magnifique exemplaire pour les épreuves (avant les numéros) et la condition.

1268. L'Heptameron, ou Histoire des Amants fortunés, nouvelles de la reine Marguerite de Navarre, avec des notes par le bibliophile Jacob. *Paris*, 1841, in-12, d.-rel. v.

1269. L'Heptameron des Nouvelles de Marguerite d'Angoulême, publié par la Société des bibliophiles français. *Paris*, 1853, in-8, portr. br. (tom. Ier.)

Exemplaire en papier de Hollande, avec les portr. doubles.

1270. Les Contes et Discours d'Eutrapel, par le feu seigneur de La Hérissaye, gentilhomme breton. *A Rennes, pour Noel Glamet de Quimper-Corentin*, 1585, pet. in-8, mar. rouge, fil. tr. dor. (*Kœhler.*)

L'auteur est Noël du Fail, seigneur de la Hérissaye.

1271. Les Nouvelles galantes, comiques et tragiques. *Sur la copie, à Paris, chez Est. Loyson*, 1680, 2 tom. en 1 vol. in-12, mar. rouge, tr. dor. (*Duru.*)

Joli recueil, dédié *à mes Maîtresses, mes Dames et mes Demoiselles.*

1272. Les neuf Matinées du seigneur de Cholières. *Paris, J. Richer*, 1585, in-8, mar. rouge, tr. dor. (*Bauzonnet.*)

Très-bel exemplaire.

1273. Serées de Guillaume Bouchet, iuge et consul des marchands, à Poictiers. *Rouen, Louys et Daniel Loudet*, 1635, 3 vol. in-8, mar. rouge, fil. tr. dor. (*Thouvenin.*)

Bel exemplaire de Ch. Nodier, et de la meilleure édition.

1274. La Religieuse cavalier. Mémoires galands, par De Chavigny.—*Brusselles*, 1699.—L'Abbé en belle humeur, nouvelle galante. *Cologne*, *P. Marteau*, 1703. — Les Amants cloistrez, ou l'heureuse Inconstance, *Brusselles*, 1706. — L'Abbé à sa toilette, nouvelle galante. *Londres* (*à la Sphère*), 1707, 4 p. en 1 vol. pet. in-12, fig. mar. r. fil. tr. d. (*Kœhler.*)

1275. Les Récréations des Capucins. *La Haye*, 1738. — Intrigues monastiques, ou l'Amour encapuchonné, nouvelles espagnoles, italiennes et françoises. *La Haye*, 1739. — Le Rasibus, ou le Procez fait à la barbe des Capucins, pièce satyrique. *Cologne*, *P. Marteau*, 1718, 3 p. en 1 vol. pet. in-12, mar. r. fil. tr. dor. (*Kœhler.*)

1276. Intrigues monastiques, ou l'Amour encapuchonné, nouvelles espagnoles, italiennes et françoises. *La Haye*, 1739, pet. in-12, mar. tr. d. non rogn. (*Duru.*)

1277. Le Sire d'Aubigny, nouvelle historique. *Amst.* (*à la Sphère*), 1700, pet. in-12, mar. r. fil. tr. d. (*Kœhler.*)

1278. Chronique burlesque, ou Recueil d'histoires divertissantes et d'avantures comiques arrivées de fraîche date dans les païs voisins. *Londres*, 1742, pet. in-12, mar. r. fil. tr. dor. (*Kœhler.*)

1279. Nouveaux Contes moraux et Nouvelles historiques, par Mme de Genlis. *Paris*, 1804, 6 vol. in-12, d.-rel. v.

1280. Le Caravanserail. — Contes nouveaux et Nouvelles nouvelles; Bardoue, par Sarrazin. *Paris*, 1841, in-12, d.-rel. v.

1281. Chronique du règne de Charles IX, suivie de la Double Méprise et de la Guzla, par P. Mérimée. *Paris*, 1842, in-12, d.-rel. v.

1282. Colomba, suivi de la Mosaïque, et autres contes et nouvelles, par P. Mérimée. *Paris*, 1842, in-12, d.-rel. v.

1283. Philosophes et Comédiennes, par Arsène Houssaye. *Paris*, 1851, in-12, fig. d.-rel. v. f.

1284. Nouvelles genevoises, par Topffer. *Paris*, 1841, in-12, d. rel. v. f.

C. *Romans italiens, espagnols, anglais, etc.*

1285. Le Decameron de Bocace, traduit d'italien en françoys par Anthoine Le Maçon, conseiller du roy. *Paris*, *Estienne Rosset*, 1545, in-fol. lettr. rondes, mar. viol. fil. tr. dor. (*Belle rel. de Thouvenin.*)

Ce beau livre, d'une exécution typographique des plus remarquables, est orné de figures sur bois encadrées dans des entourages variés et du meilleur goût.

1286. Le Decameron de Bocace, traduit en françoys par Ant. Le Maçon. *Lyon*, *G. Rouille*, 1558, in-16, fig. sur bois, mar. grenat, comp. fil. tr. dor. et ciselée, ais en bois.

Ancienne reliure anglaise assez curieuse.

1287. Contes et Nouvelles de Boccace, traduct. libre, accommodée au goût de ce temps. *Amsterdam*, *G. Gattet*, 1697, 2 vol. pet. in-8, fig. mar. citron, fil. dorures à la rose. (*Trautz-Bauzonnet.*)

SUPERBE EXEMPLAIRE NON ROGNÉ de la première édition, qui contient les figures de Romain de Hooge, et par ce motif la plus recherchée.

1288. Le DECAMERON de Jean Boccace (trad. par Ant. Le Maçon). *Londres (Paris)*, 1757, 5 vol. in-8, fig. vignettes, mar. vert, fil. comp. tr. dor. (*Kœhler.*)

Exemplaire en PAPIER DE HOLLANDE; outre les figures de Gravelot et d'Eisen en bonnes épreuves, on a ajouté à cet exemplaire la suite des figures libres et celle de Romain de Hooge remontée.

1289. Contes de Boccace, traduits de l'italien par Barbier. *Paris*, 1846, gr. in-8, fig. et vign. br.

1290. Les Fiancés, histoire milanaise, par Manzoni,

traduite par Rey-Dusseuil. *Paris*, 1840, in-12, d.-rel. v.

1291. El ingenioso Hidalgo Don Quixote de la Mancha, compvesto por Miguel de Ceruentes Saauedra. *Brucellas*, 1611, in-8 , mar. rouge, fil. tr. dor. (*Duru.*)

Édition faite sur celle de 1608, qui contient des corrections importantes et des changements considérables.

1292. Histoire de l'admirable Don Quixote de la Manche. *Bruxelles, Fricx*, 1706, 2 vol. in-12, titr. gr. fig. mar. bleu, fil. tr. d. (*Duru.*)

Édition recherchée pour les figures d'Harrewyn.

1293. Histoire de Don Quichotte de la Manche, traduit de l'espagnol de Cervantes (par Filleau de S.-Martin. *Amst.*, *Arkstée*, 1768, 6 vol. — Nouvelles de Cervantes. *Amst.* 1763, 2 vol. Les 8 vol. in-12, fig. mar. bl. dor. en tête, non rogn.

Très-bel exemplaire qui contient les figures de Folkéma et de Fokke, de l'édition espagnole, qui sont de premières épreuves.

1294. L'Ingénieux chevalier Don Quixote de la Manche (traduit de l'espagnol par de L'Aulnay). *Paris, Desoër*, 1821, 4 vol. in-18, fig. en bois, mar. rouge, fil. tr. dor. (*Niédrée.*)

Une des meilleures traductions.

1295. L'ingénieux hidalgo Don Quichotte de la Manche, par Cervantès, traduit et annoté par Viardot. *Paris*, 1836, 2 vol. gr. in-8, fig.

Exemplaire sur papier de Chine.

1296. Don Quichotte de la Manche, trad. par Damas-Hinard. *Paris*, 1847, 2 vol. in-12, d.-rel. v. f.

1297. Le Don Quichotte de Fernandez Avellaneda, traduit de l'espagnol par Germond de Lavigne. *Paris*, 1853, in-8, pap. vél. br.

1298. Nouvelles espagnolles de Michel de Cervantes

(traduct. par Lefèvre de Villebrune). *Paris, Costard,*
1775, 2 part. en 1 vol. in-8, mar. vert, fil. tr. dor.
(*Belle rel. de Bauzonnet-Trautz.*)

Orné de très-jolies figures par Desrais, fort curieuses pour les costumes.

1299. Histoire de Don Pablo de Ségovie, surnommé
l'Avanturier Buscon, par Don Franc. de Quévédo,
trad. par Germon de Lavigne. *Paris,* 1843, in-8,
fig. br.

Exemplaire sur papier bleu.

1300. Los siete libros de la Diana de George de Mon-
temayor, où, sous le nom de Bergers et Bergères,
sont compris les amours des plus signalez d'Espagne, trad. d'espagnol en françoys et conferez ès
deux langues, et de nouveau revuz et corrigez par
Bertranet. *Paris, T. du Bray,* 1611, in-8, mar. r.
tr. d. (*Niédrée.*)

1301. The History of the life of the squire Marcos
de Obregon, by Vincent Espinel, translated into
english, from the Madrid edition of 1618, by major
Algernon Langton. *London,* 1816, 2 vol. in-8, d.-
rel. dos et coins de v. f. tr. dor. (*Niédrée.*)

1302. Le Gueux, ou la Vie de Guzman d'Alpharache,
image de la vie humaine. *Rouen, Besongne,* 1645,
pet. in-8, v. f. comp. fil. tr. d. (*Niédrée.*)

« En laquelle toutes les fourbes et toutes les meschancetez qui se pra-
tiquent dans le monde sont plaisamment et utilement descouvertes. »

1303. Histoire de l'admirable Don Guzman d'Alfa-
rache. *Paris,* 1734, 3 vol. in-12, fig. dos et coins
de mar. bl. tr. sup. dor. non rogn. (*Niédrée.*)

Édition recherchée pour ses figures d'Harrewyn.

1304. La Vie de Lazarille de Tormes, ses fortunes et
ses adversitez, traduite en vers françois par le sieur
de B. *Paris,* 1653, in-4, v. f. fil. tr. d. (*Niédrée.*)

1305. Werther, par Gœthe, traduit par P. Leroux,

suivi d'Hermann et Dorothée, traduit par Marmier. *Paris*, 1839, in-12, d.-rel. v. f.

1306. Werther, par Gœthe, traduction nouvelle par P. Leroux, accompagnée d'une préface par G. Sand. *Paris*, 1845, gr. in-8, pap. vél. d.-rel. dos et coins de mar. r. (*Trautz-Bauzonnet.*)

Les dix figures gravées à l'eau-forte par Tony Johannot, sur papier de Chine, avant la lettre.

1307. Les Affinités électives, par Gœthe, suivies d'un choix de pensées, trad. par Mme de Carlowitz. *Paris*, 1844, in-12, d.-rel. v. f.

1308. Contes fantastiques de Hoffmann, traduction nouvelle, précédés de souvenirs intimes sur la vie de l'auteur, par P. Christian. *Paris*, 1843, gr. in-8, pap. vél. fig. et vign. d.-rel. mar. r. avec coins, tr. d. (*Niédrée.*)

1309. Contes fantastiques d'Hoffmann, trad. nouv. par X. Marmier. *Paris*, 1843, in-12, d.-rel. v. f.

1310. Nouvelles allemandes, par Zschokke, Chamino, etc., trad. par X. Marmier. *Paris*, 1847, in-12, d.-rel. v. bl.

1311. Palace of Pleasure, beautified, adorned and well furnised with pleasant histories and excellent novels, chosen and selected out of divers good and commendable authors, by Will. Painter. *London*, 1813, 3 vol. in-4, mar. citr. dent. tr. dor. (*Rel. angl.*)

1312. The British novelists, with an Essay and Prefaces biographical and critical, by Mrs. Barbauld. *London*, 1810, 50 vol. in-12, v. rac. fil.

1313. A Collection of Early prose Romances, edited by Will. J. Thoms. *London, Pickering*, 1828, 3 vol. pet. in-8, pap. de Holl. d.-rel. dos et coins de mar. bl. tr. d. (*Niédrée.*)

Robert the Deuyll. — Thomas a reading. — Frier Bacon. — Frier Rush.

— The Lyfe of Virgilius. — Robin Hood. — George a Green. — Tom a Lin-
colne. — The History of Helyas. — Doctor Faustus. — Second report of Doctor Faustus.

1314. The Novels and miscellaneous works of Daniel de Foe. *Oxford, Talboys*, 1840, 20 vol. pet.
in-8, v. f. fil. (*Simier.*)

1315. The life and Adventures of Robinson Crusoe.
London, 1820, 2 vol. gr. in-8, mar. vert, fil. tr.
dor. (*Rel. angl.*)

Exemplaire en grand papier, avec les premières épreuves sur Chine des
figures gravées par Ch. Heath, d'après Stothard.

1316. Voyages de Gulliver, par Swift. *Paris*, 1845,
gr. in-8, pap. vél. illustr. par Grandville, dem.-rel.
mar. r. avec coins, tr. dor. (*Trautz-Bauzonnet.*)

Exemplaire en PAPIER VÉLIN.

1317. Clarissa, or the History of a young lady (by
Richardson). *London*, 1748, 7 vol. in-12, v. f. fil.
(*Muller.*)

1318. Clarisse Harlowe, par Jules Janin, précédée
d'un Essai sur Sam. Richardson. *Paris*, 1846, 2 vol.
in-12, veau fauve, fil. tr. d. (*Niédrée.*)

Exemplaire en grand papier vélin fort.

1319. Tom Jones, ou l'Enfant Trouvé, par Fielding,
trad. nouvelle, Léon de Wailly. *Paris*, 1841, 2 vol.
in-12, d.-rel. v. f.

1320. Voyage sentimental, traduction nouvelle, précédée d'un Essai sur la vie de Sterne, par J. Janin.
Paris, Bourdin, gr. in-8, fig. sur Ch. vign. d.-rel.
mar. bl. avec coins, tr. d. (*Bauzonnet-Trautz.*)

1321. OEuvres choisies de Goldsmith et de Sterne.
Paris, 1841, in-12, d.-rel. v. bl.

1322. The Life and Opinions of Tristram Shandy,
by Laurence Sterne. *Paris*, 1832, in-8, d.-rel. v.

1323. Vie et Opinions de Tristram Shandy, par

Sterne, trad. par de Wailly. *Paris*, 1842, in-12, pap. vél. d.-rel. v.

1324. The Vicar of Wakefield, by Oliver Goldsmith. *Paris*, 1833. — A Simple Story, by miss Inchbald, 1833, 2 part. en 1 vol. in-8, d.-rel. v.

1325. Le Vicaire de Wakefield, par Olivier Goldsmith, trad. nouvelle, par Mme Louise Belloc. *Paris*, 1839, in-12, d.-rel. v. bl.

1326. Caleb Williams, by W. Godwin. *London*, 1831, in-12, titr. gr. fig. v. f. fil. (*Trautz-Bauzonnet.*)

1327. The Adventures of Caleb Williams, or things as they are, by Will. Godwin. *Paris*, 1833, in-8, d.-rel. v.

1328. Kruitzner, or the German's Tale, by Harriet Lee. *London*, 1823, in-8, d.-rel. v. non rogn.

1329. The Works of Walter Scott. *Paris, Baudry*, 1831, 27 vol. in-8, d.-rel. v. f. (*Bauzonnet.*)

1330. Waverley novels. *Edinburgh*, 1842, 12 vol. gr. in-8, fig. et vign. cart. en toile angl. non rogn.

1331. OEuvres complètes de Walter Scott. *Paris, Gosselin*, 76 vol. in-12, non broch. et pliés.

Exemplaire unique sur papier de Chine, avec la suite des titres, cartes et fig., au nombre de 183, également sur Chine.

1332. OEuvres de Walter Scott, traduction de Defauconpret. *Paris, Furne*, 1851, 25 vol. in-8, fig. br.

1333. Thaddeus of Warsaw, by miss Jane Porter. *Paris*, 1831, in-8, d.-rel. v. f.

1334. Tales of fashionable life, by Maria Edgeworth. *Paris*, 1831, 3 vol. in-8, d.-rel. v. f.

1335. Helen, a tale, by Maria Edgeworth. *Paris*, 1834, in-8, d.-rel. v. f.

1336. Eugène Aram, a tale (by Bulwer). *Paris*, 1832, in-8, d.-rel. v.

1337. Eugène Aram, par Bulwer, traduit de l'anglais par Defauconpret. *Paris*, 1842, in-12, d.-rel. v. f.

1338. Pelham, or the Adventures of a gentleman (by Bulwer). *Paris*, 1832, in-8, d.-rel. v.

1339. The Life and Adventures of Nicholas Nickleby, by Ch. Dickens. *Paris*, 1839, 2 vol. in-8, d.-rel. v. f.

1340. Fenimore Cooper. The Pilot, the Pioneers, the last of the Mohicans. *Paris*, 1833-1835, 3 vol. in-8, d.-rel. v. f.

1341. Uncle Tom's cabin, or life among the lowly, by Harriet Beecher Stowe. *London*, 1852, in-12, fig. cart. en toile.

1342. Nouvelles américaines, par Beecher Stowe, auteur de la *Case de l'Oncle Tom*, trad. en fr. par Alph. Viollet. *Paris*, 1851, in-12, d.-rel. v. fauve.

1343. Antar, a Bedoueen romance, translated from the arabic, by Terrick Hamilton. *London*, 1820, 4 vol. in-8, v. f. fil. (*Kœhler.*)

1344. The Thousand and one Nights, commonly Called, in England, the arabian Night's entertainments, new translation from the arabic, with copious notes, by Will. Lanes. *London*, 1839, 3 vol. gr. in-8, fig. v. f. fil. tr. d.

1345. Les Mille et une Nuits, contes arabes, traduits par Galland, édition revue et corrigée par le baron Silvestre de Sacy. *Paris*, *Bourdin*, 3 vol. gr. in-8, pap. vél. fig. et vign. dem.-rel. dos et coins de mar. r. tr. d. (*Bauzonnet-Trautz.*)

1346. Iu-Kiao-li, ou les Deux Cousines, roman chinois, traduit par Abel Rémusat. *Paris*, 1826, 4 tom. en 2 vol. in-12, fig. d.-rel. v. (*Bauzonnet.*)

D. *Facéties et dissertations singulières.*

1347. Les Bigarrures et Touches du seigneur des Accords, avec les apophthegmes du sieur Gaulard et les escraignes dijonnoises; dernière édition. *Paris*, 1662, in-12, mar. vert, fil. tr. dor. (*Bauzonnet-Trautz.*)

La meilleure édition de ce recueil curieux.

1348. La Nouvelle Fabrique des excellents traits de Vérité, livre pour inciter les resveurs tristes et merancoliques à vivre de plaisir, par Phil. d'Acrippe, sieur de Nery en Verbos. *S. l. n. d. imprimé cette année*, pet. in-12, mar. r. fil. tr. dor. (*Kœhler.*)

1349. La Pronostication de Maistre Albert Songe-creux Bisscain. In-4 goth. mar. vert, fil. tr. dor. (*Bauzonnet-Trautz.*)

Almanach facétieux, imprimé vers l'année 1527. Rarissime.

1350. Le Coupecu de la Mélancolie, ou Vénus en belle humeur (par Beroalde de Verville). *Parme, chez Jacques le Gaillard*, 1698, pet. in-12, mar. rouge.

Titre particulier, qui cache le *Moyen de parvenir*. Bel exemplaire Nodier.

1351. Le Moyen de Parvenir, œuvre contenant la raison de tout ce qui a esté, est et sera.......... édition corrigée de diverses fautes, qui n'y étaient point, et augmentée de plusieurs autres. *Chinon, de l'imprimerie de François Rabelais, rue du Bracquemart, à la Pierre Philosophale, l'année pantagrueline*, pet. in-12, mar. rouge, fil. tr. dor. (*Bauzonnet-Trautz.*)

Édition rare. Charmant exemplaire.

1352. Le Moyen de Parvenir, par Beroalde de Verville. *Paris*, 1841, 2 vol. pet. in-8, v. fauve, fil. tr. dor. (*Niédrée.*)

Exemplaire en papier de Hollande.

1353. Le Moyen de Parvenir, par Beroalde de Verville, accompagné de notices littéraires par Paul
L. (Lacroix) Jacob, bibliophile. *Paris*, 1841, in-12,
d.-rel. v. f.

1354. Prologues non tant superlifiques que drolatiques, nouvellement mis en veue (par Des Lauriers,
dit Bruscambille). *Imprimé à Rouan*, 1610, pet.
in-12, cuir de Russie, fil. tr. dor.

1355. Les Fantaisies de Bruscambille, contenant plusieurs discours, paradoxes, harangues et prologues
facétieux. *A Rouen, chez Thom. Malard*, 1618, pet.
in-12, mar. vert, fil. tr. dor. (*Kœhler.*)

1356. Inventaire universel des œuvres de Tabarin,
contenant ses fantaisies, dialogues, paradoxes,
gaillardises, rencontres, farces et conceptions. *Sur
l'imprimé, à Paris, chez P. Rocollet*, 1622.—Les rencontres, fantaisies et coq-à-lasnes facécieux du baron
Gratelard, tenant sa classe ordinaire au bout du
Pont-Neuf; ses gaillardises admirables, ses conceptions inouïes et ses farces jovialles. *Paris, de l'impr.
de Julien Trostlole, vis-à-vis du Cheval de Bronze*,
s. d. pet. in-12, mar. v. fil. tr. dor.

1357. Plaisantes recherches d'un Homme grave sur
un farceur, prologue tabarinique, pour servir à
l'histoire littéraire et bouffonne de Tabarin (par
C. Leber). *Paris*, 1835, in-16, pap. jésus de Hollande, d.-rel. v. f. tr. dor. (*Kœhler.*)

Tiré à 50 exemplaires.

1358. Recueil général des Caquets de l'Accouchée.
12 pièces en 1 vol. pet. in-8, mar. bleu, fil. tr. dor.
(*Bauzonnet.*)

Réunion des pièces originales publiées en 1622.

Savoir : 1º Caqvet de l'Acovchée. — 2º La seconde après-disnée dv Caqvet
le l'Acovchée. — 3º La troisième après-dinée dv Caqvet de l'Acovchée. —
4º La Responce des Dames et Bovrgeoises de Paris av Caqvet de l'Acovchée, par Mademoiselle ED. M. *Paris, chez l'imprimeur de la ville*, à l'enseigne des Trois-Pvcelles. — 5º La dernière et certaine iovrnée du Caqvet

de l'Acovchée (il manque le titre). — 6º La dernière après-dinée dv Caqvet de l'Acovchée. — 7º L'Anti-Caqvet de l'Acovchée. — 8º Les Commentaires de César. — 9º Le Passepartovt dv Caqvet des Caqvets de la Novvelle-Acovchée. — 10º Le Relèvement de l'Acovchée. — 11º Le Caqvet des Femmes du favxbourg Mont-Martre, avec la Responce des Filles du fauxbourg Sainct-Marceau. *Paris, chez Guillaume.*

1359. Les Divertissements curieux ou le Thresor des meilleurs rencontres et mots subtils de ce temps. *Lyon, Jean Huguetan,* 1650, in-8, fig. mar. vert russe, tr. dor. *janséniste. (Niédrée.)*

1360. Les Chansons de Gaultier Garguille, nouvelle édition, *suivant la copie imprimée à Paris en 1731. Londres,* 1658 (sic), pet. in-12, fig. mar. vert, tr. dor. NON ROGNÉ. *(Duru.)*

1361. Les Visions admirables du Pelerin du Parnasse, ou Divertissement des bonnes compagnies et des esprits curieux. *Paris,* 1635, pet. in-8, v. f. dent. tr. dor. *(Bauzonnet.)*

1362. Les cent Contes drolatiques colligéz ès abbaïes de Touraine, et mis en lumière par le sieur de Balzac pour l'esbattement des pantagruelistes et non aultres. *Paris,* 1832, in-8, v. fauve, fil. *(Kœhler.)*

1363. Almanach du Diable, contenant des prédictions très-curieuses et absolument infaillibles pour 1737. *Aux Enfers (Holl. la Sphère sur le titre),* pet. in-12, mar. noir, NON ROGNÉ. *(Bauzonnet-Trautz.)*

1364. Les Mondes célestes, terrestres et infernaux, tiré des œuvres de Dony par Gabr. Chappuis, augmentez du Monde des cornuz. *Lyon,* 1580, pet. in-8, mar. bleu, fil. tr. dor. *(Bauzonnet-Trautz.)*

Le Monde petit, grand, imaginé, meslé, risible, des sages et des fols, et le tres grand. L'Enfer des ecoliers, des mal mariez, des putains et ruffians, des soldats et capitaines poltrons, des usuriers, des poëtes et compositeurs ignorans. BEL EXEMPLAIRE.

1365. Eloge de la Folie, traduit d'Erasme par Nisard. *Paris,* 1843, in-12, pap. vél. d.-rel. v.

1366. Paradoxes, ce sont propos contre la commune

opinion, débatuz en forme de déclamations forenses. *Paris, Ch. Estienne*, 1553. — Paradoxe que le plaider est chose très utile et nécessaire à la vie des hommes. *Paris*, 1553. — Paradossi cive Sententie fuori del comun parere. *Venetia*, 1545, 3 part. en 1 vol. pet. in-8, mar. bl. comp. fil. tr. dor.

1367. Arresta amorum, cum erudita Benedicti Curtii Symphoriani explanatione. *Lugduni, apud Gryphium*, 1533, in-4, mar. vert, tr. dor. (*Niédrée.*)

Première édition de ce livre, dont l'auteur est Martial d'Auvergne.

1368. Les Arrêts d'amour, avec l'Amant rendu cordelier à l'observance d'amours, par Martial d'Auvergne, dit de Paris, nouvelle édit. augmentée d'un glossaire des anciens termes (par l'abbé Lenglet-Dufresnoy). *Amsterdam*, 1731, in-12, mar. rouge, fil. NON ROGNÉ. (*Bauzonnet.*)

1369. De l'Heur et Malheur du mariage, ensemble les lois connubiales de Plutarque, trad. en françois par Jeh. de Marconville. *Paris, Jeh. Dallier*, 1564, pet. in-8, mar. vert, fil. tr. dor. (*Kœhler.*)

1370. Satyre Menippée, ou discours sur les poignantes traverses et incomoditez du mariage, auquel les humeurs des femmes sont vivement représentées, par Thomas Sonnet. *Paris*, 1609, pet. in-8, v. f. fil.

1371. Petites Misères de la Vie conjugale, par De Balzac. *Paris*, gr. in-8, fig. d.-rel. v. (*Niédrée.*)

VI. *PHILOLOGIE.*

1372. Mémoires historiques, critiques et littéraires, par feu M. Bruys, avec la vie de l'auteur (publ. par l'abbé Jolly). *Paris*, 1751, 2 vol. in-12, v. m.

1373. Etudes de mœurs et de critique sur les poètes

latins de la décadence, par Nisard. *Paris*, 1834, 2 vol. in-8, v. fauv. fil. (*Kœhler.*) *Envoi d'auteur.*

1374. Essai sur les écrits politiques de Christine de Pisan, par Raim. Thomassy. *Paris*, 1838, in-8, d.-rel. v. bl. tr. dor. (*Kœhler.*)

1375. La Grèce, Rome et Dante, études littéraires, par Ampère. *Paris*, 1848, in-12, d.-rel. v. f.

1376. Dante, Michel-Ange, Machiavel, par Calemard de Lafayette. *Paris*, 1852, in-12, d.-rel. v. fauve.

1377. Dante hérétique, révolutionnaire et socialiste. Révélations d'un catholique sur le moyen-âge, par E. Aroux. *Paris*, 1854, in-8, br.

1378. Lettres à Mme la marquise ***, sur le sujet de la Princesse de Clèves. *Paris*, 1678, in-12, v. br.

On lit sur la garde, d'une écriture ancienne : « Cette critique de la Princesse de Clèves est de M. Valincour, secrétaire général de la marine. C'est le même à qui Boileau adresse sa onzième satyre, et que Louis XIV avait nommé conjointement avec ce poëte pour écrire son histoire. »

1379. Mélanges historiques, satiriques et anecdotiques de Jourdain, écuyer de la grande écurie du roi Louis XV. *Paris*, 1807, 3 vol in-8, v. f. fil. tr. dor. (*Niédrée.*)

1380. Etudes diplomatiques et littéraires, par Alexis de Saint-Priest. *Paris*, *Amyot*, 2 vol. in-8, br.

1381. Essais de littérature et de morale par Saint-Marc-Girardin. *Paris*, 1845, 2 vol. in-12, br. (*Envoi d'auteur.*)

1382. Etudes critiques et biographiques, par John Lemoinne. *Paris*, 1852, in-12, d.-rel. v.

1383. Le Livre des Singularités (par Gabr. Peignot), in-8, d.-rel. v.

1384. Causeries et Méditations historiques et littéraires, par Ch. Magnin. *Paris*, 1843, 2 vol. in-8, d.-rel. v. ant. (*Bauzonnet-Trautz.*)

1385. Cymbalum mundi, ou dialogues satyriques sur différents sujets, par Bonaventure Des Periers, avec une lettre critique par Prosp. Marchand. *Amst.* 1753, in-12, fig. d.-rel. v. n. rogn. (*Bauzonnet.*)

1386. Le Cymbalum mundi et autres œuvres de Bonaventure Des Periers, publ. par Paul L. (Lacroix) Jacob, bibliophile. *Paris,* 1841, in-12, d.-rel. v. bl.

1387. Introduction au Traité de la conformité des merveilles anciennes avec les modernes, ou traité préparatif à l'apologie pour Hérodote. L'argument est pris de l'apologie pour Hérodote, composé en latin par Henri Estiene, et est ici continué par lui-même. *L'an* MDLXVI, *au mois de novembre,* in-8, mar. brun de Tanger, fil. tr. dor. (*Trautz-Bauzonnet.*)

ÉDITION ORIGINALE TRÈS-RARE, de 572 pag., et avec les passages supprimés.

1388. Introduction au Traité de la conformité des merveilles anc. et modernes............... 1566, in-8, mar. rouge de Tanger, fil. tr. dor. (*Bauzonnet-Trautz.*)

Édition en gros caractères et 680 pages.

1389. La Prétieuse, ov le Mystère de la Ruelle, dédiée à telle qui n'y pense pas (par l'abbé Michel de Pure). *Paris,* 1656-58, 4 vol. in-8, veau marbré, fil. tr. dor. (*Trautz-Bauzonnet.*)

Livre très-rare, ainsi complet en 4 volumes. — Superbe exemplaire relié sur brochure.

1390. Le grand Dictionnaire des Précieuses, par De Somaize. *Paris, J. Ribou,* 1661, 2 part. en 1 vol. pet. in-8, v. f. dent. tr. dor. (*Bauzonnet.*)

Bel exemplaire, avec la clef.

1391. Satyres sur les femmes bourgeoises qui se font appeler Madame, avec une distinction qui sépare les véritables avec celles qui ne le sont que par le caprice de la fortune, la bizarerie et la vanité du siècle (par le chevalier de Nisart). *Paris*, 1713, in-8, veau fauve, fil. tr. dor. (*Bauzonnet-Trautz.*)

BEL EXEMPLAIRE avec toutes les figures. — Ouvrage curieux et rare.

1392. Jean danse mieux que Pierre, Pierre danse mieux que Jean, ils dansent bien tous deux. *A Tetonville, chez Jean Patinet*, 1719, 5 vol. in-12, fig. v. m. fil.

1393. La Musique du Diable ou le Mercure galant dévalisé. *Paris, chez Rob. le Turc,* 1711, pet. in-12, fig. v. ant. fil. tr. dor.

1394. Proverbes et dictons populaires, avec les dits du Mercier et les crieries de Paris aux XIIIe et XIVe siècles, publiés par Crapelet. *Paris*, 1831, gr. in-8, pap. vél. d.-rel. mar. non rogn. (*Kœhler.*)

1395. Le Livre des Proverbes français, par Le Roux de Lincy, précédé d'un essai sur la philosophie de Sancho Pança, par Ferdinand Denis. *Paris*, 1842, 2 vol. in-12, d.-rel. v.

1396. Bolaeana, ou bons mots de Boileau, avec les poésies de Sanlecque. *Amst.* 1742, in-12, mar. br. tr. dor. jans. (*Lortic.*)

1397. Furetiriana, ou les bons mots et les remarques, histoires de morale, de critique, de plaisanterie et d'érudition, de M. Furetiere. *Paris*, 1696, in-12, veau fauve, fil. tr. dor. (*Bauzonnet-Trautz.*)

1398. Furetiriana, ou les bons mots et les remarques de Furetiere. *Paris*, 1696, in-12, v. br. arm.—Chevraeana, ou diverses pensées de M. Chevreau. *Amst.* 1700, 2 vol. in-12, v. br. — Huetiana, ou pensées diverses de Huet, évêque d'Avranches, 1722, in-12, v. éc. fil. — Ducatiana, ou remarques de Le Duchat. *Amst.* 1738, 2 vol. in-12, v. m. — Longueruana, ou recueil de pensées de Longuerue, abbé de Sept-Fontaines. *Berlin*, 1754, 2 tom. en 1 vol. in-12, v. — Santoliana, qui contient la vie et les bons mots de Santeuil, par Dinouart, 1764, in-12, v. — Sevigniana, recueil de pensées ingénieuses de Mme de Sévigné. *Grignan*, 1768. — Fantasmagoriana, ou recueil d'histoires d'apparitions, 1812, 2 tom. en 1 vol. in-12, cart. — Arnoldiana, ou Sophie Arnould et ses contemporaines (par Alberic Deville), 1813, in-12, v.; ensemble 11 vol.

1399. Menagiana ou les bons mots et remarques critiques, historiques, morales et d'érudition de M. Ménage, recueillis par ses amis. *Paris*, 1729, 4 vol. in-12, mar. rouge, tr. dor, *janséniste*. (*Duru*.)

Très-bel exemplaire, avec tous les cartons.

1400. Prédicatoriana ou révélations singulières et amusantes sur les prédicateurs, entremêlées d'extraits piquans, de sermons bizarres, burlesques et facétieux, prêchés tant en France qu'à l'étranger, notamment dans les XVe, XVIe et XVIIe siècles; suivies de quelques mélanges curieux, avec notes et tables (par Gabriel Peignot). *Dijon*, 1841, in-8, d.-rel. v.

1401. Pensées de Christine, reine de Suède, avec une notice sur sa vie. *Paris, Renouard*, 1825, in-12, pap. vél. portr. mar. bleu, fil. tr. dor. (*Duru*.)

VII. *ÉPISTOLAIRES*.

1402. Les Epistres familières de Cicéron, traduites en françois par Estienne Dolet. *Lyon, Jean de Tournes*, 1549, in-16, lettr. rondes, mar. vert russe, fil. tr. d. (*Niédrée*.)

1403. Lettres d'Abailard et d'Héloïse, traduites sur les manuscrits de la Bibliothèque royale, par Oddoul, précédées d'un Essai historique par M. et

Mme Guizot. *Paris*, 1839, 2 vol. gr. in-8, fig. d.-rel. v. (*Kœhler.*)

1404. Lettres d'Abélard et d'Héloïse, traduites par le bibliophile Jacob. *Paris*, 1840, in-12, pap. vél. d.-rel. v. f.

1405. Lettres choisies du Sr de Balzac. *Paris, Courbé*, 1647, 2 vol. in-8, mar. vert, fil. tr. dor. (*Niédrée.*)

Très-bel exemplaire, en grand papier, de l'édition originale, très-rare.

1406. Lettres choisies du sieur de Balzac. *Suiv.* la copie imprimée à Paris, 1648, pet. in-12, mar. rouge. (*Trautz-Bauzonnet.*)

Exemplaire NON ROGNÉ.

1407. Lettres de Gui Patin, publiées par Reveillé-Parise. *Paris*, 1846, 3 vol. in-8, portr. fac-simile, dem.-rel. v. (*Niédrée.*)

1408. Les OEuvres de M. de Voiture. *Paris*, 1729, 2 vol. in-12, portr. mar. rouge, fil. tr. dor. (*Kœhler.*)

1409. Lettres de Mme de Sévigné à Mme de Grignan, sa fille. *S. l.*, 1726, 2 vol. in-12, v. f.

Edition originale.

1410. LETTRES DE MADAME DE SÉVIGNÉ, de sa famille et de ses amis. *Paris, Blaise*, 1818. — Lettres inédites de Mme de Sévigné. *Paris*, 1814, 1826, 1827. — Collection des 20 portr. du siècle de Louis XIV, 1818. — Mémoires de Coulanges, publiés par M. de Monmerqué. *Paris*, 1820. — Ensemble, 12 vol. in-8, fig. portr. et fac-sim. cuir de R. fil. tr. dor. (*Belle rel. de Purgold.*)

MAGNIFIQUE EXEMPLAIRE en GRAND PAPIER VÉLIN, dont toutes les figures sont doubles, sur papier de Chine, armoiries coloriées.

1411. Lettres de Mme de Sévigné, avec les notes de tous les commentateurs. *Paris, Lefèvre*, 1843, 6 vol. in-8, portr. v. f. fers à fr. fil. tr. d. (*Bauzonnet-Trautz.*)

TRÈS-BEL EXEMPL. en papier vélin.

1412. Mémoires sur Mme de Sévigné, par Walkenaer. *Paris, Didot*, 1845-1850, 5 vol. in-12, veau bleu, fil. tr. dor. (*Bauzonnet-Trautz*), le 5e broché.

1413. Supplément au Recueil des Lettres de Voltaire. *Paris*, 1808, 2 vol. gr. in-8, pap. vél. mar. r. dent. tr. d.

1414. Correspondance inédite de Voltaire avec Frédéric II, le président De Brosses et autres personnages, publiée par Th. Foisset. *Paris*, 1836, in-8, d.-rel. v. bleu.

1415. Lettres de Mlle Aïssé à Mme Calandrini, publiées par Ravenel. *Paris*, 1846, in-12, portr. veau fauve, fil. tr. d. (*Niédrée.*)

Exemplaire en papier de Hollande.

1416. Lettres persanes (par de Montesquieu). (*Amsterdam, Pierre Brunel*, 1721, 2 vol. in-12, mar. de Tanger, fil. tr. dor. (*Trautz-Bauzonnet.*)

Bel exemplaire de l'ÉDITION ORIGINALE.

1417. Recueil de Lettres de P. A. Victor De Lanneau, précédées d'une Notice biographique, par Quicherat. *Paris*, 1851, 2 parties, in-8, portr. br. (*Envoi d'auteur.*)

1418. The Letters of Horace Walpole, earl of Oxford. *Philadelphia*, 1842, 4 vol. gr. in-8, pap. vél. cart. en toile angl.

1419. Letters of Horace Walpole, earl of Oxford, to sir Horace Mann. *Philadelphia*, 1844, 2 vol. in-8, cart. en toile angl.

1420. The private Correspondance of David Garrick with the most celebrated persons of his time, now first published from the originals and illustrated with notes. *London*, 1831, 2 vol. gr. in-4, portr. pap. vél. v. m. fil.

VIII. *POLYGRAPHES.*

1421. Lucien. Dialogues satyriques, philosophiques, et divers petits Traités, traduits par Belin de Ballu. *Paris*, 1841, in-12, d.-rel. v. (*Kœhler.*)

1422. M. TULLII CICERONIS opera omnia, cum Gruteri et selectis variorum notis, et indicibus locupletissimis, accurante C. Schrevelio. *Amstelodami, Ludov. et D. Elzeverii*, 1665, 1 tom. en 2 vol. in-4, mar. r. fil. doublé de mar. rouge, fil. dent. réglé. (*Dusseuil.*)

TRÈS-BEL EXEMPLAIRE.

1423. OEuvres d'Étienne Pasquier. *Amst.*, 1723, 2 vol. gr. in-fol. mar. r. fil. tr. d. (*Niédrée.*)

Exempl. en grand papier.

1424. Les OEuvres de Scévole de Sainte-Marthe. *Paris, Mamert Patisson*, 1579, in-4, maroq. bleu, fil. tr. dor. (*Bauzonnet-Trautz.*)

Exempl. très-grand de marges, et très-bien conservé.

1425. Les OEuvres diverses du sieur de Balzac. *Amsterdam, Elzevir*, 1664, pet. in-12, mar. de Tanger, fil. (*Bauzonnet-Trautz.*)

Exemplaire NON ROGNÉ.

1426. Les OEuvres de M. de Balzac. *Paris, Billaine*, 1665, 2 vol. in-fol. portr. mar. bl. tr. d. (*Niédrée.*)

Édition originale.

1427. Le Barbon (par Balzac). *Paris*, 1648, gr. in-8, cuir de Russie, larges dent. tr. dor. (*Belle rel. de Bauzonnet.*)

Avec envoi d'auteur à Mme la marquise de Montausier. Edition originale. Exempl. en grand papier, avec la figure de Chauveau, qui manque souvent.

1428. Les OEuvres de monsieur Sarasin. *Paris, Au-*

gustin Courbé, 1656, in-4, mar. rouge, fil. tr. dor. (*Bauzonnet.*)

Première édition, donnée par Ménage.

1429. Les Œuvres de Scarron. *Amsterdam, Weistein,* 1752, 7 vol. pet. in-12, mar. rouge, non rogné. (*Capé.*)

Édition la plus complète.

1430. Œuvres complètes de La Fontaine, avec des notes par Walckenaer. *Paris, Furne,* 1835, gr. in-8 à 2 col. veau vert, fil. (*Kœhler.*)

Bel exemplaire, avec double suite des portr. et figures de Tony Johannot, sur Chine, avant la lettre, et sur papier blanc avec la lettre.

1431. Œuvres de La Fontaine, revues et mises en ordre par Walckenaer. *Paris, Lefèvre,* 1837, 6 vol. gr. in-8, portr. br.

Exempl. en grand papier vélin.

1432. Histoire de la vie et des ouvrages de La Fontaine, par Walckenaer. *Paris,* 1824, gr. in-8, portr. broch.

Exemplaire en grand papier vélin.

1433. Histoire de la vie et des ouvrages de La Fontaine, par Walckenaer. *Paris,* 1824, in-8, portr. fac-sim. veau fauve, fil. tr. dor. (*Niédrée.*)

1434. Ouvrages de prose et de poésie des sieurs Maucroy et de La Fontaine. *Paris, Cl. Barbin,* 1685, 2 vol. in-12, veau fauve, tr. dor. (*Ancienne rel. du temps.*)

Le premier volume renferme dix nouvelles fables : *la Fôlie et l'Amour, le Rat, le Corbeau et la Gazelle, Daphnis et Alcimadure,* etc.; *Philémon et Baucis, les Filles de Minée;* plusieurs contes : *la Clochette, le Fleuve Scamandre;* des ballades, etc.

Le tome II est intitulé : *Traduction des Philippiques de Démosthènes, d'une des Verrines de Cicéron,* etc., par M. de Maucroy.

1435. Mémoires, Contes et autres œuvres de Ch. Perrault, publ. par le baron Walckenaer. *Paris*, 1842, in-12, d.-rel. v.

1436. Les Œuvres de Montreuil. *Paris, de Sercy*, 1666, in-12, mar. rouge, fil. comp. tr. dor. (*Duru.*)

Edition ORIGINALE, ornée d'un joli portrait par Picart-le-Romain.

1437. Œuvres de La Chapelle, de l'Académie françoise, *suivant la copie imprimée à Paris (Holl., à la Sphère)*, 1700, 2 vol. pet. in-12, v. f. fil. tr. d.

1438. Œuvres de Saint-Evremond. *Londres*, 1711, 7 vol. in-12, v. br.

1439. Œuvres de Fénelon, précédées d'études sur sa vie, par Aimé Martin. *Paris*, 1838, 3 vol. gr. in-8 à 2 col. portr. d.-rel. mar. n. rogn. (*Niédrée.*)

1440. Œuvres du comte Antoine Hamilton. *Paris, Renouard*, 1812, 3 vol. in-8, pap. vél. coquille, mar. bleu, riches comp. doubl. de moire, tr. dor.

CHARMANT exemplaire de Châteaugiron, doubles fig. de Moreau, avant la lettre, et eaux-fortes. Reliure de Lefebvre, dans le goût de Bozérian.

1441. Œuvres de Fontenelle, études sur sa vie et son esprit, par Voltaire, la marquise de Lambert, Grimm, Garat, Sainte-Beuve, etc. *Paris*, 1852, in-12, d.-rel. v.

1442. Œuvres de Montesquieu, avec éloges, analyses, etc., par Destutt de Tracy, Villemain. *Paris*, 1827, 8 vol. gr. in-8, pap. vélin, fig. sur Chine, d.-rel. cuir de Russie.

1443. LES ŒUVRES DE VOLTAIRE (avec des avertissements et des notes, par Condorcet, imprimées aux frais de Beaumarchais par les soins de M. Decroix). (*Kehl*) *de l'imprimerie de la Société littéraire typographique*, 1785-89, 70 vol. — Tables analytiques et raisonnées des matières, rédigées par P.-N. Chantreau. *Paris, Déterville*, 1801,

2 vol. En tout, 72 tom. en 73 vol. gr. in-8, cuir de Russie, fil. tr. dor. dos riche. (*Belle reliure de Niédrée.*)

Cette édition célèbre était la plus complète, la plus belle et la mieux ordonnée qui eût paru jusqu'alors des Œuvres de Voltaire.

Nous empruntons à *la France littéraire*, de M. Quérard, les détails suivants : « Il y avait à Lille un homme instruit et modeste, qui avait passé sa vie à recueillir ce qu'il pouvait se procurer de Voltaire. Panckoucke, originaire de cette ville, établi libraire à Paris, après être devenu acquéreur du fonds de l'édition in-4° des Œuvres de Voltaire, alla à Ferney en 1777, avec son compatriote, M. Decroix. Celui-ci soumit à Voltaire un tableau où ses ouvrages étaient rangés par genres ou par sujets. Voltaire en fut très-flatté et l'approuva. — Panckoucke voulait faire une nouvelle édition des *Œuvres de Voltaire*. Le philosophe y consentit, et lui promit des ouvrages encore manuscrits ; il avait aussi promis de revoir et de corriger d'un bout à l'autre tout ce qui avait été imprimé de lui. Les corrections devaient être portées sur un exemplaire de l'édition encadrée, que Panckoucke lui avait remis, interfolié de papier blanc. Quand Voltaire mourut, il n'avait pas eu le temps de revoir tous les volumes ; on remit à Panckoucke tous ceux qu'on trouva, et des manuscrits. Beaumarchais, qui avait gagné une grande fortune dans les fournitures faites aux insurgés américains, et qui désirait avoir une opération qu'il pût présenter comme une source de ses richesses, traita avec Panckoucke de l'édition de Voltaire. Il forma un vaste établissement à Kehl, sur la rive droite du Rhin, et y éleva une imprimerie. On sait qu'il n'a rien épargné pour faire de son édition un livre de luxe. Il avait acquis les caractères de l'imprimeur anglais Baskerville ; il a fait fabriquer des papiers d'une excellente qualité, et ses presses, servies par des ouvriers d'élite, ont produit un livre remarquable, surtout par une égalité de tirage bien difficile à obtenir dans un ouvrage volumineux. Aussi 3 millions ont à peine suffi pour tous les frais de cette entreprise, la plus vaste et la plus dispendieuse, peut-être, qu'on ait jamais faite en librairie dans un si court espace de temps. »

Exemplaire en *très-grand papier vélin* de cette ÉDITION ORIGINALE DES ŒUVRES DE VOLTAIRE, auquel on a ajouté, outre la suite des figures de Moreau avant la lettre, qui appartiennent à l'édition, MILLE pièces environ (portraits, figures, vignettes et autographes). — Parmi les portraits, un grand nombre sont gravés par Quéverdo, Fiquet, Savart, Saint-Aubin, Chasselat, etc. ; les vignettes d'Eisen ; les suites des figures de Marillier, Monsiau, Moreau jeune (Renouard), Devéria, etc.

1444. Mémoires sur Voltaire et ses ouvrages, par Longchamps et Wagnières, ses secrétaires. *Paris,* 1825, 2 vol. in-8, pap. vél. d.-rel. m. bleu. (*Kœhler.*)

Ces deux volumes ont été publiés par MM. Decroix et Beuchot.

1445. Œuvres complètes de J.-J. Rousseau, avec des éclaircissements et des notes historiques, par Auguis. *Paris* (imprim. de Jules Didot), *Dalibon,* 1825-28, 27 vol. gr. in-8, mar. bleu, fil. tr. dor. (*Niédrée.*) — Hist. de la vie et des ouvrages de J.-J. Rousseau, par Musset-Pathay, 1 vol. in-8, p. vél. mar. bleu. (*Niédrée.*)

MAGNIFIQUE EXEMPL. sur gr. pap. jésus d'Annonay, avec les suites de Devéria, sur Chine, avant la lettre; de A. Johannot, avant la lettre; de Moreau jeune et Delignon. Toutes épreuves d'un choix remarquable.

1446. Les Confessions de J.-J. Rousseau. *Paris,* 1843, in-12, d.-rel. v. f.

1447. Œuvres complètes de Marmontel. *Paris, Verdière,* 1818-20, 19 vol. in-8, pap. vél. fig. avant la lettre, v. f. tr. sup. dor. non rogn. (*Muller.*)

Cet exemplaire est enrichi d'une lettre autographe de Marmontel, d'un nombre considérable de portraits anciens et modernes, de diverses vignettes, parmi-lesquelles on remarque les figures de Gravelot, pour les *Contes* et *Bélisaire*, et celles de Moreau pour les *Incas*. Les portraits qui sont répandus dans tout l'ouvrage ornent particulièrement les *Éléments de Littérature*, les *Mémoires* et l'*Histoire de la Régence*. Il y a en tout environ 630 pièces. — Cet exemplaire provient de la bibliothèque de M. de Saint-Mauris. On y a joint depuis 25 portr., dont Descartes, Corneille, La Fontaine, par Ficquet; Bossuet, Bayle et La Bruyère, par Savart.

1448. Œuvres de Turgot classées par ordre de matières, avec les notes de Dupont de Nemours. *Paris, Guillaumin,* 1844, 2 vol. gr. in-8, portr. sur Ch. d.-rel. mar. r. (*Bauzonnet-Trautz.*)

TRÈS-BEL EXEMPLAIRE en grand PAPIER VÉLIN.

1449. Œuvres complètes de Diderot. *Paris. J.-L.-B. Brière,* 1821, 22 vol. in-8, gr. pap. vél. br.

On a joint à cet exemplaire une lettre *autographe* de 4 pages, et 28 portraits différents de Diderot, dont un dessiné par Casenave; plusieurs suites de vignettes, et une grande quantité de portraits divers. En tout 746 pièces très-grandes de marges.

Il y a une table manuscrite des illustrations, avec l'indication du placement des figures.

1450. Œuvres de Diderot, précédées de Mémoires sur sa vie et ses ouvrages, par Naigeon. *Paris,* 1821,

20 vol. — OEuvres inédites de Diderot. — Vie de Diderot, par Naigeon. Ensemble, 22 vol. gr. in-8, broch.

Exemplaire en grand papier vélin.

1451. Mémoires, correspondance et ouvrages inédits de Diderot, de 1759 à 1780. *Paris*, 1830, 4 vol. in-8, d.-rel. v. (*Bauzonnet-Trautz.*)

1452. OEuvres morales de Mme De Lambert, publiées par Louise Colet. *Paris*, 1843, in-12, d.-rel. v.

1453. OEuvres de Chamfort, précédées d'une étude sur sa vie et son esprit, par Ars. Houssaye. *Paris*, 1852, in-12, pap. vél. d.-rel. v.

1454. OEuvres badines et morales, historiques et philosophiques de Cazotte. *Paris*, 1816, 4 vol in-8, portr. fig. avant la lettre, v. vert, fil. (*Kœhler.*)

1455. OEuvres complètes de Beaumarchais, précédées d'une Notice sur sa vie et ses ouvrages, par Saint-Marc-Girardin. *Paris, Furne*, 1835, gr. in-8, portr. fig. veau fauve, fil. (*Kœhler.*)

1456. OEuvres de Rivarol. *Paris*, 1852, in-12, portr. d.-rel. v. f.

1457. OEuvres en prose d'André Chénier, augmentées d'un grand nombre de morceaux inédits. *Paris*, 1840, in-12, d.-rel. v. f.

1458. OEuvres de Mme de Souza, nouvelle édition, par Sainte-Beuve. *Paris*, 1840, in-12, d. rel. v. f.

1459. OEuvres complètes du comte Xav. de Maistre. *Paris*, 1840, in-12, d.-rel. v. f.

1460. Les OEuvres de P.-L. Courrier. *Paris*, 1820, 4 vol. in-8, d.-rel. mar. bleu. (*Kœhler.*)

1461. OEuvres de Lemontey. *Paris*, 1829, 6 vol. in-8, d.-rel. v. n. rogn.

1462. OEuvres de J. Fiévée, précédées d'une Notice par Jules Janin. *Paris*, 1843, in-12, d.-rel. v. f.

1463. Œuvres complètes de Chateaubriand. *Paris, Ladvocat*, 1826, 24 vol. in-8, d.-rel. v. f. (*Kœhler.*)

Exemplaire sur papier de Chine, contenant : Essai sur les Révolutions, 2 vol. — Mélanges historiques. — Voyage en Amérique, 2 vol. — Itinéraire de Paris à Jérusalem , 3 vol. — Génie du Christianisme , 5 vol. — Atala, René. — Les Martyrs , 3 vol. — Les Natchez , 2 vol. — Pièces diverses , 1 vol. — Mélanges politiques , 2 vol. — Polémique. — De la Presse.

1464. Œuvres complètes de Chateaubriand. *Paris, Pourrat*, 1837, 36 vol. gr. in-8, pap. vél. portr. fig. fac-sim. d.-rel. v. bleu. (*Kœhler.*)

1465. Proverbes et Nouvelles, par Eugène Scribe. *Paris*, 1840, in-12, d.-rel. v. f.

1466. Œuvres complètes de Balzac. *Paris, Furne*, 1842-1848, 17 vol. in-8, fig. br.

1467. Œuvres de Balzac. *Paris, Charpentier*, 13 vol. in-12, d.-rel. v. (*Kœhler.*)

Contenant : Scènes de la Vie privée, 2 vol.; Scènes de la Vie parisienne, 2 vol. ; Scènes de la Vie de province, 2 vol. ; César Birotteau ; le Lys dans la Vallée ; le Père Goriot ; Histoire des Treize ; Physiologie du Mariage ; le Médecin de campagne ; Balthasar Claës.

1468. Œuvres de C.-G. Etienne, de l'Académie française, avec des notices et des éclaircissements. *Paris*, 1846, 5 vol. in-8, br.

1469. Essais littéraires, portraits, paysages et impressions, par le comte de Montlaur. *Paris*, 1844, in-12, d.-rel. v. f.

1470. Littérature, voyages et poésies, par Ampère. *Paris*, 1850, 2 vol. in-12, d.-rel. v. (*Avec envoi d'auteur.*)

1471. Souvenirs de voyages et d'études, par Saint-Marc-Girardin. *Paris, Amyot*, in-12, d.-rel. v. f.

1472. Guizot. Œuvres diverses, 1849-1852, 11 vol. in-8, br.

Contenant : De la Démocratie en France ; Histoire de la Révolution d'Angleterre, 2 vol. ; Études sur la révolution d'Angleterre ; Monk , chute de la république et rétablissement de la monarchie en Angleterre en 1660 ;

Origines du gouvernement représentatif en Europe ; 2 vol. ; Shakspeare et son temps ; Corneille et son temps ; Méditations et Études morales ; Études sur les Beaux-Arts en général.

1473. Œuvres de Victor Hugo. *Paris, Charpentier,* 9 vol. in-12, d.-rel. v. f.

Contenant : Théâtre, 3 vol. ; Odes et Ballades ; les Orientales ; Han d'Islande ; le Dernier Jour d'un Condamné ; Littérature et Philosophie mêlées, les Voix intérieures.

1474. Œuvres politiques et littéraires de Machiavel, traduction Périès. *Paris,* 1851, 2 vol. in-12, dem.-rel. v.

1475. The Miscellaneous works of Oliver Goldsmith, with an account of his life and writings, edited by Washington Irving. *Paris,* 1825, 4 vol. gr. in-8, pap. vél. portr. dem.-rel. mar. n. rogn.

Exemplaire en grand papier, avec deux portraits sur Chine, eau-forte et avec la lettre.

1476. The Works of George Peel, collected and edited, with some account of life and writings, by Alex. Dyce. *London, Pickering,* 1829, 2 vol. in-8, dem.-rel. v. f.

1477. Miscellanies of literature, by J. d'Israeli. *London,* 1840, gr. in-8, fr. gravé, cart. en toile angl.

1478. Mémoires complets, œuvres morales et littéraires de Franklin. *Paris,* 1841, in-12, d.-rel. v. f.

IX. *COLLECTIONS ET RECUEILS.*

1479. Répertoire de la littérature ancienne et moderne. *Paris,* 1824, 30 vol. in-8, dem.-rel. veau f. (*Kœhler.*)

1480. Collection des auteurs latins, imprimée à Paris, chez Barbou et Coustelier, 1757 à 1790,

70 vol. in-12, reliés en vélin bl. fil. tr. dor. dos rond et doré à la Padeloup. (*Trautz-Bauzonnet.*)

MAGNIFIQUE EXEMPLAIRE en papier de Hollande, et relié sur la brochure. L'Imitation de J.-C. s'y trouve, texte et traduction. — Collection fort estimée et très rarement complète. Voir, pour le détail de ce qu'elle contient, le Ve vol. du *Manuel du Libraire*, de M. Brunet, page 837.

1481. BIBLIOTHÈQUE LATINE-FRANÇAISE publiée par Panckoucke. *Paris*, 1826-39, 178 vol. in-8, d.-rel. v. f. (*Niédrée.*)

TRÈS-BEL EXEMPLAIRE EN PAPIER VÉLIN.

1482. Celse, Vitruve, Censorin (œuvres complètes). Frontin (des Aqueducs de Rome), avec la traduction en français, par Nisard. *Paris*, 1846, gr. in-8, broch.

1483. Leçons et modèles de littérature sacrée, par De Genoude. *Paris*, 1837, gr. in-8, dem.-rel. v. f. (*Kœhler.*)

1484. Leçons et modèles de littérature française ancienne et moderne, par Tissot. *Paris*, 1835, 2 vol. gr. in-8, d.-rel. v. f. (*Kœhler.*)

1485. Collection des romans des douze pairs de France (publiée par Paulin Paris, Martonne, Fr. Michel, Ed. Leglay, Barrois). *Paris*, 1832-1848, 13 vol. in-8, pap. de Holl., mar. br. dos et coins, doré en tête. (*Niédrée.*)

Romans de Berte aux grans piés ; Roman de Garin le Loherin. — Parise la Duchesse. — Chanson des Saxons. — Raoul de Cambrai. — Ogier de Dannemarche. — La Chanson d'Antioche, etc.

1486. Collection des anciens monuments de l'histoire et de la langue françaises, publiée par A. Crapelet, 1826-34, 13 vol. gr. in-8, pap. vélin, d.-rel. v. fauve, non rogné.

Cette collection est composée de : Vers sur la Mort, par Thibaud de Marly (XIIe siècle). — Lettres de Henry VIII à Anne de Boleyn. — Combat de trente Bretons contre trente Anglais. — Histoire de la Passion de J.-C., par Oliv. Maillard. — Le Pas d'armes de la Bergère. — L'Histoire

du Châtelain de Coucy et de la Dame de Fayel. — Cérémonies des Gages
de bataille. — Proverbes et dictons populaires. — Poésies morales d'Eust.
Deschamps. — Tableau de mœurs au Xe siècle. — Les demandes faites par
le roi Charles VI. — Partonopeus de Blois, 2 vol.

**1487. Morceaux choisis des meilleurs prosateurs fran-
çais du second ordre aux XVIe, XVIIe et XVIIIe siècles, par Théry.** *Paris*, 1851, in-12, d.-rel. v. f.

**1488. Collection des auteurs français, imprimée par
ordre du roi pour l'éducation du Dauphin.** *Paris,
Didot,* 1784 à 1788, 18 vol. in-18, pap. fin, mar.
bleu, fil. tr. dor. (*Trautz-Bauzonnet.*)

Charmante collection, très-rarement complète, et qui contient : Boileau,
5 vol. — Bossuet, 4 vol. — Fables de La Fontaine, 2 vol. — Télémaque,
4 vol. — Racine, 5 vol. — DÉLICIEUX EXEMPLAIRE, préparé avec soin avant
la reliure, et parfaitement réussi par Bauzonnet.

**1489. Collection de petits classiques français, dédiée
à S. A. R. Madame, duchesse de Berry (publiée par
Ch. Nodier).** *Paris, Delangle,* 1825, 9 vol. pet. in-8,
mar. rouge, tr. dor. janséniste. (*Duru.*)

Cette collection, le plus charmant type de nos impressions modernes, est
due aux soins de Jules Didot. Les Fables de Fénelon forment le 9e volume.

**1490. Collection des meilleurs ouvrages de la langue
française, dédiée aux amateurs de l'art typographique.** *Paris, P. Didot,* 1812-25, 30 vol. in-8,
veau fauve, fil. tr. dor. (*Niédrée.*)

Les ouvrages suivants : Histoire de Gil Blas. — Fénelon, Dialogues des
Morts. — Malherbe. — Oraisons funèbres de Fléchier. — Caractères de La
Bruyère. — Grandeur des Romains, de Montesquieu. — La Religion, par
L. Racine. — Chefs-d'œuvre de P. Corneille. — Oraisons funèbres de Bos-
suet. — Pensées de B. Pascal. — Petit-Carême de Massillon. — Voltaire :
romans, poésies, la Henriade, et l'Histoire de Charles XII.

**1491. Collection des classiques français, dirigée par
Aimé Martin.** *Paris, Lefèvre,* 1844, 21 vol. in-12,
broch.

Montaigne, 5 vol. — Chefs-d'œuvre dramatiques de P. Corneille, 2 vol.
— Racine, 2 vol. — Les Provinciales de Pascal, 1 vol. — La Rochefoucauld, 1 vol. — La Bruyère, 1 vol. — Descartes, 1 vol. — Bossuet, Orai-

sons funèbres, 4 vol. — Fénelon, OEuvres diverses, et Télémaque, 2 vol.
— Gil Blas, 1 vol. — Petit-Carême, 1 vol. — OEuvres de Delille, 2 vol.

**1492. Recueil de quelques pièces nouvelles et ga-
lantes, tant en prose qu'en vers.** *Cologne, P. Marteau* (Elzevir), 1663, pet. in-12, mar. vert, fil. à
comp. petits fers, tr. dor. (*Jolie rel. de Niédrée.*)

Exemplaire grand de marges.

**1493. Recueil de pièces galantes, en prose et en vers,
de Mme de La Suze, d'une autre dame, et de Pé-
lisson.** *Sur la copie, à Paris, chez Gabr. Quinet,*
1698 (*à la Sphère*), 2 tom. en 1 vol. pet. in-12,
mar. r. fil. riche, comp. tr. dor. (*Simier.*)

**1494. Livres de la collection Bleuet, imprimés par
Pierre Didot l'aîné, 10 tom. en 8 vol. in-12, reliés
en mar. vert, fil. dos à la rose.** (*Lortic.*)

Lettres d'une Péruvienne, 2 vol. — Primerose, 1 vol. — Olivier, par
Cazotte, 2 vol. — Gulliver, 4 tomes en 2 vol. — Zélomir, 1 vol.

1495. Onze volumes, format in-12, br., savoir :

Voyage en Chine, par Jurien de la Gravière, 1853, 2 vol. — Lettres de
la Duchesse d'Orléans, 1853, 1 vol. — Mémoires de la baronne d'Oberkirch,
1833, 2 vol. — Causeries du Lundi, par Sainte-Beuve, 1853-1854, t. 7 et 8.
— Souvenirs de l'Orient, par de Marcellus, 1854, 1 vol. — Études morales
et littéraires, par Alb. de Broglie, 1853, 1 vol. — Études sur d'Alembert
par Condorcet, 1853, 1 vol. — Mémoires de Bilboquet, 1854, tome 1er.

1496. Trente-cinq volumes, in-12, br.

Dont : Tableaux de la Nature, par de Humboldt, 1851, 2 vol. avec cartes.
— Bibliothèque historique de Diodore de Sicile, trad. par Hœfer, 1846,
4 vol. — OEuvres de Bern. Palissy, 1844, 1 vol. — OEuvres d'Hippocrate,
trad. par Daremberg, 1844, in-12. — Manuel de la Philosophie ancienne, par
Renouvier, 1844, 2 vol., etc. etc.

**1497. Collection orientale, manuscrits inédits de la
Bibliothèque royale, traduits et publiés par ordre
du Roi.** *Paris, Impr. royale,* 1836 *et ann. suiv.,*
7 vol. gr. in-fol. cart. n. rogn.

BEL EXEMPLAIRE EN GRAND PAPIER. Cette collection se compose ainsi :
Histoire des Mogols de la Perse, trad. en français, et accompagnée de notes,

par Quatremère (tome Ier). — Le Livre des Rois, traduit et publié par Mohl, 5 vol. — Le Bhagavata Parana, ou Histoire poétique de Krichna, trad. par Burnouf, 2 vol.

Les titres du 1er vol. du Bhagavata et 1er de l'Hist. des Mogols ont été coloriés avec le plus grand soin par M. A. Gobert.

HISTOIRE.

I. INTRODUCTION, GÉOGRAPHIE ET VOYAGES.

1498. Principes de la philosophie de l'histoire, trad. de la *Scienza nova* de J.-B. Vico, et précédés d'un Discours sur le système et la vie de l'auteur, par J. Michelet. *Paris, Renouard,* 1827, in-8, pap. vélin, d.-rel.

1499. Carte des postes de l'empire français, par Sagansan. *Paris,* 1853, grande carte sur toile, coloriée.

1500. Le Rhin, Lettres à un ami, par Victor Hugo. *Paris,* 1845, 4 vol. in-8, br.

1501. Impressions de voyage, par Alex. Dumas. *Paris,* 1840, 2 vol. in-12, d.-rel. v. f.

1502. Voyages en Orient, 1832-1833, par Alphonse de Lamartine. *Paris,* 1841, 2 vol. in-12, d.-rel. v. f.

1503. Travels in Southern Russia and the Crimea; through Hungary, Wallachia et Moldavia, during the year 1837, by Anatole Demidof, illustrated by Raffet. *London,* 1853, 2 vol. gr. in-8, fig. cart. en toile gaufr. n. rogn.

II. HISTOIRE UNIVERSELLE.

1504. Chronicarum liber (per Hartman Schedel). *Nurembergæ, Anthonius Koberger*, 1493, gr. in-fol. fig. sur bois, veau ant. fil.

Très-bel exemplaire de ce livre, orné d'environ 2000 figures sur bois, gravées par Wolgemuth. Les cinq feuillets supplémentaires (qui manquent souvent) sont plus courts que les autres.

1505. Discours sur l'histoire universelle, par J.-B. Bossuet. *Paris, Cramoisy*, 1681, in-4, mar. viol. fil. tr. dor. (*Purgold.*)

Édition originale. Portr. gravé par Eddelinck, ajouté. Plus, une lettre autogr., signée, à M. le président de Lamoignon, 5 février 1702.

1506. Discours sur l'histoire universelle, par Bossuet. *Paris*, 1844, in-12, d.-rel. v.

1507. Histoire universelle, par le comte de Ségur. *Paris, Furne*, 1839, 12 vol. in-8, fig. et atlas, gr. in-8, veau bleu.

1508. Victor Duruy. Histoire sainte, — Histoire grecque, — Histoire romaine. *Paris*, 1846-1851, 3 vol. — Histoire ancienne, par Guillemin. *Paris*, 1852, 1 vol. — Ensemble 4 vol. in-12, d.-rel. v. (*avec cartes.*)

III. HISTOIRE ANCIENNE.

1509. Histoire des Juifs, par Flavius Josèphe, trad. et revue sur le manuscrit original, par Arnauld d'Andilly. *Bruxelles*, 1701, 5 vol. pet. in-8, fig. bas. (*taché.*)

1510. Histoire de la domination romaine en Judée et de la ruine de Jérusalem, par Salvador. *Paris*, 1847, 2 vol. in-8, dem.-rel. v. f. (*Niédrée.*)

1511. Histoire d'Hérodote, trad. du grec par Larcher. *Paris,* 1840, 2 vol. in-12, d.-rel. v. f.

1512. LHYSTOIRE DE THUCYDIDE Athenien, de la guerre qui fut entre les Peloponesiens et Atheniens, translatée en langue françoyse par feu messire Claude de Seyssel. — ...... *publié et mis en lumière par le commandement du tres chrestien roy Françoys premier de ce nom, au prouffit et edification de la noblesse et subiectz de son royaulme, nouuellement imprimé à Paris par Jehan de Lagarde* (sans date), in-fol. goth. mar. rouge, fil. comp. dent. tr. dor. (*Bauzonnet-Trautz.*)

Édition rare, et d'une exécution typographique très-remarquable. SUPERBE EXEMPLAIRE.

1513. Histoire de Thucydide, traduite du grec par Lévesque. *Paris,* 1840, in-12, d.-rel. v. vert.

1514. Les Arts et la Poésie à Sparte, sous la législation de Lycurgue, par Beulé. *Paris,* 1853. — An vulgaris lingua apud veteres Græcos exstiterit? Thesim proponebat Facultati litterarum Parisiensi E. Beulé. *Paris, Didot,* 1853, 2 v. br. in-8. (*Avec envoi d'auteur.*)

1515. LES COMMENTAIRES DE JULIUS CESAR. — *Cy finist la translation des Commentaires Iulius César..... mise en françoys et présentée au roy Charles huitième de France, par frère Robert Gaguin..... l'an mil cccc octante viii. Imprimé à Paris par Anthoine Vérard,* in-fol. goth. mar. rouge, fil. tr. dor. (*Bauzonnet.*)

Édition de l'an 1500 environ. Très-bel exemplaire.

1516. Taciti opera quæ exstant, ex recensione et cum animadversionibus Thed. Ryckii. *Lugd. Batav.,* 1687, 2 vol. pet. in-8, titr. gr. vél. bl. de Holl.

Très-bel exemplaire en grand papier.

1517. Corn. Taciti opera. *Parmæ, in ædibus Palatinis*

(typis Bodonianis), 1795, 3 vol. gr. in-4, mar. rouge, fil. comp. dent. (*Riche reliure.*)

Magnifique exemplaire d'une édition admirablement imprimée.

1518. OEuvres complètes de Tacite, traduction nouvelle, avec le texte en regard et des Notes par Burnouf. *Paris*, 1833, 7 vol. in-8, dont 1 de planches, v. f. fil. (*Kœhler.*)

Exemplaire en papier vélin.

1519. OEuvres complètes de Tacite, trad. nouvelle, accompagnée du texte, par Ch. Louandre. *Paris*, 1845, 2 vol. in-12, d.-rel. v. fauve.

1520. Rome au siècle d'Auguste, par Ch. Dezobry. *Paris*, 1846, 4 vol. gr. in-8, cuir de Russie, fil. tr. dor. (*Trautz-Bauzonnet.*)

Magnifique exemplaire en papier de Hollande, fig. sur Chine.

1521. Des journaux chez les Romains. Recherches, précédées d'un Mémoire, sur les Annales des pontifes, par V. Leclerc. *Paris*, *F. Didot*, 1838, in-8, d.-rel. v.

1522. Jornandès. De la Succession des royaumes et des temps, et de l'origine et des actes des Goths, traduction avec le texte en regard, par Savagnier. *Paris*, 1842, gr. in-8, pap. vél. d.-rel. v. f. (*Niédrée.*)

1523. Chroniques étrangères relatives aux expéditions françaises pendant le XIIIe siècle, publiées par Buchon. *Paris*, 1840, gr. in-8, d.-rel. v. f.

IV. HISTOIRE MODERNE.

1. *EUROPE.*

A. HISTOIRE GÉNÉRALE.

1524. Passaiges doultremer faictz par les Françoys (par Sébastien Mamerot). *Paris, Michel Lenoir,* 1518, in-fol. mar. gris. (*Rel. angl.*)

Édition recherchée. L'exemplaire contient plusieurs raccommodages.

1525. Histoire des Croisades, par Michaud. *Paris, Furne,* 1841, 6 vol. in-8, portr. fig. et cart. v. f. fil. tr. dor.

Bel exemplaire.

1526. Recherches et matériaux pour servir à une Histoire de la domination française aux XIIIe, XIVe et XVe siècles, dans les provinces démembrées de l'empire grec à la suite de la quatrième Croisade, par Buchon. *Paris,* 1840, 2 part. en 1 vol. gr. in-8, dem. rel. v. f.

1527. L'Histoire universelle, du sieur d'Aubigné. *A Maillé, par J. Moussat, imprimeur du dit sieur,* 1616-1620, 3 vol. in-fol. mar. r. tr. d. (*Niédrée.*)

On trouve rarement ce livre dans une aussi belle condition.

1528. History of Europe, from the commencement of the French revolution to the restoration of the Bourbons, in 1815, by Archibald Alison. *Edinburg and London,* 1849-1850, 14 vol., y compris l'index. — History of Europe, from the fall of Napoleon, in 1815, to the accession of Louis Napoleon in 1852, by sir Archibald Alison. *London,* 1853, 2 vol. gr. in-8. Ensemble, 16 vol. gr. in-8, cart. en toile.

Ouvrage important.

B. HISTOIRE DE FRANCE.

1. Origines, mœurs, histoire générale, collections de mémoires, dissertations, chroniques.

1529. Les Illustrations de Gaule et Singularitez de Troye, composez par Jan le Maire de Belges. *On les vend à Paris, par Jehan de Marnef, 1521,* in-4 goth. mar. vert, tr. janséniste. (*Niédrée.*)

Exemplaire complet dans toutes ses parties.

1530. Histoire des Français des divers états aux cinq derniers siècles, par Monteil. *Paris,* 1828, 10 vol. in-8, v. fauve, fil. (*Kœhler.*)

1531. Guizot. Histoire de la civilisation en France, depuis la chute de l'empire romain. *Paris,* 1851, 4 vol. — Hist. de la civilisation en Europe. *Paris,* 1851. — Washington. *Paris,* 1844, 1 vol. — Essais sur l'histoire de France, 1841; ensemble, 7 vol. in-12, portr. d.-rel. v. f.

1532. Essai sur l'histoire de la formation et des progrès du Tiers-État, par Aug. Thierry. *Paris,* 1853, in-8, portr. br.

1533. CHRONIQUES DE FRANCE (dites grandes Chroniques de Saint-Denis), gr. in-fol. rel. en cuir de Russie, fermoirs. (*Gruel.*)

PRÉCIEUX MANUSCRIT SUR PEAU DE VÉLIN, exécuté dans les premières années du XVe siècle.

Ce beau manuscrit, qui se compose d'environ 500 feuillets, et qui a été exécuté par un scribe très-soigneux, est orné d'une quantité considérable de lettres initiales de diverses dimensions, et toutes remarquables par la finesse et l'élégance du dessin aussi bien que par la vivacité des couleurs et la fraicheur de leur conservation. Une main sacrilége avait enlevé au commencement une miniature qui remplissait la moitié d'un feuillet, et dans le cours du volume un certain nombre de lettres ornées. Ces imperfections ont été réparées avec la plus grande habileté et avec les soins les plus minutieux.

Ce manuscrit contient le texte la *Chronique* aussi complet que l'a donné M. Paulin Paris dans l'édition en 6 vol. in-8° et in-fol.

1534. Le premier (et le second) volume des grandes Chroniques de France, selon que elles sont conservées en l'église de Saint-Denis, en France, publiées par Paulin Paris. *Paris*, 1836, 2 tom. en 1 vol. in-fol. mar. r. à comp. fil. tr. dor. (*Simier.*)

1535. Le Rozier historial de France, contenant instructions et beaulx enseignemens pour roys, princes, cheualiers, cappitaines et gens de guerre, comme ils doiuent maintenir, gouuerner et conduyre pour mener ostz et bataille contre leurs ennemys, tant par mer que par terre, etc. — *Cy finist le Rosier..... nouuellement imprimé à Paris* (par Fr. Régnault), *lan mil cinq cens et xxii* (1522), 2 tom. en 1 vol. in-fol. goth. à 2 col. fig. en bois, mar. bleu, fil. tr. dor. (*Niédrée.*)

Première édition d'un livre fort intéressant et curieux.

1536. Les treselégantes et copieuses Annalles des trespreux, tresnobles, treschrestiens et excellens moderateurs des belliqueuses Gaulles, compilées par feu treseloquent et noble historiographe...... Nicole Gille. *On les vend à Paris..... mil dxxxviii* (1538), pet. in-fol. goth. fig. en bois, cuir de Russie, comp. tr. dor. (*Bauzonnet.*)

1537. Les anciennes et modernes généalogies des roys de France (par Jehan Bouchet.) — *Imprimez nouuellement a Poictiers par Jacques Bouchet*, 1531, in-4 goth. portr. gravés sur bois, mar. bleu, fil. tr. dor. (*Trautz-Bauzonnet.*)

Ouvrage en prose et en vers, dont l'auteur est nommé dans le privilége de Françoys Premier. — Très-bel exemplaire, rempli de témoins.

1538. Histoire de France, depuis Pharamond jusqu'à maintenant (1598), avec un Abrégé de la vie de chaque reine, par François de Mezeray. *Paris, Guillemot*, 1643-51, 3 vol. gr. in-fol. mar. rouge, fil. tr. dor. (*Kœhler.*)

Magnifique exemplaire, en grand papier, d'une édition recherchée et ornée d'un grand nombre de très-beaux portraits. Cet exemplaire contient *tous* les cartons indiqués par M. Brunet (*Manuel*, t. III, p. 382) ; quelques-uns ont été remontés.

1539. Histoire de France, depuis l'origine de la nation jusqu'au règne de Louis-Philippe, par Ozaneaux. *Paris*, 1846, 2 vol. in-8, br.

1540. COLLECTION DES MÉMOIRES relatifs à l'histoire de France, depuis la fondation de la monarchie jusqu'au XIIIe siècle, par Guizot. *Paris*, 1823, 31 vol. in-8, v. f. fil. (*Thouvenin.*)

Bel exemplaire en papier vélin.

1541. COLLECTION DES CHRONIQUES NATIONALES françaises, écrites en langue vulgaire, du XIIIe au XVIe siècle, avec notes et éclaircissements par Buchon. *Paris*, 1826, 47 vol. in-8, d.-rel. v. f. avec coins. (*Bauzonnet.*)

Très-bel exemplaire en papier vélin.

1542. COLLECTION COMPLÈTE DES MÉMOIRES relatifs à l'Histoire de France, par Petitot et Monmerqué. *Paris*, 1819 et ann. suiv., 139 vol. in-8, v. f. fil. (*Thouvenin.*)

Très-bel exemplaire en papier vélin. Le Brantôme, en 8 vol., relié par Niédrée.

1543. PUBLICATIONS DE LA SOCIÉTÉ de l'Histoire de France, 1834 à 1853, 57 vol. gr. in-8, dem.-rel. mar. tr. d. avec coins. (*Niédréc.*)

Contenant : L'Ystoire de li Normant, 1 vol. — Histoire des Francs, par Grégoire de Tours, 4 vol.— Lettres du Cardinal Mazarin à la Reine, 1 vol. — Mémoires de Pierre de Fénin, 1 vol. — De la Conqueste de Constantinople, par Villehardouin, 1 vol. — Orderici Vitalis Historia ecclesiastica, 2 vol. — Correspondance de l'Empereur Maximilien et de Marguerite sa fille, 2 vol. — Histoire des Ducs de Normandie, 1 vol. — OEuvres d'Éginhard, 2 vol.— Mémoires de Comynes, 3 vol. — Lettres de Marguerite d'Angoulême, 2 vol. —Procès de Jeanne d'Arc, 5 vol. — Coutumes du Beauvoisis, 2 vol. — —Mémoires et Lettres de Marguerite de Valois, 1 vol.—Chronique de Guill. de Nangis, 2 vol. — Mémoires de Coligny Saligny, 1 vol. — Histoire des Francs, par Richer, 2 vol.—Registres de l'Hôtel-de-Ville de Paris, 3 vol. — Vie de saint Louis, de Lenain de Tillemont, 5 vol. — Journal du Règne de

Louis XV, par Barbier, 2 vol. — Bibliographie des Mazarinades, 3 vol. —
Choix de Mazarinades, 2 vol. — Mémoires de Cosnac, 2 vol.

1544. Bibliothèque des Mémoires relatifs à l'histoire
de France pendant le XVIIIe siècle, avec Notices,
par Barrière. *Paris*, 1846, 4 vol. in-12, br.

1545. COLLECTION DES MEILLEURES Dissertations, Notices et Traités particuliers relatifs à l'histoire de
France, par Leber. *Paris*, 1838, 20 vol. in-8, dem.-
rel. v. f. avec coins. (*Trautz-Bauzonnet.*)

Très-bel exemplaire en grand papier.

1546. Archives curieuses de l'histoire de France,
depuis Louis XI jusqu'à Louis XVIII, par Cimber
et Danjou. *Paris*, 1834-1840, 27 vol. in-8, v. f. fil.
(*Kœhler.*)

1547. Récits des temps mérovingiens, précédés de
considérations sur l'histoire de France, par Aug.
Thierry. *Paris*, 1840, 2 vol. in-8, d.-rel. v. fauve.
(*Kœhler.*)

1548. La France au temps des Croisades, par le vicomte de Vaublanc. *Paris*, 1844-1849, 4 vol. in-8,
d.-rel. v. ant. (*Trautz-Bauzonnet.*) (*Les tomes 3 et
4 br.*)

1549. Histoire du XVIe siècle en France, d'après les
originaux imprimés et manuscrits, par Jacob, bibliophile (Paul Lacroix). *Paris*, 1834, 4 vol. in-8,
v. f. (*Kœhler.*)

Exemplaire avec envoi d'auteur.

1550. Les Chroniques de Froissart. *Paris, Fr. Regnault et Guill. Eustace*, 1514, 4 tom. en 3 vol.
pet. in-fol. goth. v. m. fil.

Toutes les éditions anciennes de cette chronique de l'histoire de France
sont rares et recherchées.

1551. MONSTRELET. Le premier (le second et le
tiers volume) d'Enguerrand de Monstrelet. *Paris,*

Anth. Vérard (sans date); 2 vol. in-fol. goth. à 2 col. mar. rouge, fil. comp. tr. dor. (*Trautz-Bauzonnet.*)

MAGNIFIQUE EXEMPLAIRE pour la grandeur des marges et la reliure. Outre quelques raccommodages insignifiants, le titre du premier volume et le dernier feuillet du troisième ont été reproduits par M. Gobert avec une admirable perfection.

2. *Histoire particulière de la France sous chaque règne.*

a. Depuis le commencement de la monarchie jusqu'à la mort de Henri III (1589).

1552. L'HISTOIRE ET CRONICQUE DE CLOTAIRE, premier de ce nom, vij roy des françoys, et monarque des Gaules. Et de sa très illustre épouse, madame saincte Radegonde, extraite au vray de plusieurs cronicques antiques et modernes (par Jeh. Bouchet). (A la fin) *Ceste vie a este imprime a Poictiers par sire Enguilbert de Marnef demourant à lenseigne du Pellican devant le palais du d' Poictiers..... lan mil cinq cens..... Paris*, pet. in-4 goth. fig. en bois, mar. rouge, fil. comp. tr. dor. doublé de mar. bleu, dentelles. (*Charmante rel. de Trautz-Bauzonnet.*)

SUPERBE EXEMPLAIRE de ce livre TRÈS-RARE (*voir* BRUNET, *Manuel*, t. 1er, p. 431). Il manquait à la collection du prince d'Essling, et on n'en connaît qu'un autre exempl. dans les bibliothèques particulières de France.

1553. COMINES. Chronique et histoire faite et composée par feu messire Phelippe de Comines. — *Achevé d'imprimer le xxe iour de mars mil cinq cens xxviiij (1529), pour Françoys Regnault*, pet. in-fol. gothique, mar. brun, fleurs de lys. NON ROGNÉ. (*Bauzonnet-Trautz.*)

Exemplaire précieux par sa condition peut-être unique. Sur le titre se trouve la marque de Pierre Gaudoul.

1554. Les Mémoires de Messire Philippe de Commines, Sr d'Argenton. *Leyde, Elzeviers,* 1648, 1 tom.

relié en 2 vol. pet. in-12, mar. bleu, fil. doublé de
mar. rouge, dent. tr. dor. (*Bauzonnet-Trautz.*)

Très-bel exempl. grand de marges; 0m, 135 (4 pouces 11 lignes).

1555. La Très curieuse et chevaleresque histoire de
la conqueste de Naples par Charles VIII, publiée par Gonon. *Lyon*, 1842, gr. in-8, pap. de
Holl. br.

1556. Chroniques de Jean d'Auton, publiées pour la
première fois en entier, avec des notes, par Paul
L. (Lacroix) Jacob, bibliophile. *Paris*, 1834, 4 vol.
in-8, d.-rel. mar. non rogn. (*Kœhler.*)

Exemplaire en grand papier de Hollande.

1557. Histoire de François Ier, par Gaillard. *Paris*,
1819, 4 vol. in-8, papier vélin, d.-rel. v. bleu.
(*Kœhler.*)

1558. Bayard. Les gestes, ensemble la vie du preulx
cheualier Bayard, avec sa généalogie (par Sym-
phorien Champier). — (*Imprimé à Lyon sur le
Rosne par Gilbert de Viliers*, 1525.) In-4 goth.
mar. bleu, fil. à comp. (*Bauzonnet.*)

Livre fort rare de cette édition qui est la première. Le dernier feuillet
est refait à la plume.

1559. Bayard. La très-ioyeuse, plaisante et récréative hystoire, composée par le loyal Serviteur, des
faiz et gestes, triumphes et prouesses du bon che-
nalier sans paour et sans reprouche, le gentil seigneur de Bayard. *On les vend en la boutique de
Galliot du Pré....*, 1527, in-4 gothiq. mar. rouge,
fil. tr. dor. (*Bauzonnot.*)

Bel exemplaire d'une édition précieuse.

1560. Le panegyric du cheuallier sans reproche.
(A la fin) : *Cy finist le cheualier sans reproche, composé par Jehan Bouchet. Imprimé par Jacques Bouchet à Poitiers l'au mil cinq cens* xxvii (1527),

in-4 goth. fig. sur bois, mar. bleu, fil. tr. dor. (*Niédrée.*)

Exemplaire réglé et très-bien conservé.

1561. Histoire de Pierre Terrail, seigneur de Bayard, dit le Chevalier sans peur et sans reproche, par Alfr. de Terrebasse. *Paris*, 1828, in-8, v. f. fil. (*Kœhler.*)

1562. Mémoires de Michel de Castelnau, augmentés et illustrés de plusieurs commentaires, par J. Le Laboureur ; nouvelle édition (par J. Godefroy). *Bruxelles*, 1731, 3 vol. in-fol. mar. rouge, tr. dor. (*Lortic.*)

Bel exemplaire de ces Mémoires, comprenant les années 1539-1570.

1563. QUARANTE TABLEAUX, ou histoires diverses qui sont mémorables, touchant les guerres, massacres et troubles advenus en France, le tout recueilly selon le témoignage de ceux qui y ont esté en personne et qui les ont veues, lesquels sont pourtraits à la vérité. (1559-1570) in-fol. mar. rouge, dent. fil. comp. tr. dor. (*Riche reliure.*)

Suite curieuse sous le triple rapport de l'histoire, du costume et de l'art ; ces planches sont gravées à l'eau-forte par Jacq. Perrissin et Jean Tortorel (BRUNET, *Manuel*, t. III, p. 851). Très-bonne conservation.

1564. JOURNAL DE HENRI III, ou MÉMOIRES pour servir à l'histoire de France, par Pierre de l'Estoile, nouvelle édition accompagnée de remarques historiques et des pièces manuscrites les plus curieuses de ce règne (le tout publié sous la direction de Lenglet du Fresnoy). *La Haye*, 1744, 5 vol. pet. in-8, fig. — Journal du règne de Henri IV, avec des remarques historiques et politiques. *La Haye (Paris)*, 1741, 4 vol. pet. in-8 ; ensemble, 9 vol. in-8, mar. bleu, fil. NON ROGNÉ. (*Duru.*)

Très-belle condition, très-rare.

1565. LA LÉGENDE DE MAISTRE JEAN POISLE, conseiller

en la cour de Parlement de Paris, contenant quelques discours de sa vie et actions, et déportements en son état, et les moyens qu'il a tenus pour s'enrichir. *Imprime l'an de grace 1576.* — Advertissement et discours des chefs d'accusation et points principaux du procès criminel fait à Maistre Jean Poisle, conseiller en la cour de Parlement, à la requeste de maistre Réné le Rouillier, aussi conseiller en icelle cour, partie civile, M. le procureur du Roy joint avec luy; et response à un factum qu'il a fait imprimer sous son nom, contenant ses défences. 1582. — Arrest de la court de Parlement de Paris donné contre maistre Jean Poisle, conseiller, sur le procès criminel a luy faict, exécuté par la dicte court le 19e de may 1582. En 1 vol. in-8, mar. vert, fil. comp. tr. dor. petits fers. (*Niédrée.*)

Précieux recueil revêtu d'une fort belle reliure.

1566. Histoire au vray du meurtre et assassinat proditoirement commis au cabinet d'un Roy perfide et barbare, en la personne de Mgr. le duc de Guise, protecteur et deffenseur de l'Eglise catholique et du royaume de France; ensemble du massacre aussi perpetré en Mr le cardinal son frère, sacré et dédié à Dieu. *Paris, par J. Grégoire, 1589,* in-8, mar. rouge, tr. dor. (*Duru.*)

Fort rare volume, qui contient deux figures et un portrait gravés sur bois.

1567. Discours merveilleux de la vie, actions et déportemens de Catherine de Médicis (par Henri Estienne). *Suiv. la copie imprimée à la Haye,* 1663, pet. in-12, mar. vert, tr. dor. (*Niédrée.*)

Édition elzevirienne.

b. Henri IV et Louis XIII (1589-1643).

1568. Recueil des lettres missives de Henri IV, publié par Berger de Xivrey. *Paris, impr. royale*, 1843, 3 vol. in-4, mar. r. comp. dent. tr. dor.

Exemplaire en grand papier vélin, aux chiffres du roi Louis-Philippe.

1569. Satyre Ménippée de la vertu du Catholicon d'Espagne, et de la tenue des estats de Paris. A laquelle est adjousté un discours sur l'interprétation du mot de *Higuiero d'Infierno*, et qui en est l'autheur. Plus le regret sur la mort de l'asne ligueur d'une damoiselle qui mourut durant le siége de Paris. *A Ratisbonne (Holl. Elzevir)*, 1664, pet. in-12, mar. vert. (*Anc. rel.*)

1570. Satyre Ménippée....... édition enrichie de figures, augmentée de nouvelles remarques (par Le Duchat) et de plusieurs pièces qui servent à prouver et à éclaircir les endroits les plus difficiles. *Ratisbonne (Bruxelles), Foppens*, 1726, 3 vol. in-8, mar. brun, fil. NON ROGNÉ. (*Kœhler.*)

Édition publiée par Prosper Marchant.

1571. Satyre Menippée de la vertu du Catholicon d'Espagne et de la tenue des estats de Paris, augm. de notes de Le Duchat et d'un commentatre historique, par Ch. Nodier. *Paris, Delangle*, 1824, 2 tom. en 1 vol. gr. in-8, fig. sur Ch. avant la lettre, mar. r. fil. tr. dor. (*Bauzonnet-Trautz.*)

Magnifique exemplaire, entièrement imprimé sur papier de Chine.

1572. Satyre Menippée de la vertu du Catholicon d'Espagne et de la tenue des états de Paris, publiée par Ch. Labitte. *Paris*, 1841, in-12, d.-rel. v.

1573. Histoire des singeries de la Ligue, contenant les folles propositions et frivoles actions usitées en

faveur de l'autorité d'icelles, en la ville de Paris,
depuis l'an 1590 jusques au 22 mars 1594...... Auec
le pourtraict ou tableau de la tenue des Estats de
la ligue au plus près de la vérité. MDXCVI, pet.
in-8, mar. rouge, fil. dent. tr. dor. (*Bauzonnet-Trautz.*)

Pièce historique fort rare.

1574. La Ligue, scènes historiques, par L. Vitet. *Paris*, 1844, 2 vol. in-12, d.-rel. v.

1575. Mémoires des sages et royalles œconomies
d'estat domestiques et militaires de Henry-le-Grand,
par Max. de Béthune (de Sully). *Amstelredam, à
l'enseigne des trois vertus couronnées. S. d.* 2 tom.
en 1 vol. — *Idem*, tomes III et IV. *Paris, Courbé*,
1662; ensemble 2 vol. in-fol. mar. r. fil. tr. dor.
(*Petit.*)

Très-bel exemplaire complet de l'édition originale. Les deux premiers volumes ont été imprimés en 1638, au château de Sully ; les deux
derniers ont été publiés par Le Laboureur.

1576. Mémoires authentiques de Jacques Nompar de
Caumont, duc de Laforce, et de ses deux fils les
marquis de Montpouillan et de Castelnau, recueillis
et mis en ordre par le marq. de La Grange. *Paris*,
1843, 5 vol. in-8, dos et coins de v. f. (*Bauzonnet-Trautz.*)

1577. Mémoires d'un favory de S. A. R. le duc d'Orléans (par de Boitz d'Annemetz). *Leyde, J. Sambix (Elzevir, à la Sphère)*, 1668, pet. in-12, mar.
vert, tr. dor. *jans.* (*Duru.*)

1578. Vie privée du maréchal de Richelieu, contenant ses amours et ses intrigues. *Paris*, 1791,
3 vol. in-8, v. m.

1579. Cinq-Mars, ou une Conjuration sous Louis XIII,
par A. de Vigny. *Paris*, 1842, in-12, d.-rel. v. f.
(*Envoi d'auteur.*)

1580. La Muse historique, ou Recueil de Lettres en vers, contenant les nouvelles du temps, escrites à Mlle de Longueville par le sieur Loret, années 1650-65. *Paris, Ch. Chenaut*, 1658-65, 3 vol. in-fol. portr. v. br.

Bel exemplaire complet d'un ouvrage curieux, devenu des plus rares et des plus recherchés. Le beau portrait de Loret par Nanteuil, qui manque très-souvent, se trouve dans cet exemplaire en bonne épreuve.

1581. Les Tapisseries historiques, par P. Camus, évêque de Belley. *Paris*, 1644, pet. in-8, vél.

1582. Les Historiettes de Tallemant des Réaux, Mémoires pour servir à l'histoire du XVIIe siècle, publiés par MM. Monmerqué et Taschereau. *Paris*, 1834, 6 vol. in-8, mar. gren. fil. tr. dor. (*Bauzonnet-Trautz.*)

Superbe exemplaire en papier vélin.

c. Louis XIV et Louis XV.

1583. Siècle de Louis XIV, par Voltaire. *Paris*, 1840, d.-rel. v. f.

1584. Le gouvernement de Louis XIV, par Pierre Clément. *Paris, Guillaumin*, 1848, in-8, d.-rel. mar. rouge, tr. dor. (*Trautz-Bauzonnet.*)

1585. Correspondance administrative sous le règne de Louis XIV recueillie et mise en ordre par Depping. *Paris, impr. nat.* 1850, 3 vol. in-4, cart.

1586. Pensées morales de Louis XIV, depuis la ruine de Dieppe. *Cologne, P. Marteau*, 1695, pet. in-12, mar. rouge, tr. dor. *janséniste.* (*Duru.*)

1587. Médailles sur les principaux événements du règne de Louis XIV (avec explications historiques par Charpentier, Tallemand, J. Racine, Boileau).

Paris, impr. royale, 1723, gr. in-fol, mar. rouge, fil. tr. dor. (*Aux armes du Roi.*)

Vignettes par Séb. Le Clerc, encadrements par Simonneau, médaillons par Cochin. BEL EXEMPLAIRE.

1588. LES MÉMOIRES de messire Roger de Rabutin, comte de Bussy. *Paris*, 1696, 2 vol. in-4, maroq. rouge, tr. dor. janséniste. (*Duru.*)

Édition ORIGINALE rare. Ce superbe exemplaire, relié sur brochure, est orné d'un très beau portrait gravé par Eddelinck.

1589. Mémoires inédits de Lous-Henri de Loménie de Brienne, publiés par Barrière. *Paris*, 1828, 2 vol. in-8, d.-rel. v.

1590. Histoire de France sous le ministère du cardinal Mazarin, par Bazin. *Paris*, 1842, 2 vol. in-8, d.-rel. v. f. (*Niédrée.*)

1591. Mazarinades. Environ 200 pièces in-4, n.-rel.

Les exemplaires sont grands de marges; il y en a beaucoup de mouillés et tachés. Parmi les plus curieux on remarque : Almanach de la Cour pour 1649, par Fr. Le Vaultier. — Arest du Parlement pour le prix des mousquets, picques, etc. — Entretiens burlesques de Me Guillaume, le savetier, avec sa ribaude maîtresse, etc. — L'Enfer burlesque. — Lettre de la petite Nichon. — La Guerre des Tabourets, etc., etc.

1592. MÉMOIRES DU CARD. DE RETZ, concernant ce qui s'est passé de remarquable pendant les premières années du règne de Louis XIV. *Amsterd.* 1731, 4 vol. in-12, portr. — Mémoires de Guy Goly, contenant l'histoire de la régence d'Anne d'Autriche. 1738, 2 vol. — Mémoires de la duchesse de Nemours, contenant ce qui s'est passé pendant la guerre de Paris, jusqu'à la prison du card. do Retz en 1652. *Amst.* 1738, 1 vol. Ensemble 7 vol. in-12, mar. rouge, tr. dor. (*Duru.*)

CHARMANT EXEMPL. d'une collection rare.

1593. Mémoires du cardinal de Retz. *Paris*, 1842, 2 vol. in-12, fac-sim. d.-rel. v.

1594. Histoire de la Fronde, par de Sainte-Aulaire. *Paris*, 1841, 2 vol. gr. in-8, d.-rel. mar. vert, non rogn.

1595. La Galerie des peintures, ou recueil des portraits en vers et en prose (de personnes de la cour de Louis XIV, composés par Mlle de Montpensier et autres, publiés par de Segrais. *Paris, Claude Barbin et Ch. de Sercy*, 1659), in-8, mar. rouge, tr. dor. (*Duru.*)

Titre gravé par F. Chauveau. Très-bel exemplaire, qui contient une clef imprimée *des noms*.

1596. Histoire de la vie et de l'administration de Colbert, précédée d'une notice sur Fouquet, par Pierre Clément. *Paris*, 1846, in-8, br.

1597. Histoire de madame de Maintenon et des principaux événemens du règne de Louis XIV, par le duc de Noailles. *Paris*, 1848, 2 vol. gr. in-8, portr.

1598. Mémoires pour servir à l'histoire de Mme de Maintenon et à celle du siècle passé (par Labeaumelle). *Amsterd.* 1756, 9 vol. in-12, portr. d.-rel. veau fauve, NON ROGNÉ.

1599. Lettres de madame de Maintenon à diverses personnes et à M. d'Aubigné, son frère (recueillies et publiées par Labeaumelle). *Amsterdam*, 1756, 9 vol. in-12, d.-rel. v. fauve, NON ROGNÉ.

1600. Histoire de la maison royale de Saint-Cyr (1686-1793), par Théoph. Lavallée. *Paris, Furne*, 1853, gr. in-8, pap. vél. portr. fig. et fac-sim. br.

1601. Annales de la Cour et de Paris, pour les années 1697 et 1698. *Cologne, P. Marteau*, 1701, 2 tom. en 1 vol. pet. in-12, v. ant. tr. dor. (*Ducastin.*)

1602. Mémoires secrets et inédits de la cour de

France, sur la fin du règne de Louis XIV, par le marquis de Sourches, publiés, avec une introduction et des notes, par Ad. Bernier. *Paris*, 1836, 2 vol. in-8, v. fauve. (*Kœhler.*)

1603. Mémoires complets et authentiques du duc de Saint-Simon sur le siècle de Louis XIV et la Régence. *Paris*, 1829, 21 vol. in-8, portr. d.-rel. v. f. à nerfs.

Exemplaire en papier vélin, mais quelques taches.

1604. Mémoires du duc de Saint-Simon. *Paris*, 1840, 40 tom. en 20 vol. in-12, portr. d.-rel. v. vert.

1605. Histoire de l'Homme au masque de fer, par Paul L. (Lacroix). *Paris*, 1840, in-12, portr. d.-rel. v.

1606. Les Soupirs de la France esclave qui aspire après la liberté. *Amsterdam*, 1690, in-4, v. f. fil. tr. dor. (*Niédrée.*)

1607. L'esprit de Luxembourg, ou conférence qu'il a eue avec Louis XIV sur les moyens de parvenir à la paix. *Cologne, P. Marteau*, 1694, pet. in-12, mar. rouge, NON ROGNÉ, *janséniste*. (*Duru.*)

1608. Vie privée de Louis XV, ou principaux événemens, particularités et anecdotes de son règne. *Londres*, 1785, 4 vol. in-12, portr. br.

1609. Femmes de la Régence, galerie de portraits, par Paul de Musset. *Paris*, 1848, in-12, d.-rel. v.

1610. Médailles du règne de Louis XV (par Godonesche). *Paris, vers 1730*, in-fol. fig. mar. rouge, fil. tr. dor. (*Ancienne reliure.*)

On a ajouté à ce volume un Mémoire manuscrit sur les empêchements que l'Académie des Inscriptions apporta à la publication de ce recueil, ainsi que des remarques sur un autre ouvrage du même auteur, relié dans le présent volume. Ce dernier ouvrage est un recueil de 12 estampes qui avaient été destinées à servir d'ornements à un livre janséniste : *Explications abré-*

*gées des principales questions qui ont rapport aux affaires présentes, sui-
vies d'une parallèle des Propositions du P. Quesnel* (par L. Boursier).

Le livre fut saisi et supprimé, ainsi que les estampes, et Godonesche fut
mis à la Bastille.

1611. Mémoires, fragmens historiques et correspondance de la duchesse d'Orléans, princesse Palatine,
précédés d'une notice par Busoni. *Paris*, 1832,
in-8, v. f. fil. tr. sup. dor. n. rogn. (*Kœhler.*)

On y a joint 83 portraits.

1612. Mémoires du comte de Maurepas, ministre de
la marine. *Paris*, 1792, 4 vol. in-8, d.-rel. v. f.
fig. grotesques au 4e volume.

1613. Paris, Versailles et les provinces au XVIIIe
siècle, anecdotes sur la vie privée de plusieurs mi-
nistres et autres personnages connus sous les règnes de Louis XV et de Louis XVI. *Paris*, 1809,
3 vol. in-8, d.-rel. v. f. (*Niédrée.*)

1614. Mémoires de H. Masers de Latude, ancien in-
génieur, prisonnier pendant trente-cinq années à
la Bastille et à Vincennes, etc. *Paris*, 1793, 2 tom.
en 1 vol. in-8, portr. d.-rel. v.

1615. Souvenirs de la marquise de Créquy, 1710 à
1802. *Paris*, 1834, 7 vol. in-8, d.-rel. v. bl.

1616. Souvenirs de la marquise de Créquy. *Paris*,
1840, 10 tom. en 5 vol. in-12, portr. d.-rel. v.

1617. Mémoires du comte Alexandre de Tilly, pour
servir à l'histoire des mœurs de la fin du XVIIIe
siècle. *Paris*, 1828, 3 vol. in-8, v. f. fil. (*Trautz-
Bauzonnet.*)

1618. Mémoires, ou souvenirs et anecdotes par le
comte de Ségur. — Galerie morale par le même.
Paris, 1843, 3 vol. in-12, br.

1619. Mémoires de M. le duc de Lauzun. *Paris*, 1821,
in-8, pap. vél. d.-rel. mar. (*Niédrée.*)

Ces Mémoires sont, dit-on, de Armand-Louis Gontaut, duc de Lauzun, né
le 13 avril 1747, mort sur l'échafaud révolutionnaire le 31 décembre 1793.

1620. Le Parc au Cerf, ou l'origine de l'affreux défi-
cit. *S. l.* 1790, in-8, portr. fig. mar. vert. tr. dor.
jans. (*Duru.*)

Édition rare.

1621. Mémoires de madame la comtesse du Barri.
Paris, 1845, 5 vol. in-8, d.-rel. v. ant. (*Bauzonnet-
Trautz.*)

1622. Anecdotes sur la comtesse du Barri (par The-
venot de Morande). *Londres*, 1775, pet. in-8, mar.
vert, fil. tr. dor. (*Rel. de Mouillé.*)

d. Révolution de 1789 et ses suites.

1623. Histoire de France, depuis la fin du règne de
Louis XVI jusqu'à l'année 1825, par l'abbé de Mont-
gaillard. *Paris*, 1834, 9 vol. in-8, 90 fig. d.-rel. v.
(*Kœhler.*)

1624. Essai sur la vie du marquis de Bouillé, gouverneur de Douai, etc. *Paris*, 1853, in-8, br.

1625. Mémoires historiques sur Louis XVII, par
Eckard. *Paris*, 1818, in-8, portr. d.-rel. v.

1626. Introduction aux Mémoires sur la Révolution
française, par F. Grille. *Paris*, 1825, 2 vol. in-8,
d.-rel. v.

1627. Collection des Mémoires relatifs à la Révolution française, avec des Notices sur leurs auteurs.
Paris, Baudoin, 1825, 56 vol. — Débats de la Con-
tion nationale, ou Analyse des séances de cette mémorable assemblée. *Paris*, 1824, 5 vol. — Révélations puisées dans les cartons des comités de salut
public et de sûreté générale, ou Mémoires inédits
de Sénart. *Paris*, 1824, 1 vol. Ens., 62 vol. in-8,
reliés et brochés.

Collection composée ainsi : Mémoire de D'Argenson, 1 vol. — de Bailly,
5 vol. — de Barbaroux, 1 vol. — de Besenval. — de la marquise de Bonchamps,

1 vol. — du marquis de Bouillé, 1 vol. — de mad. Campan, 3 vol. — sur Carnot, 1 vol. — Journal de Cléry, 1 vol. — Relation du départ de Louis XVI, 1 vol. — Le Vieux Cordelier, 1 vol. — Mémoire du général Doppet, 1 vol. — de Dumouriez, 4 vol. — de Durand de Maillane, 1 vol. — sur la catastrophe du duc d'Enghien, 1 vol. — du marquis de Ferrières, 3 vol. — sur la réaction du Midi, 1 vol. — de Gaethe, 2 vol. — de Guillon de Montléon, 3 vol. — de mad. du Hausset, 1 vol. — de Linguet sur la Bastille, 1 vol. — de Louvet de Couvray, 1 vol. — de Meillan, 1 vol. — du duc de Montpensier, 1 vol. — de Rivarol, 1 vol. — de mad. Rolland, 2 vol. — de Thibaudeau, 2 vol. — du général Turreau, 1 vol. — de Weber, 2 vol. — sur les prisons, 2 vol. — sur les journées de septembre 1792, 1 vol. — sur l'affaire de Varennes, 1 vol. — sur la Vendée, par Sapinaud, 1 vol. — Guerre de la Vendée et des Chouans, 6 vol.

1628. Réimpression de l'ancien *Moniteur*, depuis la réunion des États-Généraux jusqu'au Consulat (mai 1789 — nov. 1799), avec des notes explicatives. *Paris*, 1843, 32 vol. gr. in-8 à 2 col. dem.-rel. toile. (*Bauzonnet.*)

Très-bel exemplaire; dans les 32 volumes sont compris le volume d'introduction et les 2 volumes de table.

1629. Considérations sur les principaux événements de la Révolution française, par Mme de Staël. *Paris*, 1843, in-12, d.-rel. v.

1630. Mémoire d'un ministre du Trésor public, 1780-1815. *Paris*, 1845, 4 vol. in-8, br.

1631. Mémoires et correspondances de Mallet du Pan, pour servir à l'histoire de la Révolution française, recueillis par Sayous. *Paris*, 1851, 2 vol. in-8, br. (*Envoi d'auteur.*)

1632. Histoire de la Révolution française, par Thiers. *Paris, Furne*, 1845, 10 vol. in-8, portr. fig. dem.-rel. v. (*Niédrée.*)

1633. Histoire de la Révolution française, de l'Empire et de la Restauration, par Th. Burette et Ulysse Ladet. *Paris*, 1843, 3 vol. in-12, d.-rel. v. f.

1634. Mémoires de Mme la vicomtesse de Fausse-landry, ou Souvenirs d'une octogénaire, 1768 à 1830. *Paris*, 1830, 3 vol. in-8, d.-rel. v.

1635. Mémoires de l'abbé Morellet sur le XVIIIe siècle et sur la Révolution, précédés de l'Éloge de
l'abbé Morellet, par Lemontey. *Paris*, 1821, 2 vol.
in-8, portr. d.-rel. v.

1636. Mémoires sur Mirabeau et son époque. *Paris*,
1824, 4 vol. in-8, portr. d.-rel. v.

1637. Mémoires biographiques, littéraires et politiques de Mirabeau. *Paris*, 1841, 8 vol. in-8, portr.
fac-sim. d.-rel. v. f. (*Duru.*)

1638. Correspondance entre le comte de Mirabeau
et le comte de La Marck pendant les années 1789,
1790 et 1791, publiée par De Bacourt. *Paris*, 1851,
3 vol. in-8, br. (*Envoi d'auteur.*)

1639. Camille Desmoulins et Roch Marcandier, la
Presse révolutionnaire, par Ed. Fleury. *Paris*,
1851, 2 vol. in-12, d.-rel. v. f.

1640. Histoire de la Convention nationale, par de
Barante. *Paris*, 1851, 6 vol. in-8, br.

1641. Mémoires de B. Barère, membre de la Convention, publiés par Hipp. Carnot et David (d'Angers).
Paris, 1842, 3 vol. in-8, portr. br.

1642. Mémoires de Billaud-Varennes, ex-conventionnel, contenant la relation de ses voyages dans
le Mexique, depuis 1805 jusqu'en 1817. *Paris*, 1821,
2 tom. en 1 vol. in-8, d.-rel. v.

1643. Mémoires de Brissot sur ses contemporains et
la Révolution française, avec des notes, par De
Montrol. *Paris*, 1830, 4 vol. in-8, d.-rel. v.

1644. Lettres de Joseph Lebon à sa femme pendant
les quatorze mois qui ont précédé sa mort, avec
une préface historique, par son fils, Émile Lebon.
Chalon-sur-Saône, 1845, in-8, br.

1645. Saint-Just, par Ed. Fleury. *Paris*, 1851, 2 vol.
in-12, d.-rel. v. f.

1646. Mémoires de Levasseur (de la Sarthe), ex-conventionnel. *Paris*, 1829, 4 vol. in-8, d.-rel. v.

1647. Mémoires de Charlotte Robespierre sur ses deux frères, précédés d'une introduction, par Laponneraye. *Paris*, 1835, in-8, d.-rel. v.

1648. Mémoires pour servir à l'histoire du Jacobinisme, par l'abbé Barruel. *Paris*, 1837, 4 vol. in-8, d.-rel. v.

1649. Histoire des Girondins, par de Lamartine. *Paris*, 1847, 8 vol. in-8, br.

1650. Mémoires de l'exécuteur des hautes-œuvres, pour servir à l'histoire de Paris pendant la Terreur, publiés par Grégoire. *Paris*, 1830, in-8, d.-rel. v.

1651. Mémoires pour servir à l'histoire de la Révolution française, par Sanson, exécuteur des arrêts criminels pendant la Révolution. *Paris*, 1831, 2 vol. in-8, portr. d.-rel. v.

1652. Etudes révolutionnaires. Babœuf et le Socialisme en 1796, par Ed. Fleury. *Paris*, 1851, in-12, d.-rel. v.

1653. Mémoires inédits sur la guerre de la Vendée en 1793 et 1794, par l'adjudant général Aubertin. — Mémoires du général Hugo. *Paris*, 1823, 3 vol. in-8, d.-rel. v.

1654. Histoire de la Vendée militaire, par Crétineau-Joly. *Paris*, 1851, 4 vol. in-8, br.

1655. Mémoires de Gohier, président du Directoire au 18 brumaire. *Paris*, 1824, 2 vol. portr. et facsim. d.-rel. v.

1656. Montgaillard. Recueil de pièces, 1 vol. in-8, d.-rel. v.

Savoir : Mémoire concernant la trahison de Pichegru. *Paris*, an XII. — Mémoires secrets sur le caractère des princes français et sur les intrigues des agens de l'Angleterre. *Paris*, an XII. — Histoire secrète de Coblentz dans la révolution des Français. *Paris*, 1804. — De la restauration de la monarchie des Bourbons et du retour à l'ordre. *Paris*, 1814.

c. Empire, Restauration, révolutions de 1830 et de 1848.

1657. Histoire de Napoléon, par de Norvins. *Paris, Furne*, 1839, gr. in-8, fig. et vign. de Raffet, dem.-rel. (*Kœhler.*)

1658. Mémoire sur l'enfance et la jeunesse de Napoléon jusqu'à l'âge de vingt-trois ans, par T. Hasica. *Paris*, 1852, in-8, br.

1659. Histoire de Napoléon, de sa famille et de son époque, au point de vue de l'influence des idées napoléoniennes sur le monde, par Em. Bégin. *Paris*, 1853, 4 vol. in-8, br.

1660. Histoire de Napoléon et de la Grande-Armée, en 1812, par de Ségur. *Paris*, 1843, in-12, d.-rel. v. f. (*Avec carte.*)

1661. Histoire de la captivité de Napoléon à Sainte-Hélène, d'après les documents de sir Hudson Lowe, publiée par Will. Forsyth. *Paris, Amyot*, 4 vol. in-8, br.

1662. Mémorial de Sainte-Hélène, par le comte de Las Cases. *Paris*, 1840, 9 tom. en 5 vol. in-12, portr. d.-rel. v.

1663. Mémorial de Sainte-Hélène, par le comte de Las Cases, suivi de Napoléon dans l'exil, par O'Meara et Antomarchi. *Paris, Bourdin*, 1842, 2 vol. gr. in-8, fig. de Charlet, d.-rel. mar. vert, dos et coins, tr. dor. (*Bauzonnet-Trautz.*)

Bel exemplaire imprimé sur PAPIER DE CHINE.

1664. Napoléon, ses opinions et jugements sur les hommes et sur les choses, par Damas-Hinard. *Paris*, 1838, 2 vol. in-8, d.-rel. v. bl. (*Kœhler.*)

1665. Correspondance et relations de J. Fiévée avec Bonaparte (1802 à 1813). *Paris*, 1836, 3 vol. in-8, d.-rel. v.

1666. Mémoires de Mme de Staël (dix années d'exil). *Paris*, 1843, in-12, d.-rel. v.

1667. Mémoires de Bourienne sur Napoléon, le Directoire, le Consulat et l'Empire. *Paris*, 1829, 10 vol. in-8, d.-rel. v.

1668. Mémoires anecdotiques sur l'intérieur du palais de Napoléon, sur celui de Marie-Louise, et sur quelques événements de l'Empire depuis 1805 jusqu'en 1816, par de Bausset. *Paris*, 1829, 4 vol. in-8, portr. d.-rel. v.

1669. Napoléon et Marie-Louise, souvenirs historiques, par le baron Meneval. *Paris*, 1844, 2 vol. in-12, d.-rel. v.

1670. Histoire de la Restauration, par Capefigue. *Paris*, 1842, 2 vol. in-12, d.-rel. v. f.

1671. Histoire de la Restauration, par de Lamartine. *Paris*, 1851, 8 vol. in-8, br.

1672. Histoire de la Restauration, ou Précis des règnes de Louis XVIII et Charles X, par Rittiez. *Paris*, 1853, 2 vol. in-8, br. (*Envoi d'auteur.*)

1673. Politique de la Restauration en 1822 et 1823, par le comte de Marcellus. *Paris*, 1853, in-8, br.

1674. Le roi Louis-Philippe et sa liste civile, par le comte de Montalivet. *Paris*, 1850, in-12, dem.-rel. v. f.

Sur la garde on lit : « *A Armand Bertin. Souvenir de bonne et sincère amitié.* MONTALIVET. »

1675. Etudes historiques sur la vie privée, politique et littéraire de A. Thiers (Histoire de Quinze Ans, 1830-1846), par Alex. Laya. *Paris*, 1846, 2 vol. in-8, fig.

1676. Portraits politiques et révolutionnaires, par

Cuvillier-Fleury. *Paris*, 1851, in-12, mar. rouge,
fil. comp. dent. petits fers, tr. dor. (*Riche rel. de
Niédrée.*)

Exemplaire en PAPIER VÉLIN.

1677. Portraits politiques et révolutionnaires, par
Cuvillier-Fleury. *Paris*, 1851, in-12, d.-rel. v. f.
(*Envoi d'auteur.*)

3. *Mélanges d'histoire civile et politique.*

1678. Les Constitutions françaises depuis 1789, y compris les décrets du Gouvernement provisoire, etc.,
par Louis Tripier. *Paris*, 1849, in-12, d.-rel. v. f.

1679. Almanachs royaux. *Paris*, 1700 à 1846, 145
vol. in-8, reliés en maroquin vélin et veau, la plupart avec armoiries.

Collection curieuse et rare.

1680. Des Intérêts matériels en France, par Michel
Chevalier. *Paris*, 1841, in-12, d.-rel. v.

1681. Histoire de la marine française, par Eug. Sue.
Paris, 1845, 4 vol. in-12, br.

1682. Essais sur la marine française, 1839-1852 (par
le prince de Joinville). L'Escadre de la Méditerra-
née. Note sur l'état naval des forces de la France.
Paris, 1853, in-12, br.

4. *Histoire particulière des anciennes provinces et des villes de
France.*

1683. Histoire de Paris, depuis le temps des Gaulois
jusqu'en 1850, par Théoph. Lavallée. *Paris*, 1852,
gr. in-8, fig. en livrais.

1684. **Les Antiquitez et choses plus remarquables de Paris**, recueillies par Pierre Bonfons, augmentées par frère Jacques du Breuil, religieux de l'abbaye de Sainct-Germain des Prez, lez Paris. *Paris, Nic. Bonfons*, 1608, 1 gros vol. in-8, fig. sur bois, mar. rouge, fil. tr. dor. (*Trautz-Bauzonnet.*)

Édition la plus complète de ce livre curieux. — Très-bel exemplaire.

1685. Histoire et recherches des antiquités de la ville de Paris, par H. Sauval. *Paris*, 1724, 3 vol. in-fol. v. br.

Exemplaire en GRAND PAPIER, avec les *Amours des rois de France*.

1686. OEuvres de l'abbé de La Grive, gr. in-fol. mar. rouge, fil. tr. dor. (*Anc. rel. aux armes de la ville de Paris.*)

Savoir : Environs de Paris, en 9 feuilles, avec la réduction et une table manuscrite des noms de lieux. — Plan de Versailles. — Château de Marly. — Saint-Cloud. — Ville de Beauvais. — Plan de Paris, 1730. — Plan de Paris en seize quartiers. — Plan détaillé de la Cité. — Isle Notre-Dame, avec et avant la lettre. — Quartier Sainte-Geneviève. — Hôtel de la Monnoye. — Esplanade des Tuileries. — Place Louis XV. — Hôtel de Soissons. — Paris sous Charles IX, etc.

1687. COURS DE LA SEINE et des rivières et ruisseaux qui y affluent, levé sur les lieux par ordre du président Turgot, par l'abbé de La Grive, *dessiné et écrit* par Mulatier, 90 dessins en 1 vol. gr. in-fol. v. m.

1688. Huit plans de Paris, dessinés et gravés par Coquart en 1705.

Ce sont les mêmes qui se trouvent dans le *Traité de la Police*, par de La Marre.

1689. Plan de Paris, dessiné et gravé sous les ordres de Mich.-Et. Turgot, 1739, gr. in-fol. mar. r. dent. tr. dor. (*Armoiries.*)

1690. Les quarante-huit Quartiers de Paris, par Girault de Saint-Fargeau. *Paris*, 1850, in-12, d.-rel. v. ant.

1691. Dictionnaire administratif et historique des rues de Paris et de ses monuments, par Félix et Louis Lazare. *Paris*, 1844, gr. in-8 à 2 col. d.-rel.

1692. Le Palais de Mazarin et les grandes habitations de ville et de campagne au XVIIe siècle, par le comte de Laborde. *Paris*, 1846, gr. in-8, pap. vél. fig. et fac-sim. v. f. fil. tr. dor. (*Bauzonnet-Trautz.*)

TRÈS-BEL EXEMPLAIRE. Les notes, formant la moitié du volume et n'ayant été tirées qu'à 150 exemplaires, sont rares aujourd'hui.

1693. Relation historique et véridique des choses dignes de remarque arrivées pendant le siége mémorable de la fameuse ville de Paris, et sa défense par le duc de Nemours contre Henri de Bourbon, prince de Béarn. *Paris*, 1834, in-8, d.-rel. v. f. (*Bauzonnet.*)

Réimpression tirée à 30 exemplaires. Celui-ci est sur papier de Hollande.

1694. Mémoires d'un Bourgeois de Paris, par L. Véron. *Paris*, 1853, 2 vol. in-8, br.

1695. Tableau de Paris (par Mercier). *Amsterdam*, 1783, 12 tom. en 6 vol. in-8, cuir de Russie, fil. tr. m. (*Trautz-Bauzonnet.*)

Magnifique exemplaire, auquel on a ajouté 2 portraits de Mercier.

1696. L'An 2440, rêve s'il en fut jamais (par Mercier). *S. l.* 1786, 3 vol. in-8, fig. v. m.

1697. Le Nouveau Paris, par Mercier. *Brunswick*, 1800, 6 tom. en 5 vol. in-12, v. m.

1698. Les Nuits de Paris, ou le Spectateur nocturne, par Retif de La Bretonne). *Paris*, 1731, 15 vol. in-12, fig. cart.

1699. Lettres parisiennes, par Mme Émile de Girardin. *Paris*, 1843, in-12, d.-rel. v. bleu.

1700. Versailles ancien et moderne, par le comte de

Laborde. *Paris*, 1839, gr. in-8, pap. vél. fig. et vign.

Exemplaire lavé et encollé, préparé pour la reliure.

1701. AUSTRASIÆ REGES et dvces epigrammatis, per Nic. Clementem. *Coloniæ*, 1591, in-4, mar. bleu, fil. comp. tr. dor. (*Riche rel. de Capé.*)

Édition ORIGINALE où se trouvent les premières épreuves des 64 portraits, si remarquablement gravés sur cuivre, attribués à Pierre Woïeriot. — Superbe exemplaire pour la conservation, et parsemé des croix de Lorraine, des armoiries et des chiffres de Charles de Lorraine ; l'ouvrage lui est dédié.

1702. Histoire des Ducs de Bourgogne de la maison de Valois, 1364-1477, par de Barante. *Paris*, 1837, 12 vol. et atlas, gr. in-8, fig. sur pap. de Ch. v. f. fil. (*Niédrée.*)

1703. Histoire de la Bourgogne pendant la période monarchique, par Rossignol. *Dijon*, 1853, in-8, broch.

1704. Les d'Urfé, souvenirs historiques et littéraires du Forez au XVIe et au XVIIe siècle, par Aug. Bernard. *Paris, Impr. royale*, d.-rel. v. f. (*Kœhler.*)

1705. LES ANNALES DACQUITAINE, faictz et gestes en sommaire des roys de France et Dangleterre, pays de Naples et de Milan (par Jean Bouchet). *On les vend à Paris en la bouticque de Galliot du Pré*, 1537, in-fol. goth. cuir de Russie, fil. comp. tr. d. (*Bauzonnet.*)

Très-bel exemplaire.

1706. Chants populaires de la Bretagne, recueillis et publiés avec une traduction française et des notes, par de La Villemarqué. *Paris*, 1846, 2 vol. in-12, broch.

1707. Les grandes annales ou cronicques parlant de la grant bretaigne....... — *Achevées de imprimer le neufieme iour de iuillet mil cinq cens quarante et ung* (1541), in fol. goth. mar. brun, fil. tr. dor. (*Bau-zonnet.*)

Cet ouvrage est d'Alain Bouchard. Quelques raccommodages.

1708. CHRONIQUES DE NORMENDIE. — *Nouvel-lement imprimées à Rouen pour Pierre Regnault* (sans date), pet. in-fol. goth. à 2 col. non relié et préparé pour la reliure.

ÉDITION PRÉCIEUSE ET DE LA PLUS GRANDE RARETÉ. L'exemplaire est très-grand de marges, et, sauf quelques piqûres raccommodées avec soin, il est d'une parfaite conservation.

1709. Histoire de Dieppe, par L. Vitet. *Paris*, 1844, in-12, fig. d.-rel. v. f.

C. HISTOIRE DE LA BELGIQUE, DE L'ITALIE ET DU PORTUGAL.

1710. Histoire de la guerre de Flandre, de Strada, traduite par P. Du Ryer. *Suivant la copie imprimée à Paris*, 1665, 2 vol. in-8, portr. fig. mar. gren. tr. d. jans. (*Bauzonnet-Trautz.*)

Bel exemplaire.

1711. Histoire de Théodoric-le-Grand, roi d'Italie, par le M. du Roure. *Paris*, 1846, 2 vol. gr. in-8, broch.

Exemplaire en grand papier de Hollande.

1712. Curiosités et Anecdotes italiennes, par Valery. *Paris*, 1842, in-8, d.-rel. v. bl.

1713. Chronique de Savoye, par Guill. Paradin. *Lyon. J. de Tournes*, 1561, in-fol. titr. encadr. veau viol. fil. (*Rel. angl.*)

Avec les figures (et blasons) de toutes les alliances des mariages qui se sont faicts en la maison de Savoye. Très-bel exemplaire.

1714. Rome souterraine, par Ch. Didier. *Paris*, 1843, in-12, pap. vél. d.-rel. v.

1715. Histoire de Florence, par Nic. Machiavel, trad. de Périès. *Paris*, 1842, in-12, d.-rel. v. f.

1716. Histoire de la république de Florence, par Hortense Allart. *Paris*, 1843, in-12, d.-rel. v. f.

1717. Life of Lorenzo de' Medici, called the Magnificent, by Will Roscoe. *London*, 1846, in-12, cart. en toile.

1718. Chroniques siennoises, traduites de l'italien et accompagnées de notes, par le duc de Dino. *Paris, Curmer*, 1846, gr. in-8, pap. vél. titr. gr. br.

1719. Histoire de la république de Venise, par P. Daru, précédée d'une Notice sur sa vie, par Viennet. *Paris, Didot*, 1853, 9 vol. in-8, br.

1720. Histoire des révolutions de Portugal, par Vertot. *Paris, Didot*, 1806, in-12, mar. rouge, fil. tr. dor. (*Bauzonnet-Trautz.*)

Imprimé sur PEAU DE VÉLIN.

D. HISTOIRE DES ILES BRITANNIQUES.

1721. Observations on popular antiquities : chiefly illustrating the origin of our vulgar customs, ceremonies, and superstitions, by John Brand. *London*, 1813, 2 tom. en 1 vol. gr. in-4, mar. r. fil. dos riche. (*Bauzonnet-Trautz.*)

TRÈS-BEL EXEMPLAIRE EN GRAND PAPIER de cet ouvrage curieux.

1722. The Every-Day book, or Everlasting calendar of popular amusements, sports, pastimes, ceremonies, manners, customs, incidents to each of the three hundred and sixty five days, in past and present times etc., by Will. Hone. *London*, 1826, 2 vol. gr. in-8, fig. sur bois, cart. non rogn.

1723. The sports and pastimes of the people of England, including the rural and domestic recreations, may Games, mummeries, Shows, processions, pageants, and pompous spectacles, from the earliest period to the present time, by Jos. Strutt. *London*, 1831, gr. in-8, fig. color. v. f. fil. tr. sup. dor. non rogn. (*Thompson.*)

1724. Grande chronique de Mathieu Paris, traduite en français par Huilard-Bréholles, accompagnée de notes. *Paris*, 1840, 9 vol. in-8, d.-rel. v. ant. (*Kœhler.*)

1725. The history of England, by David Hume. *Oxford, Talboys and. W. Pickering*, 1826, 8 vol. — (The same continuation) by T. Smollett. *Oxford*, 1827, 5 vol.; ensemble 13 vol. in-8, portr. fig. fac-simile, veau ant. fil. (*Kœhler.*)

1726. Histoire d'Angleterre, comprenant celle de l'Ecosse, de l'Irlande et des possessions anglaises (par J.-A. Fleury). *Paris*, 1852, 2 vol. in-12, d.-rel. v. avec cartes.

1727. An Essay on the history of the english government and constitution, from the reign of Henry VII to the present time, by Lord John Russell. *London*, 1823, in-8, v. vert, fil. tr. dor. (*Simier.*)

1728. Histoire de Henri VIII et du schisme d'Angleterre, par Houdin. *Paris*, 1850, 2 vol. in-12, d.-rel. v. f.

1729. The life of cardinal Wolsey, by G. Cavendish. *London*, 1827, gr. in-8, portr. fig. et fac-sim. d.-rel. v.

1730. Life of cardinal Wolsey, by John Gatt. *London*, 1846, in-12, portr. cart. en toile.

1731. Wolsey, the cardinal, and his times; courtly, political and ecclesiastical, by G. Howard. *London*,

1824, gr. in-8, portr. d.-rel. v. ant. (*Trautz-Bauzonnet.*)

1732. Mémoires sur la cour d'Elisabeth, reine d'Angleterre, par Lucy Aikin, trad. de l'anglais par mad. Alex. Aragon. *Paris*, 1827, 3 vol. in-8, d.-rel.

1733. Collection des mémoires relatifs à la révolution d'Angleterre, par Guizot. *Paris*, 1823, 25 vol. in-8, d.-rel. v. f. (*Niédrée.*)

Exemplaire en papier vélin.

1734. Mémoires de John Hampden, histoire de la politique de son temps et de celle de son parti, par Lord Nugent. *Paris*, 1836, 2 vol. in-8, portr. d.-rel. v. bl. (*Kœhler.*)

1735. Diaries and correspondence of James Harris, first earl of Malmesbury, edited by his Grandson. *London*, 1845, 4 vol. in-8, portr. v. f. fil. tr. dor. (*Trautz-Bauzonnet.*)

Très-bel exemplaire, papier vélin.

1736. The history of England from the accession of James II, by Thom. Babington Macaulay. *New-York*, 1849, 2 vol. gr. in-8, portr. d.-rel. dos et coins de mar. r. (*Trautz-Bauzonnet.*)

Bel exemplaire en GRAND PAPIER VÉLIN.

1737. Histoire d'Angleterre depuis l'avénement de Jacques II, par Macaulay, trad. de l'anglais par Jules de Peyronnet. *Paris*, 1853, 2 vol. in-8, br.

1738. Histoire de Ch.-Edouard, dernier prince de la maison de Stuart, précédée d'une histoire de la rivalité de l'Angleterre et de l'Ecosse, par Amédée Pichot. *Paris*, 1833, 2 vol. in-8, d.-rel. v. bl. (*Duru.*)

1739. Histoire de Charles-Edouard, dernier prince

de la maison de Stuart, par Am. Pichot. *Paris*, 1845, 2 vol. in-8, br.

1740. Histoire de la révolution de 1688 en Angleterre, par Mazure. *Paris*, 1825, 3 vol. in-8, d.-rel. v. ant. (*Bauzonnet-Trautz.*)

1741. Memoirs of the duke of Marlborough with his original correspondance, collection by Will. Coxe. *London*, 1847, 3 vol. pet. in-8 , portr. ajouté, cart. en toile angl. n. rogn. et atlas in-4, même rel.

1742. Memoirs of the life and administration of sir Rob. Walpole, earl of Oxford, with original correspondence and authentic papers, never before published by Will. Coxe. *London*, 1798. — Memoirs of Horatio, Lord Walpole. *London*, 1802, ens. 4 vol. gr. in-4, portr. v. rac.

1743. Memoirs of the reign of King George the third, by Horace Walpole, now first published by sir Denis Le Marchant. *Philadelphia*, 1845, 2 vol. gr. in-8, cart. en toile angl.

1744. Historical Sketches of Statesmen who florished, in the time of George III, by Henry Lord Brougham. *Paris*, 1839, 2 vol. in-8, d.-rel. v.

1745. An historical essay on the Magna Charta of King John te which are added, te Great Charter in latin and english, etc., by Rich. Thomson. *London*, 1829, gr. in-8, texte encadr. blasons, fig. sur bois, cuir de R. fil. tr. dor.

1746. The lives of the lord chancellors and Keepers of the great seal of England, by John Lord Campbell. *Philadelphia*, 1847, 7 vol. in-8, v. f. fil. tr. dor. (*Trautz-Bauzonnet.*)

1747. Le XVIIIᵉ siècle en Angleterre, études humoristiques et politiques, par Philarète Chasles. *Paris*, 1846, 2 vol. in-12, br.

1748. Foreing reminiscences, by Richard Lord Holland. *London*, 1850, in-8, cart. en toile gaufr. non rogn. armoiries.

1749. The history and chronicles of Scotland, written in latin by Hector Boecc, and translated by John Bellenden. *Édinburg*, 1821, 2 vol. in-4, mar. viol. fil. tr. d. (*Kœhler.*)

1750. Histoire de Marie Stuart, par Mignet. *Paris*, 1851, 2 vol. in-8, br.

1751. L'Irlande sociale, politique et religieuse, par Gust. de Beaumont. *Paris*, 1845, 2 vol. in-12, d.-rel. v. bl.

E. HISTOIRE DE L'ALLEMAGNE, DES PAYS DU NORD ET DE LA GRÈCE.

1752. Annales de l'Empire, depuis Charlemagne, par Voltaire. *Kehl*, 1785, 1 vol. gr. in-8, pap. vél. mar. rouge, dent. tr. d. doubl. de tabis.

1753. Histoire de Charles-Quint, par Robertson, traduction de Suard. *Paris*, 1845, 2 vol. in-12, dem.-rel. v.

1754. Histoire de la guerre de Trente-Ans, par Schiller, traduite par le baron de Carlowitz. *Paris*, 1841, in-12, d.-rel. v.

1755. De l'Allemagne, par Mme de Staël, préface par Marmier. *Paris*, 1839, in-12, d.-rel. v.

1756. Histoire du roi Jean Sobiesky et de la Pologne, par Salvandy. *Paris*, 1844, in-12, pap. vél. d.-rel. v.

1757. Les Mystères de la Russie, tableau politique et moral de l'empire russe, par Fréd. Lacroix. *Paris*, 1845, gr. in-8, pap. vél. vign. et fig. d.-rel. v. fauve, portr. (*Trautz-Bauzonnet.*)

1758. Épisode de l'histoire de Russie (les faux Démétrius), par Prosper Mérimée. *Paris*, 1853, in-12, d.-rel. v. f.

1759. La Russie en 1839, par de Custine. *Paris*, 1846, 4 vol. in-12, d.-rel. v. f. (*Niédrée.*)

1760. Danorum regum heroumque historie, stilo eleganti a Saxone grammatico natione Sialandico necnon Roskildensis ecclesie preposito. *Parisiis, Jodocus Badius Ascensius*, 1514, in-fol. cuir de Russie, fil. tr. d. (*Armoiries angl.*)

Bel exemplaire de la PREMIÈRE ÉDITION de ce célèbre historien.

1761. Histoire des Etats scandinaves, par A. Geffroy. *Paris*, 1851, in-12, d.-rel. v. (*Avec cartes.*)

1762. Struensée, par N. Fournier et Aug. Arnould. *Paris*, 1841, in-12, d.-rel. v. (*Kœhler.*)

1763. La Grèce continentale et la Morée. Voyage, séjour et études historiques, par Buchon. *Paris*, 1843, in-12, d.-rel. v.

1764. Anastase, ou Mémoires d'un Grec, écrits à la fin du XVIIIᵉ siècle, par Th. Hope, trad. par Defauconpret. *Paris*, 1844, in-12, d.-rel. v. f.

2. AMÉRIQUE.

1765. Memorial de Gouverneur Morris, homme d'état américain, ministre des Etats-Unis en France, de 1792 à 1794, traduit de l'anglais de Jared Sparks par Aug. Gandais. *Paris*, 1842, 2 vol. in-8, d.-rel. v. f.

1766. L'Isthme de Panama, examen historique et géographique des différentes directions suivant lesquelles on pourrait le percer et des moyens à y employer, suivi d'un Aperçu sur l'isthme de Suez, par

Michel Chevalier. *Paris*, 1844, in-8, cart. d.-rel. v. ant. (*Bauzonnet-Trautz.*)

1767. Histoire de la Conquête du Mexique, avec un tableau de l'ancienne civilisation mexicaine, et la Vie de Fernand Cortez, par Will. Prescott, publiée en français par Am. Pichot. *Paris*, 1846, 3 vol. in-8, br. (*Avec envoi d'éditeur, A. Pichot.*)

V. HISTOIRE DE LA NOBLESSE. — ARCHÉOLOGIE.

1768. Annuaire de la pairie et de la noblesse de France, des maisons souveraines de l'Europe et de la diplomatie, par Borel d'Hauterive. *Paris*, 1843, 1844, 1846 et 1847, 4 vol. in-12, d.-rel. v. et br. (*Avec planches de blasons.*)

1769. English surnames. Essays on family nomenclature, historical, etymological and humorous, with chapters of rebuses and canting arms, the roll of Battel abbey, a list of latinized surnames, etc., by Antony Lower. *London*, 1843, gr. in-8, cart. en toile, n. rogn.

1770. Etudes sur l'antiquité, par Philarète Chasles. *Paris*, 1847, in-12, d.-rel. v. f.

1771. Dictionnary of greek and roman antiquities, edited by Will. Smith. *Boston*, 1849, in-8, fig. sur bois, v. rac.

VI. HISTOIRE LITTÉRAIRE.

1772. De la Littérature considérée dans ses rapports avec les institutions sociales, suivi de l'Influence des passions, par Mme de Staël. *Paris*, 1842, in-12, d.-rel. v. f.

1773. History of roman literature from its earliest period to the augustan age, by John Dunlop. *Philadelphia*, 1827, 2 vol. gr. in-8°, d.-rel. v.

1774. Histoire de la Littérature romaine, par Alexis Pierron. *Paris*, 1852, in-12, d.-rel. v.

1775. Histoire de la Littérature de l'Europe pendant les XVe, XVIe et XVIIe siècles, traduit de l'anglais de Hallam, par Borghers. *Paris*, 1839, 4 vol. in-8, v. f. fil. (*Kœhler.*)

1776. Histoire de la Littérature française, par Désiré Nisard. *Paris*, 1844, 2 vol. in-8, pap. vél. d.-rel. v. fauve. (*Bauzonnet-Trautz.*) (*Envoi d'auteur.*)

1777. Histoire de la Littérature française, depuis ses origines jusqu'en 1830, par Demogeot. *Paris*, 1852, in-12, d.-rel. v.

1778. Histoire littéraire de la France avant le douzième siècle, par Ampère. *Paris*, 1839, 2 vol. in-8, d.-rel. v.

1779. Histoire de la Littérature française au moyen-âge, comparée aux littératures étrangères, par Ampère. *Paris*, 1841, in-8, d.-rel. v. (*Envoi d'auteur.*)

1780. Tableau de la Poésie française et du Théâtre français au XVIe siècle, par Sainte-Beuve. *Paris*, 1843, in-12, d.-rel. v. f.

1781. De l'état réel de la Presse et des Pamphlets, depuis François Ier jusqu'à Louis XIV, par C. Leber. *Paris*, 1834, in-8, d.-rel. v. ant. (*Trautz-Bauzonnet.*)

Exemplaire en PAPIER VÉLIN.
Revue anecdotique et critique des principaux actes de nos rois et de quelques documents curieux ou peu connus sur la publication et la vente des livres dans le XVIe siècle.

1782. Correspondance littéraire, philosophique et critique, de Grimm et de Diderot, depuis 1753 jusqu'en 1790. *Paris*, *Furne*, 1829, 15 vol. — Correspondance inédite de Grimm et de Diderot. *Paris*, 1829, 1 vol. Les 16 vol. dos et coins de v. ant. tr. marbr. (*Bauzonnet-Trautz*.)

1783. Tableau de la Littérature française au XVIIIe siècle, par de Barante. *Paris*, 1842, in-12, d.-rel. v. f.

1784. Tableau de la Littérature française au XVIIIe siècle. — Discours et Mélanges littéraires, par Willemain. *Paris*, 1846, 5 vol. in-12, d.-rel. v.

1785. Portraits littéraires, par Sainte-Beuve. — Derniers portraits littéraires, par le même. *Paris*, 1852, 3 vol. in-12, d.-rel. v. ant.

1786. Souvenirs contemporains d'histoire et de littérature, par Villemain. *Paris*, 1854, in-8, br.

1787. Mémoires de Ch. Gozzi, poète vénitien du XVIIIe siècle, trad. par Paul de Musset. *Paris*, 1848, in-12, d.-rel. v.

1788. Histoire comparée des littératures espagnole et française, par de Puibusque. *Paris*, 1843, 2 vol. in-8, d.-rel. v. f. (*Trautz-Bauzonnet*.)

1789. Curiosities of literature. *London*, 1807, 3 vol in-8, v. f. fil. (*Simier*.)

1790. A second series of Curiosities of literature, consisting of researches in literary, biographical, and political history, by J. d'Israeli. *London*, 1823, 3 vol. in-8, d.-rel. v.

1791. Amenities of literature, consisting of sketches and characters of english literature, by J. d'Israeli. *Paris*, 1842, 2 vol. in-8, d.-rel. v.

1792. Alphabet-Album; collection de 60 feuilles d'alphabets historiés et fleuronnés, tirés des principales biblioth. de l'Europe, ou composés par Silvestre. *Paris*, 1843, in-fol. cart. en toile.

1793. Les Memoires et Histoires de l'origine, inven-
tion et autheurs de choses, faicte en latin par
Polydore Vergile, et trad. par Fr. de Belleforest.
Paris, 1576, in-8, mar. vert, tr. dor. (*Niédrée.*)

1794. Relation contenant l'histoire de l'Académie
françoise (par Pellisson). *Paris, P. Le Petit*, 1653,
pet. in-8, v. f. fil. tr. d. (*Trautz-Bauzonnet.*)

Très-bel exemplaire de l'édition originale.

1795. Discours prononcés dans la séance publique
tenue par l'Académie française pour la réception
de Victor Hugo, le 3 juin 1841. *Paris*, 1841,
in-4, br.

Avec envoi signé Victor Hugo.

VII. BIBLIOGRAPHIE.

1796. Annals of parisian typography, by the Rev.
W. Parr Greswell. *London*, 1818, gr. in-8, cuir
de R. fil. tr. d.

1797. Essai bibliographique sur les éditions des El-
zévirs les plus précieuses et les plus recherchées
(par Bérard). *Paris*, 1822, in-8, dos et coins de
mar. gren. tr. sup. dor. non rogn. (*Niédrée.*)

1798. William Caxton, the first English printer, a
biography by Ch. Knight. *London*, 1844, in-12,
fig. et vignettes, veau fauve, fil. tr. dor. (*Trautz-
Bauzonnet.*)

1799. Manuel du Libraire et de l'Amateur de Livres,
par J.-Ch. Brunet. *Paris, Silvestre*, 1842, 5 vol.
gr. in-8, mar. orange, fil. tr. dor. (*Bauzonnet-
Trautz.*)

Superbe exemplaire en grand papier vélin.

1800. Les Auteurs déguisés de la Littérature française au XIXe siècle. Essai bibliographique, par Quérard. *Paris*, 1845. — Fabrique de Romans. Maison Alexandre Dumas et compagnie, par Eug. de Mirecourt. *Paris*, 1845, gr. in-8, dem.-rel. v. f. (*Niédrée.*)

1801. Bulletin du Bibliophile, revue mensuelle publiée par J. Techener, avec le concours d'une société de gens de lettres bibliophiles. *Paris*, 1834 à 1850 inclus, 15 vol. in-8, d.-rel. veau fauve, avec toutes les tables et toutes les planches.

Collection complète.

1802. Mélanges tirés d'une petite bibliothèque, ou Variétés littéraires et philosophiques, par Ch. Nodier. *Paris*, 1829, gr. in-8, dos et coins de v. ant. (*Bauzonnet-Trautz.*)

Exemplaire en grand papier vélin.

1803. The bibliographical Decameron, or ten days pleasant discourse upon illuminateds manuscripts, and subjects connected with early engravings, typography and bibliography, by Dibdin. *London*, 1817, 3 vol. gr. in-8, cuir de Russie, fil. tr. dor. (*Rel. angl.*)

Exemplaire en grand papier, figures sur papier de Chine.

1804. The bibliographical antiquarian and picturesque tour in France and Germany, by Dibdin. *London*, 1821, 3 vol. impér. in-8, fig. mar. oliv. fil. tr. dor. (*Rel. angl.*)

Exemplaire en grand papier, avec figures sur papier de Chine.

1805. Ædes Althorpianæ, or an account of the mansion, books and pictures, at Althorp the residence of Earl Spencer, by Dibdin. *London*, 1822, 2 vol. gr. in-8, mar. rouge, fil. tr. dor. (*Rel. angl.*)

1806. Bibliomania, or Bookmadmess a bibliographical romance, by Thomas Dibdin. *London*,

1842, gr. in-8, pap. vél. fig. mar. vert, fil. tr. d.
(*Duru.*)

Très-bel exemplaire.

1807. Reminiscences of a literary life ; with anecdotes of books, and of book collectors, by the Rev.
Frognall Dibdin. *London*, 1836, 2 vol. gr. in-8,
pap. vél. portr. fig. cuir de Russie, fil. comp.
tr. d. (*Duru.*)

1808. Traité de Matériaux manuscrits de divers
genres d'histoire, par Monteil. *Paris*, 1835, 2 vol.
in-8, v. gr. fil. (*avec une lettre aut. d'envoi d'auteur.*)

1809. Les Manuscrits français de la Bibliothèque du
Roi, leur histoire, par Paulin Paris. *Paris*, 1836
à 1848, 7 vol. gr. in-8, dem.-rel. v. f. (*Niédrée.*)

Exemplaire en grand papier.

1810. Catalogue des Livres imprimés, Manuscrits,
Estampes, Dessins et Cartes à jouer, composant
la bibliothèque de C. Leber, avec des notes par le
collecteur. *Paris*, 1839, 3 vol. gr. in-8, fig. v. f.
fil. tr. d. (*Bauzonnet.*)

Exemplaire en grand papier de Hollande, avec le fou colorié.

1811. Bibliothèque de M. le baron Silvestre de Sacy.
Paris, Impr. royale, 1842-1847, 3 vol. in-8, veau
fauve, jans. (*Niédrée.*)

Exemplaire en papier vélin.

1812. Catalogue de la Bibliothèque poétique de
M. Viollet le Duc, avec des notes pour servir à
l'histoire de la poésie en France. *Paris*, 1843,
in-8, d.-rel. v. ant. (*Bauzonnet.*) — *Idem*, Chansons, Fabliaux, Contes en vers et en prose, Facéties, Pièces comiques, etc. *Paris*, 1847, in-8, br.

1813. A Catalogue of Books of Henry Bohn. *London*,
1841, 1 gros vol. gr. in-8, d.-rel. mar.

VIII. BIOGRAPHIE.

1814. Biographie universelle classique, ou Dictionnaire historique portatif. *Paris*, 1829, 3 vol. gr. in-8 à 2 col. v. viol. fil. tr. dor.

1815. Biographie universelle ancienne et moderne. *Paris, Michaud*, 1811 et ann. suiv. 52 vol. in-8, d.-rel. v. f. (*Niédrée.*)

Exemplaire en grand papier.

1816. Biographie universelle ancienne et moderne. *Paris, Thoisnier-Desplaces*, 1845-1852, 11 vol. gr. in-8 à 2 col. br.

Les huit premiers volumes, tirés in-4, en grand papier vélin.

1817. La Gallerie des Femmes fortes, par le P. Pierre Le Moyne. *Paris, Ant. de Sommaville*, 1647, gr. in-fol. fig. mar. r. fig. tr. d. (*Kœhler.*)

TRÈS-BEL exemplaire eu GRAND PAPIER. Les figures, de Vignon, gravées par Mariette, se trouvent ici en bonnes épreuves.

1818. La Galerie des Femmes fortes, par le Père Le Moyne, de la Comp. de Jésus. *Leide, Elzevier*, 1660, pet. in-12, mar. vert, fil. tr. dor. (*Bauzonnet.*)

Bel exemplaire.

1819. Les Vies des Hommes illustres, grecs et romains, par Plutarque, translaté de grec en françois par J. Amyot. *Paris, Vascosan*, 1559. — Les Œuvres morales et meslées de Plutarque, traduites par J. Amyot. *Paris, Vascosan*, 1572, ens. 4 vol. in-fol. v. br.

Exemplaire bien conservé et réglé.

1820. Vite di Plutarcho Cheroneo de gli Uomini illustri greci et romani, tradotte per Lod. Domenichi. *Venetia*, 1582, 2 vol. pet. in-4, vél.

1821. Les Vies des plus illustres Philosophes de

l'antiquité, traduites du grec de Diogène Laërce. *Paris*, 1840, in-12, d.-rel. v. (*Kœhler.*)

1822. Etienne de la Boétie. Études sur sa vie et ses ouvrages, par Léon Feugère. *Paris*, 1845, in-8, br. (*Envoi d'aut.*)

1823. Les Œuvres de Brantôme, avec des remarques critiques (par Le Duchat, Lancelot). *La Haye*, 1740, 15 vol. pet. in-12, mar. (*Trautz-Bauzonnet.*)

Jolie édition, la plus complète. — Superbe exemplaire NON ROGNÉ.

1824. LES HOMMES ILLUSTRES qui ont paru en France pendant ce siècle, avec leurs portraits au naturel, par Perrault. *Paris, Dezallier*, 1696, gr. in-fol. front. gr. portr. mar. r. tr. d. (*Niédrée.*)

MAGNIFIQUE EXEMPLAIRE pour les épreuves, dont le choix a été fait sur plusieurs exemplaires.

1825. Le Plutarque français, Vies des Hommes et des Femmes illustres de la France, depuis le V⁰ siècle jusqu'à nos jours. *Paris*, 1844, 6 vol. gr. in-8, fig. sur Chine.

1826. Madame de Longueville. Nouvelles Études sur les Femmes illustres de la société du XVII⁰ siècle, par Victor Cousin. *Paris*, 1853, in-8, portr. br.

1827. Fourier, — Domat, — Mme de Longueville, — Kant, — Salvator Rosa, par V. Cousin. *Paris*, 1849, in-12, d.-rel. v.

1828. Originaux du XVII⁰ siècle, par Paul de Musset. *Paris*, 1848, in-12, d.-rel. v.

1829. Les Écrivains modernes de la France, par Chaudesaigues. *Paris*, 1841, in-12, d.-rel. v.

1830. Portraits contemporains, par Sainte-Beuve. *Paris*, 1846, 2 vol. in-12, br.

1831. Portraits de Femmes, par Sainte-Beuve. *Paris*, 1852, in-12, d.-rel. v. ant.

1832. Abélard, par Ch. de Rémusat. *Paris*, 1845, 2 vol. in-8, dem.-rel. v. f. (*Niédrée.*)

1833. **Essai sur Amyot et les traducteurs français au XVI**[e] **siècle, précédé d'un éloge d'Amyot, par Aug. de Blignières.** *Paris*, 1851, in-8, br. (*Envoi d'auteur.*)

1834. **Notes historiques sur la vie de Molière, par Bazin.** *Paris, Techener*, 1851, gr. in-8, br.

Exemplaire en GRAND PAPIER VÉLIN.

1835. **Blaise Pascal, par V. Cousin.** *Paris*, 1849, in-12, d.-rel. v.

1836. **La Bruyère et La Rochefoucauld, M**[me] **de La Fayette et M**[me] **de Longueville.** *Paris*, 1842, in-12, d.-rel. v.

1837. **Vie de Bossuet, par le card. de Baussèt.** *Versailles, Lebel*, 1814, 4 vol. in-8, veau fauve, fil. tr. dor. (*Niédrée.*)

Exemplaire en PAPIER VÉLIN. Outre le portrait de Bossuet, gravé par Fiquet, avant la lettre, on a ajouté à cet exemplaire 52 portraits, parmi lesquels se trouvent : Vinc. Voiture (de Ingouf, lettre grise); Corneille (par d'Elvaux); Omer Talon (par Moncornet); Descartes (par Fiquet); Denis Petau (par Michel Lasne), etc., etc.

1838. **Mémoires sur la vie de M**[lle] **de Lenclos (par Bret).** *Amst.* 1751. — **Mémoires et Lettres pour servir à l'histoire de la vie de M**[lle] **de Lenclos.** *Rotterdam*, 1751, 2 part. en 1 vol. pet. in-12, PORTR. mar. bleu, fil. tr. d. (*Duru.*)

1839. **Les Mémoires de M**[me] **d'Épinay, renfermant un grand nombre de Lettres inédites de Grimm, de Diderot et de J.-J. Rousseau.** *Paris*, 1818, 3 vol. in-8, veau vert, fil. tr. dor. (*Bauzonnet-Trautz.*)

1840. **Machiavel, son génie et ses erreurs, par Artaud.** *Paris, Didot*, 1833, 2 vol. gr. in-8, portr. v. f. fil. (*Kœhler.*)

1841. **Mémoires de Victor Alfieri, d'Asti, écrits par lui-même, et traduits de l'italien par Ant. de Latour.** *Paris*, 1840, in-12, d.-rel. v. f.

1842. Mémoires de Casanova de Seingalt, écrits par lui-même. *Paris*, 1843, 4 vol. in-12, d.-rel. v.

1843. Silvio Pellico. Mes Prisons, suivies du Discours sur les devoirs des hommes, traduction de M. Ant. de Latour. *Paris*, 1843, gr. in-8, d.-rel. mar. tr. dor. dos à riche comp. (*Bauzonnet-Trautz*.)

Exemplaire encollé avec soin avant la reliure.

1844. Mémoires de Goethe, traduits par Richelot. *Paris*, 1844, in-12, d.-rel. v. f.

1845. The Lives of the english poets, by Sam. Johnson. *London*, 1820, 2 vol. pet. in-12, titr. gr. fig. mar. bl. fil. tr. d. (*Héring.*)

1846. The living poets of England specimens of the livingbritish poets, with biographical and critical notices, etc. *Paris*, 1827, 2 vol. in-8, d.-rel. v.

1847. The life of John Milton, by Will. Hailey. *Basil.* 1799, in-8, br.

1848. Memoirs of the life of Sheridan, by Thom. Moore. *Paris*, 1825, 2 vol. in-12, portr. d.-rel. v.

1849. Memoir of the life and character of the right hon. Edmund Burke, by Jam. Prior. *London*, 1839, gr. in-8, portr. v. f. à comp. fil. tr. d. (*Duru.*)

1850. Boswell's life of Sam. Johnson. *London*, 1835, 10 vol. in-12, pap. vél. titr. gr. portr. v. f. fil. (*Kœhler.*)

1851. Notice biographique et littéraire sur Walter Scott, par Cunningham, traduite par Defauconpret. *Paris*, 1833, in-8, portr. fig. v. f. fil. tr. d. (*Kœhler.*)

1852. Vie, correspondance et écrits de Washington, publiés par Guizot. *Paris*, 1840, 4 vol. in-8, v. bl. fil. tr. d. (*Kœhler.*)

1853. Mémoires sur la vie de Franklin. *Paris*, *Renouard*, 1828, 2 vol. in-18, portr. v. vert, fil. (*Kœhler.*)

IX. EXTRAITS HISTORIQUES ; MÉLANGES ENCYCLOPÉDIQUES.

1854. XVIII Histoires tragiques extraites des œuvres ital. de Bandel et mises en langue francoyse, les six premières par Pierre Boistueau, surnommé Launay, natif de Bretaigne, les douze suivants par Franç. de Belleforest, Comingeois. *Lyon, Jean Martin*, 1564, in-16, mar. comp. tr. dor. (*Bauzonnet-Trautz.*)

Joli et rare volume.

1855. Histoires prodigieuses extraites de plusieurs fameux autheurs grecs et latins, sacrez et profanes. *Anvers, Guislain Janssens*, 1594, pet. in-12, fig. sur bois, mar. bleu, fil. tr. d. (*Kœhler.*)

Divisées en V livres : le Ier, par P. Boaistuau; le IIe, par C. de Tesserant; le IIIe et le Ve, par F. de Belleforest; le IVe, par Rod. Hoyer.

1856. Histoires prodigieuses extraites de plusieurs fameux autheurs, par Boaistuau, Tesserant, Belleforest, Hoyer et Arnauld Sorbin. *Paris, Cavellat*, 1598, 2 vol. in-16, fig. sur bois, mar. v. fil. tr. d. (*Derome.*)

Joli exemplaire.

1857. Histoires plaisantes et ingénieuses, recueillies de plusieurs bons autheurs grecs, latins et françois. *Paris*, 1673, pet. in-8, v. f. fil. tr. d. (*Kœhler.*)

1858. Le Cabinet historique, rempli d'histoires véritables, arrivées tant dedans que dehors le royaume, avec les moralitez, par P. Camus, évêq. de Belley. *Paris*, 1668, pet. in-8, v. f. fil. tr. d.

1859. Histoire générale des larrons. *Rouen*, 1709, 3 vol. in-8, mar. rouge, tr. dor. (*Niédrée.*)

1860. Histoire de la vie et du procès du fameux Cartouche et de plusieurs de ses complices. S. l. 1723, in-12, v. f. fil. tr. dor. (*Trautz-Bauzonnet.*)

1861. Brief sommaire des sept Vertus, sept ars libe-raulx, sept ars de poesie, sept ars mechaniques, des philosophies, des quinze ars magicques. La louenge de la musique. Plusieurs bonnes raisons à confon-dre les Juifs qui nyent laduenement nostre sei-gneur Jesu-Christ. Les dictz et bonnes sentences des philosophes, auec les noms des premiers inuen-teurs de toutes choses admirables et dignes de sca-uoir. Faict par Guillaume Telin, de la ville de Cusset en Auvergne. — *Nouvellement imprimé à Paris par Nicolas Cousteau, pour Galliot du Pré, et fut achevé d'imprimer le xxii iour de février mil cinq cens xxxiii* (1533), pet. in-4 goth. mar. rouge, doublé de mar. rouge, dent. fil. tr. dor. (*Kœhler.*)

Livre aussi curieux que RARE. Il y avait sur la marge une piqûre de vers qui a été parfaitement racommodée.

1862. Encyclopædia of literary and typographical anecdote, compiled and condensed from Nichols's literary anecdotes, by Timperley. *London*, 1842, gr. in-8 à 2 col. portr. v. f. fil. tr. d. (*Niédrée.*)

Figures et fac-simile.

1863. The Spectator, with notes and a general in-dex. *London*, 1811, gr. in-8, v. f. fil.

1864. Mornings at bow street; a selection of the most humourous and entertaining reports wich have appeared in the Morning Herald, by Wight. *London*, 1824, 2 vol. pet. in-8, d.-rel. v. (21 figures *de Cruikskank.*)

1865. The retrospective Review. *London, Baldwyn*, 1820-1826, 14 vol. — The retrospective Review, and historical and antiquarian magazine, edited by H. Southern and Nicholas Harris, Nicolas (second series). *London*, 1827, 2 vol. Ensemble, 16 vol. in-8, d.-rel. v. (*Thouvenin.*)

1866. Selections from the Edinburg Review, comprising the best articles in that journal, from its commencement to the present time , edited by Maurice Cross. *London*, 1833, 4 vol. in-8, d.-rel. v. ant. (*Kœhler.*)

1867. The pictorial time a record of news, literature, fine ars, and the drama, illustrated with nine engravings on Vood. *London*, 1844-1845, 3 tom. en 1 vol. gr. in-fol. mar. bl. tr. d. (*Niédrée.*)

1868. THE ENCYCLOPÆDIA BRITANNICA, or dictionary of arts, sciences, and general literature. *Edinburgh*, 1842, 21 vol. in-4 , pap. vél. d.-rel. v. f. (*Kœhler.*)

Bel exemplaire. Outre les 490 planches qui ornent cet ouvrage, on a ajouté dans cet exemplaire 158 portr. sur papier de Chine, dont : Addisson, Chaucer, Cartwright, Cuvier, Dan. de Foe, Fénelon, Franklin, Handel, Sobieski, Mozart, Raphael, Spencer, par THOMSON; Daguesseau, l'amiral Black, Hogarth, par MOLLISSON ; d'Alembert, Boccace, par HOSSWOOD; Correggio, Pascal, Ray, par MEYER ; Bramante, Arkwright, Bentham, Bentley, Black, Canova, Marlborough, Coke, l'abbé de l'Épée, Dollhond, Goethe, Gustave-Adolphe, Hampden, Hobbes Will. Jones, Laplace, Loke, Molière, W. Penn, W. Pitt, Pope, Poussin, Raleigh, Reynolds, Rubens, Schiller, par POSSELWITH ; Arioste, Buffon, Galilée, Lagrange, Pétrarque, J.-J. Rousseau, Seleen, par HART; Murillo, Bradley, Buchanan, le capitaine Cook, Copernic, Cromwell, Humphrey Davy, Erasme, Schwartz, Harvey, Herschell, Maskelyne, Mme de Stael, Newton, Frédéric II, lord Rodney, Shakspeare, par SCRIVEN; J. Banks, Burke, Dante, Dryden, lord Clarendon, Lavoisier, Linnée, Luther, Laurent de Médicis, Montaigne, Scaliger, par WAGSTAFF; Barrow, Bolivar, Claude, Descartes, Charles V, Colbert, Cooper, Cranmer, Delambre, Dracke, Elisabeth, Cortès, William III, Turenne, Gibbon, Harrisson, Marc-Ant. Raymundi, Dav. Hume, Hunter, Euler, Loyola, Jefferson, Johnson, John Knox, Kosciusko, Leibniz, Mélanchton, lord Mansfield, Napoléon, Pierre-le-Grand, lord Chatam, Porson, Priestley, Walter-Scott, miss Siddons, Adam Smith, Wollaston, Sully, Ambr. Paré, par HOLL ; Bossuet, Bayle, Catherine, Romily, Erskyne, Flaxmann, L'Hôpital, Michel-Ange, Thom. More, Palladio, Smeaton, par WOODMAN; lord Somers, par DEAN ; Brindley, par WEDGWOOD ; Calvin, Corneille, Henry IV, La Peyrouse, Milton, Nelson, Richelieu, par WOOLNOTH; James Fox, Hale, par COOK ; Halley, par FRY; Keppler, Cervantes, par MACKENZIE, etc. etc.

FIN.

ORDRE DE LA VENTE DES LIVRES.

VENTE DE JOUR.

A DEUX HEURES. (*Exposition de midi à deux heures.*)

1er JOUR. — Jeudi 4 mai.

Nos	43	à	51
	74		95
	276		304
	1657		1684
	563		581

2e. — Vendredi 5 mai.

	1623	à	1656
	305		361
	65		73
	1814		1867
	(moins 1824.)		

3e. — Samedi 6 mai.

	1208	à	1252
	1		7
	1446		1478
	1498		1523

4e. — Lundi 8 mai.

	657	à	659
	1685		1691
	222		275
	8		14
	1563 seul.		
	1824 seul.		
	1868 seul.		
	170		221

5e JOUR. — Mardi 9 mai.

Nos	58	à	64
	125		148
	1524		1532
	1372		1420
	1479		1497

6e. — Mercredi 10 mai.

	30	à	42
	102		119
	151		168
	507		529
	1039		1098
	1796		1813

7e. — Jeudi 11 mai.

	1720	à	1795
	1421		1441

8e. — Vendredi 12 mai.

	1561	à	1622
	(moins le 1563.)		
	1162		1207
	1539		1549

9e. — Samedi 13 mai.

	582	à	656
	1294		1346

VENTE DU SOIR,

A SEPT HEURES.

(Exposition de une heure à trois.)

10e JOUR. — Lundi **15** mai.

Nos 1692 à 1719
(moins le 1707.)
1268   1293
1347   1371
458   506

11e. — Mardi **16** mai.

20   à   29
52   57
96   101
120   124
149 seul.
1707 seul.
1145   1161
1550   1560
1253   1267
362   391

12e. — Mercredi **17** mai.

550   à   562
936   1038

13e JOUR. — Jeudi **18** mai.

Nos 758 à 830
702   757
683   701
560   682

14e. — Vendredi **19** mai.

894   à   935
1099   1119
831   893
392   406

15e. — Samedi **20** mai.

432   à   457
407   431
1553   1538
1120   1144
169 seul.
15   19

ERRATUM.

L'ouvrage des *Quinze Joyes de mariage* (n° 391) a été par erreur placé
aux poëtes.